大是文化

Too Big to Jail

滙豐全球大案

跨國銀行的環球金融，遇上毒梟在地智慧，

「大到不能關」，

這是我們該選擇的最佳銀行！

倫敦新聞俱樂部年度商業記者、曾任《獨立報》(*The Independent*) 副總編輯
克里斯・布萊克赫斯特（Chris Blackhurst）——著
謝慈——譯

目錄

PART.4 這是銀行與政府的事，和我無關？

推薦序

從「不能倒」到「不能關」，看清資本主義的內幕

財經作家／游庭皓

一九八〇年以來，華爾街的影響力逐步超越實業者，即便金融業在股市中始終不是最大亮點，卻每次都扮演著影響經濟週期的重要角色。從「大到不能倒」到「大到不能關」，金融業對世界經濟掌握了更多話語權，資產增長已非科技力驅動，而是華爾街對聯準會的予取予求。

大到不能倒，是二〇〇八年提出的概念。金融危機發生後，當時的聯準會（Federal Reserve System，縮寫為 Fed）主席班．柏南克（Ben Bernanke），很快決定出手救助銀行，許多選民無法接受，認為華爾街這麼黑心、搞了那麼多衍生性商品、讓全球面臨著破產風險，居然要拿納稅人的錢，救助這些有錢的銀行家。

柏南克在電視上解釋，他舉例：當前情況就像不負責任的鄰居在床上抽菸，

結果把床單點著後，整棟房子都燒了；這個時候如果你不理他，他會把整個街區燒掉！所以，要不要檢討他是以後的事，現在該做的，是趕緊把火給滅了。

柏南克的做法獲得白宮和國會默許，度過了經濟危機，但隨之而來的是貧富差距急速惡化、全球債務堆高；而**那些縱火的銀行家**，**卻是在資產上受惠最多的階級**——大到不能倒，讓銀行更加肆無忌憚。

回過頭看，美國財政部和聯準會當年並不是救火，他們只是搶奪沒有著火的房子、將屋主趕出門外，接著把房子送給縱火犯。**政府不是消防員**，**是共犯**，**就因為大到不能倒**。

大到不能關，**是本書延續金融危機後**，**銀行持續無法無天的故事**。二〇一二年，美國參議院指控滙豐銀行協助全球最大毒販「矮子」古茲曼（"El Chapo" Guzmán）洗錢，最後銀行被罰十九億美元，打破美國歷史紀錄。然而，沒有任何高管遭到刑事起訴；區區十九億美元，對這些大投資銀行來說也只是九牛一毛。

就像二〇〇八年一樣，沒有一家大投行因為販售不良債權而被起訴，胡亂調升評級也沒有受到法規制裁。如果每一次金融危機，都是讓投行財富再增長的機會，只會使他們更無所畏懼的挑戰底線。

本書道出資本主義社會的真實面貌，普通人的使命是交稅跟交配；交配完後，子女接著交稅。民眾工作獲得的價值分配，也就是維持基本生活，多數都被上層階級給拿走了。

每天工作搏命創造財富的速度，遠遠趕不上信貸與金融資產擴張的速度，勞動力增量相對於資本增量而言，占比越來越低；相對於資本存量而言，也越來越廉價。

不同的是，好的資本主義社會，上層多數是創業家，他們會搞搞技術創新，試試電動車、AI（artificial intelligence，人工智慧）、低軌衛星，提高生產率，至少讓普通人的生活水準能提高。壞的資本主義，上層多數是銀行家，拿到錢就是炒房炒股、攏絡官員、創造衍生性商品，不顧普通人死活。

我們無法改變這個社會的殘酷事實，卻可以藉由本書綜觀其真實面貌，了解資本主義的內幕，了解銀行家在資本主義的角色。

滙豐大案大事記

年分	事件
二〇〇二年	・滙豐銀行被《銀行家》雜誌評為「年度全球銀行」。 ・實施「日正當中」計畫，十一月收購墨西哥第五大 Bital 金融集團，同時繼承其開曼群島分行，改名為「墨西哥滙豐銀行開曼群島分行」。
二〇〇三年	・史蒂芬・葛霖（Stephen Green）擔任 CEO，積極擴張，目標是成為世界第一的銀行。 ・三月收購豪斯霍德國際銀行（Household International），推出小金額短期貸款，進入低端消費者市場。 ・古茲曼開始利用滙豐銀行的服務洗錢，直到二〇一〇年。
二〇〇四年	・Bital 所有分行網絡更名為「墨西哥滙豐銀行」。

二〇〇七年	・十月，墨西哥當局和墨西哥滙豐銀行主管召開會議。
二〇〇八年	・滙豐成為全球獲利最高銀行；墨西哥滙豐接受了四十一億美元的現金存款。
二〇〇八年	・二月，墨西哥銀行與證券監督委員會提交報告，表示對「墨西哥滙豐銀行（洗錢行為）極高風險」的高度關切。 ・七月，銀行內部合規部門的高級主管，再次對墨西哥滙豐銀行提出警告。一共辨識出超過一千個高風險帳戶。 ・十一月，再次與墨西哥當局會談，美國貨幣總稽核辦公室（OCC）、美聯準表示其法遵部門缺乏良好管理及人事任命。
二〇〇九年	・九月，OCC召開會議，徹底審查滙豐銀行洗錢防制程序。
二〇一〇年	・三月，OCC發出監察建議書，宣告滙豐銀行並未準時提出可疑活動報告，反而累積超過一萬七千件延遲的報告書。

二〇一〇年	・十月，OCC發布了「停止並終止」命令，要求滙豐銀行強化反洗錢程序。 ・外部吹哨人艾弗略特・史塔恩（Everett Stern），在滙豐銀行紐卡斯爾反洗錢部門擔任法遵專員，發現了銀行的可疑交易，對象包含墨西哥毒梟、聖戰組織，於是蒐集資料，提報美國中情局、聯邦調查局。 ・西維吉尼亞州聯邦檢察官威廉・伊倫費爾德（William Ihlenfeld），從保險詐欺案開始追查洗錢行為，並鎖定滙豐銀行。 ・參議院常設調查委員會（PSI）展開反洗錢調查。 ・英國政府邀請史蒂芬擔任貿易署長。
二〇一二年	・PSI發布了報告：《美國對洗錢、毒品和恐怖主義融資的脆弱性：滙豐銀行個案史》，並舉辦聽證會。 ・七月，聯邦機構向大陪審團報告，確定對滙豐銀行提出控告。同時，美國司法部卻開始和滙豐銀行討論認罪協商的可能性。

二〇一二年	・九月，英國財政大臣喬治・奧斯本（George Osborne）出手介入，去信美聯準主席班・柏南克、財政部長提摩西・蓋特納（Timothy Geithner）。 ・十一月五日，美國司法部同意延緩起訴協議。
二〇一二年	・十二月十一日，案件公開，滙豐銀行承認違反了洗錢規定，將支付十九億兩千萬美元罰鍰，且必須執行五年的補救計畫。

前言
罰款額度史上最高，但銀行高層無人坐牢

這個故事的源頭純屬偶然。二〇二〇年初，我拜訪滙豐銀行（HSBC Bank）在倫敦金絲雀碼頭（Canary Wharf）的總部。辦公室裡擁擠而嘈雜，員工們坐在各自的螢幕前，有些戴著耳機通電話，也有些三兩成群站在一起；還有一些在會議室裡，執行著這間世界上規模最大、獲利也最多的銀行每天的例行公事。

越來越多消息都指出，來自中國的新冠病毒正向歐洲逼近。倫敦、紐約和全球各地的股票受到重挫，一如每次面對未知情況那樣。在消費者需求減緩的恐懼中，銀行、礦業、能源和工業等企業變得格外脆弱，但目前還不需要太過緊張。而當時新聞的頭條是，電影大亨哈維·溫斯坦（Harvey Weinstein）強暴和性侵定罪的報導。

在美國，唐納·川普（Donald Trump）總統預測，假如他連任失敗，股市將會

崩盤。英國首相鮑里斯．強生（Boris Johnson）則放出風聲，將在近期與歐盟的貿易談判中，採取強硬立場。在消費者金融部分，則傳出免手續費的提款機將會消失，銀行要在消費者提領存款時，收取一定費用。

放眼所見，辦公室裡的每個人似乎都充滿了使命感。除此之外，也彌漫著繁榮的氛圍。這是個充滿活力和成就的地方，畢竟不久之後的報告就顯示，滙豐銀行最新的年度盈餘是一百五十億美元。

離開的路上，我曾經在此地工作的同伴，敘述了銀行近年發生過的事件。當然，提到了「墨西哥」。我知道他在說什麼：**銀行因為允許墨西哥最大毒梟**，同時也是世界上最大的運毒組織，**透過分行的網絡和系統洗錢，而被罰款十九億美元**，是美國歷史之最，並且必須執行五年的補救計畫。

由於滙豐銀行，世界上最惡名昭彰、手段凶殘的錫納羅亞販毒集團（Sinaloa Cartel）[1]得以將數十億美元的非法所得，轉化為合法收入。當事件終於在二〇一二年曝光時，美國的執法單位證實，至少有八億八千一百萬美元，從美國進入滙豐銀行帳戶，而控制這些帳戶的，正是販毒集團令人聞之色變的領袖「矮子」古茲曼（"El Chapo" Guzmán）和他的心腹。

滙豐銀行承認在二〇〇六年到二〇一〇年間，允許錫納羅亞組織使用他們的服務，但實際上洗錢行為持續的時間恐怕更久。美國還進一步發現了數十萬筆無法解釋的金錢流動。

他們所揭露的，是一間受到高度尊敬、看似營運良善的超大型全球企業，實際上的檢核程序卻規畫不佳，或是受到忽視；而**許多員工成為洗錢共犯，並協助遮掩滅證**。

當我離開滙豐銀行忙碌而嚴肅的辦公室時，不禁好奇：這是怎麼發生的？這間銀行標榜著「環球金融，地方智慧」，廣告文宣寫著：「我們致力守護世界金融體系，因為事關數百萬人的生機。我們往來的客戶必須符合最高的透明化標

▲逃獄兩次後，「矮子」古茲曼（圖中）最終在 2017 年從墨西哥被引渡到美國。
圖片來源：維基共享資源公有領域。

1 編按：又稱作古茲曼集團、太平洋販毒集團、血聯盟。

準」——又為何沉淪至此，成為墨西哥勢力最大毒梟的助力？

矮子古茲曼是販毒集團的首腦，在《富比士》（*Forbes*）的富豪榜上排名第七〇一，夾在瑞士石油大亨尚．克勞德．甘德爾（Jean Claude Gandur）和金寶湯公司（Campbell Soup）繼承人多蘭斯．漢密爾頓（Dorrance Hamilton）之間。《富比士》也推出「世界權勢排行榜」，而古茲曼排名第六十七，在伊隆．馬斯克（Elon Musk）之後——馬斯克當時排行六十六。排行榜的介紹寫著：

> 「矮子古茲曼是錫納羅亞販毒集團的執行長，世界上最具權勢的毒梟。在所有由墨西哥進入美國的非法毒品中，約有二五％來自此集團。根據緝毒專家保守估計，集團每年獲利可能超過三十億美元。今年二月，芝加哥市將他封為艾爾．卡彭[2]後的『第一號全民公敵』。」

滙豐銀行在二〇〇二年才被評選為「全球營運最佳組織」之一，怎會與古茲曼這樣的罪犯，以及世界上最殘暴的幫派組織，形成如此盤根錯節的關係？而他們又是如何幫忙洗清染滿鮮血的黑錢？

滙豐銀行在世界各地受到尊敬和信任，其高層人員在國內外都受到歡迎和招待，連政府單位和資深政治家也高度重視。以下的例子能讓你更了解滙豐銀行和世界領袖的關係有多密切：

> 銀行董事長曾經寫電子郵件向國際貨幣基金組織（IMF）說明，他們不會參加該年在華盛頓特區的會議，因為銀行已經「與世界各地的財政部長和金融機構領導人有所聯繫，並不需要透過國際貨幣基金組織的會議，所以決定不要浪費股東們的錢」。

然而，在華麗的外表下，他們卻**從街頭毒販手中獲得收益**，透過銀行系統處理那一張張皺巴巴的鈔票。滙豐銀行的良好名聲給了許多罪犯合法性，助長了他們充滿悲劇和死亡的犯罪帝國。

更偽善且諷刺的是，發生問題的那幾年（二〇〇三年到二〇一〇年底）銀行的營運是由史蒂芬·葛霖（Stephen Green）負責。我曾經見過史蒂芬，我知道他

2 編按：一九二〇年代，芝加哥犯罪集團聯合創始人和老大，也是「洗錢」（Money Laundering）一詞的來源；他利用經營投幣式洗衣店，來掩飾、合理化犯罪所得。

先後擔任滙豐的行政總裁和集團主席，除此之外，也是個虔誠的基督徒。他寫過許多關於「道德資本主義」的書籍，並且會在星期天早晨的教堂講壇上宣教。

在他的管理下，滙豐銀行卻新開了數千個帳戶，讓高額資金大量流動，服務著像古茲曼這樣的怪物——他們在斬首、虐待和屠殺人們時，連眼睛也不眨一下。多虧了史蒂芬的滙豐銀行，古茲曼集團能享受他們的財富，取得更多毒品和武器，並加深暴力的惡性循環，摧毀墨西哥和其他地區成千上萬人的人生。

如今，史蒂芬成為葛霖男爵（The Lord Green of Hurstpierpoint），從滙豐銀行總裁順利轉職為英國政府的部會長官，並取得上議院席次。不過古茲曼就沒那麼幸

▲前滙豐銀行總裁史蒂芬·葛霖捲入洗錢爭議，卻順利轉職成為英國男爵。

圖片來源：Chris McAndrew - Official portrait of Lord Green of Hurstpierpoint CC BY-SA 3.0

運了，他在二〇一六年初被墨西哥海軍逮捕，引渡到美國，遭判終生監禁再加上三十年徒刑，並勒令沒收一百二十六億美元的非法所得。

本書寫作時，他被關在美國科羅拉多的「美國行政最高設施監獄」（ADX Florence），並極可能在此度過餘生。他的律師提出再審，認為他在開庭前後都被單獨監禁，心理狀態因此受到損害。他們也宣稱，一篇報導指出，陪審團中五名成員都違反規定，閱讀了與案件相關的新聞報導和社群網站評論。

相反，史蒂芬的名聲卻沒有受到絲毫損害。除了上議院成員之外，他也獲頒許多榮譽和獎項，參與各種特權組織。大部分和古茲曼有關係的人都鋃鐺入獄；然而，**洗錢案期間的滙豐銀行主管和經理，卻能夠繼續過著舒適的生活**，打高爾夫球、釣魚、看歌劇、參與慈善活動和各式晚宴。

只要大到不能倒，就不會有罪

在我的寫作生涯中，大部分都以商業和金融為主題。這意味著追蹤大型全球企業的興起，花許多時間和企業老闆相處，聽他們分享事業成長的策略，解釋自己的組織為何能在眾多競爭者間脫穎而出，有時甚至明示暗示，自己的人格遠勝於其他人。

企業成功的故事通常都有相似模式，並且會大肆誇耀逐年成長的收益數字和利潤。企業主們鮮少會脫稿演出。偶爾公司營運會出錯，會有人提出問題。更罕見的情況，則有可能爆出重大醜聞，讓他們的名聲和成功故事受到質疑。

在滙豐銀行和墨西哥的事件，媒體固然有報導，但似乎每個人都只會心照不宣的聳聳肩，或許是因為與日常生活距離太遙遠，又或是這樣的事件發生在墨西哥理所當然；此外，**和二〇〇八年的金融海嘯不同，這事件並沒有直接影響大家的生活。**

銀行雖然受到鉅額罰款，但對於滙豐銀行天文數字般的獲利來說卻不痛不癢。他們承認自己的作為，正式道歉，並承諾會進行改革。儘管滙豐銀行的總部就位於倫敦，但英國政府沒有進行官方調查、沒有介入、沒有處罰，什麼都沒有。

人們普遍的觀點似乎是：這有什麼大不了嗎？也沒有人停下來問：這是怎麼發生的？滙豐銀行一開始是如何與古茲曼集團勾搭上？為什麼滙豐銀行沒有人因

此被起訴或定罪？並非只有古茲曼和他的打手才坐牢，普通的毒販也會進監獄——在美國，只要被捕三次就是無期徒刑[3]。然而，協助洗錢的銀行家似乎就是另一回事了。

在滙豐銀行的例子裡，罪行似乎相當重大。銀行方面承認出現持續多年的系統性問題，讓毒梟進行了高達數十億美元的洗錢行為；但刑事訴訟和定罪？好像就有點過頭了，滙豐銀行已經承認自己的錯誤。對這個資金充足的金融貿易組織罰款，再令其承諾加以改善，似乎就是最適當的處置了。

滙豐銀行的處置方式，和二〇〇八年幾乎讓世界經濟崩盤的銀行家所面對的，驚人得相似。在災難過後，沒有任何資深銀行家面對法律上的問責——即便他們幾乎讓世界的資本市場萬劫不復。當時的說法是，**我們承擔不起任何大型銀行崩潰的風險，它們大到不能倒下**。

假如沒有全球各國政府干預，耗費了大量納稅人的錢，世界經濟或許真的會

3 編按：三振出局法（Three-strikes law），又稱三振法，引用自棒球術語。對於犯第三次（含以上）重罪的累犯，法院將大幅延長監禁時間，下限為二十五年，最高是無期徒刑。

崩潰。即便如此，銀行紓困金的帳單高達數千億美元，經濟的確衰退，政府得實施緊縮政策，而工作機會的實際損失則未曾公布。我們即將看到：兩個情境的相似之處，遠不只在於二〇〇八年銀行的從寬處置，以及滙豐銀行點到為止的懲罰而已。

兩起事件之所以發生，都源自銀行家的貪婪無厭和肆意妄為——二〇〇八年，他們對無力負擔的民眾推出房貸，接著將貸款包裝為投資組合，推銷給不疑有他的投資人，讓他們誤信標的的安全性。而滙豐銀行在墨西哥的例子，則是他們看見了未開發的不穩定市場，**為了成為全球最大的銀行，決定無視舉世周知的重大惡行**。

在許多方面，滙豐銀行和古茲曼的事件，比二〇〇八年金融危機更為嚴重。滙豐銀行在墨西哥為世界最危險致命的犯罪帝國，提供了安全的資金庇護。我們後面會看到，銀行內部和外部都反覆提出警告，基層也傳來清楚的證據，卻都遭到忽略。

墨西哥政府在美國幫助下與錫納羅亞販毒集團對抗，**這絕對稱得上是戰爭。雙方傷亡人數節節高升，銀行的上位者卻不痛不癢**。與此同時，滙豐銀行卻表現出最高尚的企業形象，管理階級似乎真心關懷地球和環境，公關宣傳的主軸也是追求人類福祉。相當真誠。

我們的世界如今真的容許最大的銀行為所欲為，放任最令人髮指的罪行，無視其行為所帶來的影響嗎？而我們採取了什麼行動，來阻止類似的事再度發生？對他們來說，能獲得的利益，遠勝於失風被捕的懲罰；而**即便已經是美國最高額的罰款，卻也僅是滙豐銀行當年一個月的收益而已**。

越是深入思考這個問題，我不禁好奇，這個當代的重大事件，是否也反映了歷史上農民們習慣摘下帽子，保持恭敬的傾向：接受懲罰，並保持沉默。銀行要我們相信他們天花亂墜的宣傳和故事，並且讚譽他們的聰明和精妙。他們很聰明，因為他們自己這麼表示——而人民普遍也接受這個說法，因為他們都說了。

即便在二〇〇八年金融海嘯後，人們普遍的態度依然是：企業的規模越大，就代表越好，也越受到推崇。我們的社會崇拜「大」的力量——大型銀行、大型企業、大的數字、大筆的薪資、大筆的獎金、大房子、大車、大遊艇。大就是好，大令我們盲目。

這使得像滙豐這樣的大型銀行，一方面宣稱自己道德高尚，與政府監管單位保持密切關係，另一方面卻被發現劣跡斑斑。當理論上他們的主管至少應該接受法庭的調查時，實際情形卻不是如此。他們可以說是**讓規模膨脹到無法管理，卻又大到不能倒，也不能面對牢獄之災**。

美國司法部長埃里克·霍爾德（Eric Holder）如此解釋滙豐和古茲曼之間的連結：「我很擔心這樣的機構規模過大，會讓我們難以起訴。我們觀察到的跡象是，假如司法部門起訴、提出刑事訴訟，恐怕會對國家經濟，甚至是整體世界經濟帶來負面影響。」

這究竟會離譜到什麼程度？沒有任何高階銀行家因為二〇〇八年的金融危機而遭到起訴。同樣，沒有任何滙豐銀行人員被控告，他們縱容錫納羅亞販毒集團發展，並提供這個運毒組織合法掩護，讓他們進入全球金融網路和市場。滙豐銀行成了心狠手辣犯罪組織的洗錢聖地，而那些高階主管們卻不需要面對審判。

到底要縱容到什麼程度？到底誰要為助長黑暗勢力而負起責任？大型銀行的高價律師團、助手和專業公關團一旦介入，是否就能徹底撇清協助殺人犯的責任？古茲曼發現滙豐銀行完全能滿足他們的需求，雙方在規模、分工和野心方面都可謂門當戶對。

為特權開後門，特製裝錢文件袋

錫納羅亞販毒集團之所以攀上高峰，在於能透過難以置信的方式，運送大量毒品；例如打造特製的小型潛艇，以及加裝照明和運輸軌道的**長距離隧道**，後者可說是設計和工程上的壯舉，**能讓大量毒品跨過邊境**。而滙豐銀行在金融方面也有相同的實力，銷售各式金融和投資產品，也能幫助他們洗錢和保障資金。

想像一下這個場景。二〇〇七年，一輛車在墨西哥鄉下小鎮的廣場上停下。三個人下了車，隨興的走到當地銀行——滙豐銀行。其中兩個人帶著塞滿東西的文件袋，第三個人則緊張的四處張望；凸起的外套明顯表示他攜帶了武器。

他們進入銀行，短短幾秒鐘之後就離開，只留下了文件袋。那些文件袋經過設計，剛好可以塞進出納員的小窗口。出納員接過袋子，放到一邊，伸手拿取一張事先準備好的單據，撕下存根後交給客戶。當文件袋打開後，裡面放了數捆壓平的舊鈔，隨意的用橡皮筋綁著。

另一個場景，一輛貨卡從高速行駛中急煞；後座男子把一個大垃圾袋扔到地上，卡車隨即揚長而去。不久之後，一個路人緊張的戳了戳袋子——他們似乎已經見過這種情況，對袋子裡是什麼，心裡也有底了。深色液體漸漸滲出，在地上留下一道痕跡，看起來就像是血。他們撕開袋子，裡面是一具無頭屍。

在倫敦巴比肯藝術中心（Barbican Centre）擁擠的大廳中，人們引頸期盼的年度大戲登場——穿著西裝的男性魚貫走上舞臺，坐在寫著自己姓名的椅子上。他們是滙豐銀行的協理，背後的巨大銀幕上，展示了銀行年度表現。

今年成績亮眼，是豐收的一年，獲利和營業額都有提升。其中一個引人注目的焦點是：「拉丁美洲帶來十七億美元的稅前收益，其中墨西哥第一次超過十億美元。」前景看好，股東們可以預期更多好結果。他們也提到銀行的潛力、影響力和規模。

最後開放提問的環節，所有問題他們都從容回答，沒有特別犀利的言論。有些人對高層主管的薪水頗有微詞，但這樣的問題很輕鬆就能打發。舉手表決通過一些事項後，就全面施行。幾分鐘後，滙豐銀行年度股東大會結束。銀行的董事長、協理、顧問們和滿意的觀眾在短暫交流後，就準備離開吃一頓高級午餐了。

以上三個事件各自不同，其中一個駭人聽聞，但彼此都有所關聯，並且將銀行與客戶，也就是滙豐銀行和錫納羅亞販毒集團，連結在一起。**用特製的文件袋存錢的人和將垃圾袋裡受害者斬首的人，都屬於相同的集團**。他們為矮子古茲曼效力，透過將大量毒品運送到美國維生；而**那些有勇氣挑戰或調查他們的人，下場通常相當悽慘。**

為了強化恫嚇的訊息，他們有時會把最殘忍的處決影像公開在網路上。當然，從許多方面來說，銀行高層和墨西哥屠夫並不相關。滙豐銀行也肯定會譴責錫納羅亞集團的行為。

然而，這些人是他們的顧客，意味著在最基本的金融層面，銀行和販毒集團的關係密不可分，前者提供後者有價值的服務，並因此得到相當的利益。銀行高層不能說自己不知情——有許多企業內部和外部的人都提出警告，認為銀行紀律鬆散，運作管理出現漏洞；但他們唯一的目標只有追求越來越高的利益。

最終，官方也察覺了問題。他們了解滙豐銀行在犯罪集團中所扮演的角色。滙豐銀行宣稱自己是追求良善的力量，在國際機場投放許多廣告，宣傳他們對企業家和藝術家的支持，讓創新的才能和改變世界的想法得以實踐。

年輕交響樂團能演奏動人的音樂，感謝滙豐銀行；**罪犯們販售毒品，面不改**

色屠殺整個家族，從父母、小孩到年長的親屬都不放過，**也要感謝滙豐銀行**。

之所以對墨西哥和助長邪惡勢力的滙豐銀行感興趣，我得承認有部分是源自於個人的經歷。我是滙豐銀行的長期客戶。假如我的帳戶透支，或是進行了「不對勁」的交易，銀行都會立刻找上門來。在問題排除前，我都沒辦法使用他們的提款機。

有好幾次，我因為稍有疑義的行為，而被收取額外的費用。假如我用來路不明的錢進行大筆支付，他們會立刻要求我解釋來源。假如我因為某些理由想要貸款，他們也會對原因追根究柢。但是這個機構在同一時間，卻從錫納羅亞集團和共犯手中得到巨額收入。

這些罪犯和我一樣，都是銀行的使用者和受益人。然而，我似乎永遠都得遵守所有的規則和標準，而罪犯們卻從來都不需要。

除了支付罰款和承認罪刑外，滙豐銀行也進入延緩起訴協議[4]，承認美國政府的說法，並且在限期五年內妥善處理後續問題，否則政府仍然會起訴。當我拜訪滙豐總部時，他們才剛脫離延緩起訴協議。和我一起拜訪的前員工用詞殷切的說，他們正在「從墨西哥事件恢復」，語氣充滿仰慕和同情，似乎談論的是大病初癒，或是剛結束痛苦治療的人。

再澄清一次，**雖然罰金額度史無前例，卻只大約等於銀行五個星期的獲利而已。**至於銀行進行的改革，過程從未公開——滙豐銀行無所不用其極，動用了所有的律師，不讓大眾看到他們的改變，所以我們至今依然一無所知。我們不知道其他銀行是否在滙豐事件後，悄悄強化了他們的管理；是否又像他們這些上位者對我們小人物所保證的，學到了教訓。

除了改革之外，那些超級有錢的銀行主管們是否會看著鏡子，在道德上所覺醒？有位作者曾經盛讚市場是發展和解放最強的驅動力。但他繼續說，在最糟的情況下，市場是「汙染道德的危害，助長了我們心中最惡毒的雜草」。挑戰在於如何取得平衡，既能維持動力，又不至於過度放縱。

這位作者的名字是史蒂芬·葛霖，滙豐銀行的前主席，如今則是葛霖男爵。在他的管理下，銀行長達數年的時間，都在為世界最大的毒梟洗錢。

4 編按：指近似「不起訴協議」的自願替代裁決，以被告同意滿足某些條件，換取檢察官撤回起訴。

第 1 部

提供國際（毒販）服務的地方銀行

第1章

以香港為基地，資助毒販和鴉片商起家

英國部隊在中國打仗，受益的卻是毒品走私者。他們在衝突中的勝利，為英國商人打開了盆滿缽滿的中國貿易之門。

滙豐銀行以為毒販效力起家。事實上，這間大型銀行的前幾個老闆，就是毒品貿易中呼風喚雨的人物——不過你得追根究柢、仔細挖掘，才能在銀行公開的資訊中找到這一點。

目前掛在銀行網頁上的引言，是引人入勝也恬不知恥的：「一間香港的地方銀行，如何成為世界上最大的金融服務組織？」故事介紹了滙豐銀行的誕生和在國際間的擴張，以及如何在一百五十年間，為顧客開展不同機會。

故事告訴我們，滙豐銀行誕生於一個簡單的概念：「提供國際服務的地方銀行。」然而這個說法太過籠統，可以說毫無意義。在滙豐企業的官方歷史中，不會找到關於毒品的內容，只會有：

一八六四年，湯瑪斯．蘇瑟蘭（Thomas Sutherland）搭乘蒸汽船馬尼拉號（SS Manila），沿著中國南方的海岸航行。他在蘇格蘭財經雜誌《布萊克伍德雜誌》（*Blackwood's Magazine*）中，讀到一篇關於蘇格蘭銀行的文章。蘇瑟蘭本身是蘇格蘭人，雖然他沒有銀行戶頭，卻下定決心要以蘇格蘭的銀行法則[1]，在香港成立一間銀行。

和其他同地區的外國銀行不同，這間銀行的總部會設在香港，管理也在香港進行，不會有對香港事務不熟悉或沒興趣的海外主管干預。蘇瑟蘭擬定了招股說明書，而銀行的臨時委員會在一八六四年八月成立。總資產是五百萬元港幣，在香港發配的股票很快售罄，銀行也順利誕生了。

一八三四年，蘇瑟蘭出生於蘇格蘭的亞伯丁（Aberdeen）。父親在他年幼時就過世，所以他由外祖父撫養長大。他的外祖父在蘇格蘭東北方經營製桶業和漁業加工；外祖

▲湯瑪斯．蘇瑟蘭在鴉片戰爭後創立香港上海滙豐銀行，並漸漸成為了大英帝國拓展海外的支柱。

圖片來源：維基共享資源公有領域。

1 編按：英國第二古老的銀行（第一是英格蘭銀行），後者是明確為了支持英政府軍費建立的，蘇格蘭銀行則是為了支持企業，並且議會禁止該行自行借錢給政府。

父母都是嚴格的喀爾文教派[2]信徒，本來希望年輕的蘇瑟蘭能進入當地的亞伯丁大學，進修成為牧師。

蘇瑟蘭並不感興趣，退學後進入鐵行輪船公司（P&O）成為運務員。不到二十歲時，他就代表公司前往孟買，接著是香港。不久之後，他便被拔擢為公司的「駐港監事」，負責公司在這個新英國殖民地和鄰近中國、日本的業務。到了一八六三年，野心勃勃的蘇瑟蘭又升職為香港黃埔船塢有限公司（Hong Kong and Whampoa Dock Company）主席，負責管理倉庫和船務建造。

此時，他甚至還不滿三十歲。不過奇怪的是，他還沒有自己的銀行帳戶。像他這樣胸懷大志的人，正是將近一百五十年後，滙豐銀行追求成為世界最大銀行時，會想要網羅的人才。

蘇瑟蘭在香港認識了一對兄弟，湯瑪斯．登特和蘭斯洛特．登特（Thomas & Lancelot Dent）。滙豐銀行的歷史並沒有提到登特兄弟，但我們知道他們是蘇瑟蘭年輕時的旅伴，來自英格蘭北部的威斯摩蘭（Westmorland），原本從事畜牧業，後來則成為海盜。

家鄉的生活太艱苦，驅使他們為了追尋財富而離開，向東方的印度和中國探索。湯瑪斯和蘭斯洛特在因緣際會下落腳於香港，成立了貿易公司寶順洋行（Dent & Co.，又譯顛地洋行），是最初的廣州洋行[3]之一。

寶順洋行源自另一間公司大衛蓀洋行（Davidson & Co.），而後者則來自銀行家喬治・巴林（George Baring）旗下的一間公司。正直且注重形象的巴林，並不認同當時蓬勃發展的鴉片貿易。來自印度的鴉片透過香港和廣州的港口進入中國，用來交易陶瓷、茶葉和絲綢，再運送回不列顛和大英王朝。

鴉片戰爭，打開毒貿之門

當時，**毒品運輸就占了印度到中國海運的七〇%**。而到了一八三三年，壟斷

2 編按：主張「預選說」的基督教派，認為人是否會得救早已預定，唯有深信才能得到救贖，並以辛勤工作來榮顯上帝。

3 編按：華人與西方洋人的國際貿易商行，始於清朝。

中國鴉片貿易的東印度公司一年的鴉片運輸量，從四千箱提升到三萬箱，每箱都裝載七十七公斤的毒品。雖然鴉片在醫療上的用途是減輕疼痛、輔助睡眠和紓解壓力，卻有著極高的成癮性。

到了一八三〇年代晚期，中國鴉片成癮的人數直線上升，整個國家對鴉片的依賴性太高，幾乎使貿易完全失衡。美國也希望在其中分一杯羹，為首的是小羅斯福（Franklin D. Roosevelt）和參議員約翰．凱瑞（John Kerry）的祖父輩。

他們從土耳其將鴉片運往中國，這一切都導致了一八三九年的第一次鴉片戰爭。同時在英國，憂心的巴林下令停止鴉片生意，後來由威廉．大衛蓀（William Davidson）接手，並將公司命名為大衛蓀洋行，湯瑪斯和蘭斯洛特成為他的合夥人，而在威廉和登特兄弟分道揚鑣後，公司也重新命名為寶順洋行。

對於即將到來的衝突，湯瑪斯絲毫沒放在心上。他非但不退出鴉片貿易，反而激烈的削價競爭，背棄了他們和其他公司開會通過，穩定鴉片價格的協議。寶順洋行的生意蒸蒸日上，因此當中國決定打擊破壞了社會和經濟的大量毒品輸入時，立刻對蘭斯洛特發布了逮捕令。

中國政府也想逮捕他們的買辦，也就是協助跨越語言和習俗障礙的本地人。

這些人在滙豐銀行的官方歷史中占了一部分篇章。不過此紀錄與鴉片無關，而是描述他們如何受雇於銀行，協助在中國協商並發行短期的「彩票」，為貿易提供資金——但沒有具體說明貿易的內容。

登特兄弟是這方面的專家，同時擔任掮客和毒販的金主，而**中國針對蘭斯洛特和寶順洋行的行動，正是第一次鴉片戰爭的導火線**。這場戰爭從一八三九年延續到一八四二年，期間中國的港都上海遭到轟炸，雙方海軍也多次激烈交鋒。

英國毒販企圖力挽狂瀾，保住自己的生意和影響力，而英國政府則下令皇家海軍出手相助。

英國優越的火力很快就使中國投降，在接下來不平等的《南京條約》中，逼迫中國割讓香港和鄰近小島，開港通商，並向英國支付賠款。

而在中國、英國與法國的第二次鴉片戰爭（一八五六年—一八六〇年）後，當時三十多歲、極度富有，在遠東地區影響力也極大的蘇瑟蘭，有了建立銀行的夢想，最終促成滙豐銀行誕生。

他聽聞許多關於建立「中國銀行」的規畫，在印度股市中上市。因此，滙豐銀行的雛型之所以出現，都歸功於英國政府強勢的干預。就如同英國軍隊的官方紀錄所言：「英國部隊在中國打仗，受益的卻是毒品走私者。他們在衝突中的勝利，為英國商人打開了盆滿缽滿的中國貿易之門。」

成為大英帝國海外支柱

正當蘇瑟蘭得到輪船公司股份，思考下一步該如何進行時，剛好在《布萊克伍德雜誌》中讀到一篇介紹蘇格蘭人如何成為優秀銀行家的文章。這鼓勵他更進一步：與其讓中國銀行牟利，身為蘇格蘭人的蘇瑟蘭會以香港為基地，建立自己的銀行。

在某次與朋友的晚宴中，這個點子又更具體了些。蘇瑟蘭會建立銀行，但在招股說明書上不使用自己的名字，而是使用當地著名的寶順洋行。他以中國和有利可圖的鴉片貿易為目標，下定決心要取代中國銀行，於是雇用了買辦讓他們與中國的交易更加順利。

與此同時，為了保持銀行與英國政府的關係，他任命寶順洋行在中國的高級合夥人弗朗西斯・喬姆利（Francis Chomley），成為新興香港上海滙豐銀行有限公司的董事長。成立不到一個月，滙豐銀行就在上海建立分行；三個月後，又在倫敦開了辦公室。

一八六六年，香港金融系統發生了嚴重危機。當地的十一間外國銀行中，有六間出現擠兌，使得系統崩潰。滙豐銀行倖存下來，而官方歷史也大肆宣揚，吹噓著這間新興銀行「贏得了韌性強的好名聲」，甚至讓當地的中國人用其中文名稱「滙豐」做文章，代表了「匯兌豐足」或「財富匯聚處」的意涵。

▲ 1886 年的第一代滙豐銀行大樓。
圖片來源：維基共享資源公有領域。

蘇瑟蘭將其神祕的「匯兌豐足」和「財富匯聚處」，都歸功於穩定的蘇格蘭銀行法則，而根據滙豐官方歷史，這讓蘇瑟蘭得以將銀行的願景，聚焦於簡單的概念：「在地擁有和管理，支持國際貿易。」

從一開始資助毒販和鴉片商，讓鴉片戰爭後的中國日益混亂，**蘇瑟蘭漸漸成為大英帝國海外拓展的支柱**，不但擔任香港立法會的成員，也是鐵行輪船公司的常務董事。一八八四年，他獲選為英國下議院的議員，後來更受封為爵士。他在一九二三年過世於英國倫敦，受到許多悼念。在香港，甚至有一條街以他的名字命名。

蘇瑟蘭和那些資深同事創業的過程，在許多方面都受到英國政府行動的助益。而耐人尋味的是，**我們即將看到歷史如何一再重演**。

管理軍事化，上班就像當兵

滙豐銀行的確遵循了蘇格蘭長老教派的嚴格道德準則，在經營方面依賴嚴密而軍事化的殖民法則，並且要求員工遵守相同規範。一位已故的滙豐銀行亞洲區經理的遺孀，曾經如此苦澀的描述滙豐銀行：「混合了父權主義和威權主義。」

隨著二十世紀演進，滙豐銀行上下的組織管理漸漸受到「國際管理幹部」（International Officers）支配，內部簡稱為「IO」。而後更名為「國際經理人」（International Managers），簡稱為「IM」。一般來說，他們會是白人男性，熱愛英式橄欖球，從英國學校畢業，但沒有大學學位。

新進員工和管理階級都有一個共識，就是**加入銀行無異於投身英國軍隊，且會被派駐海外的崗位**。他們會因為「東進」而取得終身職，但得放棄對於工作和社交生活的掌控權。

滙豐銀行的道德準則也深入員工的私生活：和軍隊一樣，節慶假日被稱為「休假」，資淺的男性員工稱為「初級軍官」，在任職期滿十年前都不得結婚，這段單身時期被稱為「擱置」（on ice）。

似乎是為了提醒他們在銀行中的地位，這些單身者會被迫住在「同住宿舍」（chummery），這個名詞來自英屬印度，指的是單身男性員工共用的居所，營造出近似於軍官食堂的氣氛。換句話說，滙豐銀行完美反映了其誕生的維多利亞王朝；而即便王朝開始衰退，銀行依然維繫著這些傳統。

聽聽這位前銀行職員的說法，你或許會認為，滙豐銀行沒辦法在現代世界有立足之地：一九六〇年代，他必須請無薪假，才能離開香港去探望來日無多的重病父親；他的上司說他不能去，因為這恐怕「不符合公務需求」。

即便到了更近代的一九八九年，有些員工仍需要董事長的許可才能結婚。滙豐銀行這種紀律嚴明的傳統，得到了「傷透人心和靈魂公司」（Heart and Soul Breaking Corporation）[4]的稱號。

當然，主管階層的看法不同，**認為這是滙豐銀行獨特之處**——讓他們在激烈的競爭中脫穎而出。投顧公司「Williams de Broe」的分析師，曾經受邀檢視滙豐銀行「持久和競爭的優勢」。清單的第一點就是「貫串了整個組織的管理文化和紀律」。

滙豐式文化的其中一個例子，可以從某個高階主管的抱怨中看出：「我注意到總部人員缺乏緊迫感和動力，並且有一些『隨興的人』，會在九點時還未抵達辦公桌，或是在工作時間拿著購物袋進入公司大樓。」

國際管理幹部是組織基因的守護者，傳遞來自總部的命令，並確保一定的同質性。他們的責任是推動、實行和維持滙豐銀行的文化，也就是「穩定的蘇格蘭銀行法則」。當銀行規模尚小時，要遵守全部的規定固然容易；但隨著銀行業務拓展到六十四個國家和地區的四千萬客戶時，就沒那麼簡單了。這正是滙豐銀行進入二十一世紀面臨的狀況。

綜觀整段滙豐銀行的歷史，其擴張大都斷斷續續。接著，在二十一世紀戲劇化的短短六年間，銀行的發展突飛猛進。**從二〇〇一年到二〇〇七年底，銀行員工人數幾乎翻倍**，從十七萬一千人成長到三十三萬人。構成滙豐集團（或是他們喜歡說的「家庭」）所有子公司需要監督管理的事業數目，從一九九九年的四百一十七項，提高到二〇〇九年驚人的兩千兩百七十七項。這讓滙豐銀行很難維持「世界營運最佳組織」的榮譽地位——這是二〇〇二年《銀行家》（*The Banker*）雜誌將滙豐評選為「年度全球銀行」時給予的評價。

這股暴衝動力的根源是什麼？而更重要的是，滙豐銀行如何堅守帶領他們通過將近一個世紀，或許有些缺乏冒險性的堅定原則？第一個問題的**答案是貪**

4 編按：同滙豐銀行英文縮寫「HSBC」。

婪。第二個答案則是，顯然沒有辦法。簡單來說，光是成為優越的全球最佳銀行還遠遠不夠。銀行的股東和管理高層都想要更多，但如此一來，等於是背棄了與他們名聲密不可分的關鍵：正直和誠信。

從麥肯錫挖執行長，三年變全球第一

二〇〇三年八月，滙豐銀行公布的半年獲利是五十五億美元。然而，許多投資界的評論家，例如美國公司美林證券（Merrill Lynch），都頗有微詞：「雖然展現韌性，但近期的成長發展持續充滿不確定性。」投資人想要更大規模的銀行、更高的獲利，以及更高的報酬。

高階主管也是如此，所以很樂意滿足他們的願望。然而，卻沒有人提到擴張的同時，也必須付出相當的代價——整個組織的規模將難以管理，無法顧及每個角落、每間分行的所有行為。

不過股東們並不擔心，因為這不是他們的責任。這是管理者的工作，而短期內，一切似乎都很順利。滙豐銀行在二〇〇八年是全球獲利最高的銀行，總獲利達到一百九十一億一千萬美元，並且被《經濟學人》（*The Economist*）雜誌譽為「全球最大銀行集團」，被《銀行家》雜誌稱為「全球最有價值商務品牌」。在力爭上游的奮鬥中，扮演核心角色的是執行長史蒂芬．葛霖，他當時也是執行董事。

史蒂芬在一九八二年，從麥肯錫管理顧問公司（McKinsey）跳槽到滙豐銀行，先是擔任集團策略師，而後在一九九八年受任命為董事會成員。他在公司穩定成長，**遵循著所有讓滙豐銀行如此可靠的守則**。

五年之後，史蒂芬成為了執行長，更在三年內爬上公司顛峰。他的責任是讓銀行成長，滿足股東和管理階層的同僚，並讓公司規模不斷擴大。二〇〇六年，我在滙豐銀行位於倫敦金絲雀碼頭的總部，與史蒂芬見面。

當時他正準備展開執行董事的生涯。我進入他的辦公室，立刻就被一整面的落地玻璃窗，以及四十一樓的壯麗景色所震懾。下方是蜿蜒而波光粼粼的泰晤士河，一段距離外則是倫敦市中心和西區的許多地標。

占據倫敦天際線的高聳金融大樓並不是什麼新鮮的景色，但還是得花一些時間才能習慣。而這扇觀景窗的目的也已經達成，傳達了地位和權力。與此同時，將近九千位集團員工正在摩天大樓較低的樓層工作。很顯然，史蒂芬是一切的主宰、是銀行的老闆——而且不是普通的老銀行，是世界第二大的銀行，也注定成為第一大。

然而，史蒂芬和其他金融大亨不同，也希望給人這樣的印象。他的辦公室很小，家具都充滿功能性，椅子是簡單的黑色皮椅，桌上物品雖多，但井然有序。他想傳遞的訊息是，這是個工作站，而不是資深執行長奢華的玩樂場所。

史蒂芬追求的不是自我膨脹。辦公室裡沒有任何炫耀性的紀念品，也沒有裱框的黑白照片，來證明他和多少世界領導人和名人見過面。只有幾張他的妻子珍妮安（Janian）、兩個成年女兒，以及其他家庭成員的照片，如此而已。

五十七歲的史蒂芬，從前任執行董事龐約翰（John Bond）手中接下領導的棒子。龐約翰的八年領導充滿個人魅力：他很高調，對客戶和下屬都很有一套，特別擅長拉攏亞洲、中東、歐洲和美國有權有勢的人。

龐約翰為銀行效力超過四十年，是資深的骨幹人物，曾經擔任國際管理幹部，整段職業生涯都投入於現代金融界仍稱作「香港人與上海人」（Honkers and Shankers）的滙豐銀行。

相對的，不太有名氣的史蒂芬雖然在銀行工作將近二十五年，卻仍被視為外來者。

「我是新來的，因為我並沒有一畢業就加入銀行——但我在這裡也待了二十三年，所以不能說是新人。」史蒂芬主動說道，不過在埋怨中卻還是透露著欽佩，畢竟自己所待的組織如此重視服務時間的長短。

史蒂芬穿著低調，不會刻意凸顯自己的權勢。他的西裝上沒有顯眼的條紋、沒有紅色的吊帶，也沒有配戴名錶；而是穿了兩件式西裝、白襯衫、素色領帶，以及擦亮的黑皮鞋。他緊繃的表情、精瘦的體型和低調的衣著，讓他給人有些嚴肅的印象。

他一向是個很獨特的銀行領導人：他喜歡體育（但高爾夫打得很糟），是英式橄欖球狂熱分子（rugger bugger）、熱愛藝術的審美家，還是個虔誠的基督徒。在宗教上，他並不只是信仰者而已，而是個全力以赴的激進分子。**他是領受聖職的聖公會牧師，每個星期天都會站上講壇布道**。

史蒂芬的同事提到，他會在商務飛行時撰寫布道的講稿。他也寫了一本書：《天國與財利：葛霖論金融市場》（*Serving God? Serving Mammon? Christians and the Financial Market*）。其他有錢的銀行家會大肆消費，熱衷擁有和炫耀昂貴物品與新潮的配備，但史蒂芬卻只喜歡登山健行，聆聽他鍾愛的歌劇，或是閱讀經典小說——假如是國外的作品，他喜歡原文版而非翻譯版。

他的法文和德文都很流利，也與我分享了未來學習義大利文和俄文的計畫——因為義大利文是美麗的語言，而俄文則是為了閱讀俄國文學之父亞歷山大．普希金（Aleksandr Pushkin）的作品，「詩作翻譯後就沒意思了。」他如此說道。

他很不喜歡談論自己。他是律師之子，出生於布萊頓（Brighton），是附近藍西學院（Lancing College）的寄宿生。關於他的童年，他願意分享的就這麼多了。「我撐過了學校，撐過去了。」他打趣的說，希望能轉而討論銀行和生意。

不過，史蒂芬太謙虛了，所謂「撐過去」的意思是錄取牛津大學，主修現代語文。入學不久之後，他就轉向哲學、政治和經濟，因為這些學科「為現代世界奠定了良好的基礎」。

牛津畢業後，史蒂芬利用一年的空檔年壯遊，才加入英國公務體系。他在海外開發署待了七年，其中兩年則以哈克尼斯獎學金（Harkness Fellowship）在美國麻省理工學院，修讀政治學的理學碩士。接著，他辭職成為麥肯錫公司的策略家，與這份工作一拍即合：思想家對思想家，計畫家對計畫家。

「麥肯錫很特別，能給你許多經驗，嘗試著解決重大的商業難題，或是與很高階的主管和董事會互動。」史蒂芬主要的業務範圍，是這間顧問公司的財務營運，並在五年後晉升為「資深專案經理」，只比合夥人低了一階。

後來，一間獵頭公司聯絡他，說他們代表了某「活躍的遠東金融機構」，想問他是否有興趣？職缺是滙豐銀行的商業策略及規畫部門。史蒂芬的合約為期兩年，而他在心裡留了四年給滙豐，接著便打算另謀高就。然而，他仔細規畫的時間表第一次出現了延遲，他在滙豐待得比預期更久許多。

擴張主義，瞄準未開發的新興市場

史蒂芬從麥肯錫跳槽後，就擔任高階的幕後人員，只要有人提到他缺乏第一線的金融資歷，他的防衛心就會被挑起：「我為銀行建立財務部——也就是整體營運、會見客戶，並管理損益帳戶。這難道不算是第一線嗎？」

安靜且心思細膩的史蒂芬從未站在櫃臺後，未曾為客戶規畫投資方案、未曾賺取過傭金、未曾在銀行業贏得任何榮譽。然而在二〇〇三年，他卻打敗了兩個炙手可熱的候選人，晉升為執行長。這兩個對手分別是名氣比較響亮，長期擔任財政主管的范智廉（Douglas Flint），和銀行零售部門主管比爾・戴爾頓（Bill Dalton）。此外，他繼承了滙豐銀行德高望重的資深成員凱斯・惠特森（Keith Whitson）爵士的位置。

▲2010 年接替史蒂芬成為董事長的范智廉。

圖片來源：World Economic Forum - Flickr: Douglas Flint - World Economic Forum Annual Meeting 2012, CC BY-SA 2.0

史蒂芬的拔擢完全出乎多數人的意料，但龐約翰爵士看見史蒂芬思考、籌畫和帶領銀行成長的能力。史蒂芬也已經證明，他有能力做出艱難且可能引發反感的抉擇。加入董事會後，史蒂芬被分配管理投資銀行的部門。當部分員工沒有達成目標時，他的反應很果斷：取消他們的分紅獎金。

史蒂芬不喜歡談論自己，但當話題轉到滙豐銀行的傳統和歷史，或是他一再提及的「連貫性」時，顯然自在了許多。他說，滙豐銀行會不斷「進化和改變，卻也持續錨定於相同的基礎連貫性」。他應該沒看到我的白眼。然而，這樣的企業管理官腔說法，的確會讓股東們拍手叫好——雖然實際上的意義模糊不清。

龐約翰在史蒂芬身上看見的，是讓大型銀行更加擴張成長的潛力。後來的發展顯示，**成長的空間在於探索未開發的新興市場，例如亞洲和拉丁美洲地區**。這些國家呼應了滙豐銀行在大英帝國時代的根源，遠離西歐和美國等高度開發的金融中心。

史蒂芬接管滙豐銀行時的某一份董事會報告，為銀行的發展和方向定了調，點出銀行認為「開發中的市場成長速度比已開發國家更快」。史蒂芬所訂下的目標是：**集團有六〇％的獲利將來自這些開發程度不足、等待起飛的地區**。他的滙豐銀行力行擴張主義，四處征服，目標是成為國際領袖。

滙豐銀行二〇〇二年前後最大的差異，在於以前總是迴避這類宏偉的宣言，只聚焦在公司的韌性和謹慎的成長。然而，**此刻的他們目標是頂點**。令人驚訝的是，**實踐這個野心的，是個溫和且深思熟慮的聖公會牧師**。史蒂芬可不是電影《華爾街》（*Wall Street*）裡不擇手段的野心家戈登・蓋科（Gordon Gekko）。

當我和清一色是男性的頂尖生意人共處，聽他們高調吹噓各種征服、智取、進軍新的國家，以某地作為跳板等言論時，都會想起年輕時和男性友人一起玩的熱門軍事策略型桌遊——《戰國風雲》（*Risk*）。

這款遊戲的內容是在全球各地移動你的軍隊，消滅對手。假如可以將骰子擲到你要的點數、做出正確行動，就能席捲面前的一切、征服全世界。假如錯了，則會慘遭吞沒。我們對《戰國風雲》非常熱衷，會一口氣玩上好幾個小時，謀劃併吞所有大陸，最後將整個地球納為己有。

如果有人想要採取謹慎、安全為上的策略，就會遭到訕笑。若想成為亞歷山大、成吉思汗或是拿破崙，你就得勇敢無畏，就算最後一敗塗地也在所不惜。

在現實世界的「戰國風雲」中，史蒂芬和他的銀行高階主管同僚們開始將眼光放遠。他們不再與渣打銀行等以亞洲為中心的小型銀行，或是英國的巴克萊銀行（Barclays）等相比，而是將滙豐銀行的目標放在超越跨國的巨型銀行，例如美國銀行、摩根大通銀行和花旗銀行。

二〇〇二年後，他們唯一的焦點就是不計一切代價，成為全世界影響力最大的銀行。持續擴張規模能讓投資人滿意，也會為他們和高級主管們帶來更大利潤。從二〇〇二年開始，滙豐銀行選擇的對手漸漸以美國的銀行為主。而從一九八〇年代開始，全球的銀行業都受到年度績效獎金制度的影響——這樣的現象從美國開始，蔓延到全世界。

帶領滙豐銀行成長的管理階層得到許多回饋和獎勵，有些人得到的獎金相當驚人。然而，這樣的獎勵制度是近期的新發展，他們也不願大肆宣傳，畢竟為了維護傳統，不應塑造出高薪的形象。然而，在銀行二〇〇八的年度大會中，股東被要求通過一項薪酬計畫。假如所有條件成熟，將為六名高級主管帶來三年一億兩千萬英鎊的進帳。滙豐銀行也揭露在一年內員工的薪資和獎金支出，就高達六十億英鎊。有兩百三十五名員工的年薪超過一百萬英鎊，其中有八十九人在倫敦工作。

當史蒂芬接手時，滙豐銀行的規模已經相當龐大，遠遠不是蘇瑟蘭時期可以想像的。然而，當我問他打算將滙豐銀行擴張到什麼程度，他抬起頭回答：「每當我們計畫收購案時，就會問自己這個問題。我們會問，這樣的『管理延伸』會太好高騖遠嗎？」

假如答案是肯定的，那這個提案就沒有成功的希望。但根據他的說法：「截至目前為止，銀行的規模成長仍然在掌控中。銀行雖然巨大，但微軟等其他公司雇用的員工更多。不過打從一開始，就會有一個上限，一旦超過了，生產力反而會下降。」他露出了笑容，繼續說：「但金融服務距離整合還有很長一段路要走。」換句話說，還有許多目標值得追求，許多交易和發展的機會，也有大筆的金錢等著賺取。

史蒂芬對銀行員工的要求很高。他喜歡告訴大學畢業生，他們必須努力工作、謹慎小心。他也時常將一句古老的中國諺語掛在嘴邊：「今日公雞，明日雞毛撢子。」[5]

他對我提起，雖然滙豐銀行曾宣稱自己和其他同業擁有不同的文化。但他強調：「滙豐銀行內部一切的存廢，都取決於P和L（也就是損益帳戶）。」所以別被唬弄了，儘管他們說了很多漂亮話，最終卻都回歸數字。我問他，在宗教的虔誠信仰和利益的追求間，該如何取得平衡？他低下頭，有些難堪的盯著自己樸素的手錶。

「我可以給你三十秒版本的答案。首先，我並不在乎其他人不同的信仰。然而，在所有的員工之間，有個共通性，也就是他們遵守相同的專業標準，以及職業道德操守，並擁有滿足客戶需求的相同渴望。」他又瞥了一眼手錶，剛好三十秒。但史蒂芬還想再談談他的信條。

「唯有堅持適宜的行動準則，公司才能永續發展；銀行的角色是改善人們的生活，不是阻礙他們；社會如果不以營運良好的銀行為經濟體系核心，就無法運作下去。」

我又問，他肯定也有自我懷疑的時候吧？史蒂芬再看了一眼手錶，說：「老實說，當我看著鏡子時，知道自己並非完美。但同樣的道理也適用在每個人類身上。如果，大家都能坦承面對的話。」

而後他在二〇〇九年以著作《美好價值：金錢、道德與不確定世界的省思》（*Good Value: Reflections on Money, Morality and an Uncertain World*），總結了早年自己對於宗教的論述。在宣傳的訪問中，他說滙豐銀行是「慎終追遠的組織，

5 編按：據查，應為俄羅斯諺語。

認真看待前輩們在數十年間，流傳下來的價值和文化」。對《教會時報》（*Church Times*），他則說：「滙豐銀行真心追求成為道德的銀行，但也必須說，這終究是企業，而非慈善事業。」

身為跨國大銀行的最高領導者，史蒂芬並不同意自由市場大師米爾頓・傅利曼（Milton Friedman）的說法：「企業只有一項社會責任——利用自身資源，參與各項活動來提升利益（但必須符合相關規則）。」意思就是，在不欺騙或舞弊的情況下，投入公開的自由競爭。

滙豐的企業責任：承擔「萬惡之源」

史蒂芬認為，傅利曼簡化過頭了。他寫道：「企業不能只從投資人的價值來思考，還必須考慮客戶、員工、供應商和社群，環境的意識也越來越重要。」他承認自己對於自由市場資本主義的想法矛盾：「如我們所見，在最好的情況下，沒有什麼比市場更能推動開發和自由。但在最糟的情況，市場卻是危險的道德汙染，將滋長我們心中惡的雜草。」他引用了《聖經》：「貪財是萬惡之源。」史蒂芬認為，金錢已經成為現代的梅菲斯托費勒斯（Mephistopheles），也就是誘惑浮士德（Faust）[6]的惡魔。

這句話來自世界上最大型賺錢和處理錢機器的首腦，的確是很微妙，但龐約翰爵士所看中的，無疑就是這樣的論述——**他希望滙豐銀行的下一個老闆野心勃勃，但也了解自己該負擔的責任**，可以帶領銀行在正直誠信的情況下成長。而史蒂芬在解釋自己對於滙豐銀行的長期規畫時，完全呼應了這一點。

「問題在於世界的領導者，是否能建立起共同的全球經濟秩序願景，既維護市場的動力，卻也不至於過度失控（在風險和回饋方面）。」他希望「道德資本主義」能勝出，而自由市場資本主義則會消退。

總結來說，史蒂芬抱持著基督教的觀點，並再度引用《聖經》的話：「並不分猶太人、希利尼人，自主的、為奴的，或男或女，因為你們在基督耶穌裡都成

6 編按：神聖羅馬帝國作家歌德（Goethe）的作品名稱及人物；為了追求知識和權力與魔鬼做交易，出賣了自己的靈魂。

為一了。」他又補充：「這樣的理想和希望，將通過時間的考驗。」任誰都能看出史蒂芬內心的掙扎。

然而，很難想像他銀行業的同儕，會分擔他所承受的折磨，並出於同情挺身而出。無論是否指涉道德方面，但史蒂芬的確提出了有趣的論點，亦即**大型銀行很難控制，而且和其他企業不同，不能夠說倒就倒**。

假如其他企業倒閉，傷害僅局限於企業主、供應商和員工，他們的客戶可以轉向別人；然而，大型銀行的觸角伸向每個角落，深入了太多事物。從事後的角度來看，史蒂芬或許很清楚自己即將引領的高速成長，背後有怎樣的陷阱；但他也可能只是以防萬一而已，這很難說。

不過很顯然，史蒂芬也相信無論是銀行或市場，都必須受到一定程度的管理——立法者必須有能力干預。「至於該如何管理，則還有待時間證明。」

史蒂芬長期的左右手是執行長紀勤（Michael Geoghegan）。假如滙豐銀行按照往例，紀勤將會接任史蒂芬的位置。其他大型公司會向外努力尋找董事長人選，但滙豐銀行則往內部探尋。

某間報社如此評論：「滙豐銀行有自己的做事方式。從內部指定董事長的傳統，永遠不會因為其他公司的改革而有變化。」紀勤和史蒂芬的差異顯而易見：紀勤是典型的滙豐人，是差旅經驗豐富的國際管理幹部，而史蒂芬卻欠缺類似的相關經歷。

微觀管理，連主管的吃飯帳單也要檢查

紀勤在一九七三年，十九歲時加入滙豐銀行。他在英國溫莎（Windsor）和愛爾蘭求學，曾經獲得都柏林大學錄取，但為了滙豐銀行國際管理幹部的職位而放棄學位。

接下來的三十年，他在北美、南美、亞洲和中東等地工作，大都在銷售零售端。他天生樂觀進取，是人生的鬥士。

一份滙豐的內部報告，曾委婉說明了他「強力的領導風格」；而一名員工則有不同說法，認為史蒂芬如果是「好警察」，那紀勤扮的就是「壞警察」。在倫敦，紀勤被讚譽為「銀行家中的銀行家」——這種稱號絕不會落在史蒂芬頭上。

紀勤偏好微觀管理，並且享受滙豐銀行近年的權力鬥爭。一位銀行的董事會會議紀錄表示：「每個集團經營董事會的成員，都必須向紀勤先生繳交經費核銷，取得他的批准。」這意味著**在滙豐銀行中位階第二高的人**，不但管理著橫跨數個大陸、市場和工業的複雜企業營運，**同時也花上大量時間拿放大鏡檢視高級主管的餐廳帳單和計程車收據**。

面對越來越龐大失控的滙豐銀行，紀勤祭出的策略是管理階層最喜歡的一個詞：「文化」。雖然其他銀行也宣揚相同的理念，但他身體力行，致力親自拜訪世界各地的分行和辦公室，與眾多的員工會面。

「沒有什麼比傾聽第一線的說法更重要。」和史蒂芬共事的期間，紀勤一年有七〇％的時間，在銀行不同的區域和部門巡迴。他會定期短暫造訪滙豐銀行的網絡。

他剛獲得滙豐銀行終生職時，我曾在總部的高樓和他碰面，而他正準備前往南美洲，第一站是布宜諾斯艾利斯，而後則是聖保羅及墨西哥城。接著，他將轉往溫哥華和紐約。這趟商務行程一共會停留十六個國家，最後回到英國伯明翰和倫敦萊斯特廣場的歐點電影院（Odeon Cinema）進行簡報。

在某些場合，他會同時對七千多名員工演說。他笑著說：「說真的，有時候我甚至不知道自己在哪裡。」某次國際行程中，紀勤在轉機時寫電子郵件給前同事：「我們十一天前從布宜諾斯艾利斯出發，橫越了美洲、歐洲和中東，現在正前往其他亞洲的國家。幾個小時後，我會到香港，然後是上海，明天早上在北京畫下句點。

「這次旅程帶來生理上和行政程序上的挑戰，讓我們在十二天內走過十九個國家，飛行時間長達八十四小時，旅行距離大約八萬六千公里——但即便如此，這樣也只能涵蓋所有滙豐銀行分行的二五％。滙豐集團真的很大！我之所以選擇這樣的挑戰，是因為想聽聽人們的說法和想法。這段行程的主旨，是讓股東價值在未來能被看見——我希望如此，假如我能把事情做對。」

多數時候，員工們都很喜歡紀勤的演說。新加坡的安娜（Ana Dhoraisingam）向內部刊物《滙豐環球》（*HSBC World*）表示：「離開活動現場時，我覺得世界上唯一能超越花旗銀行的，肯定就是滙豐銀行了。」

紀勤在倫敦的辦公室裡，向我展示牆上的大型觸控螢幕，畫面充滿了閃爍的表格和數字。他一揮手，立刻就能叫出世界上任何地區，滙豐銀行的最新數據。

這是很引人注目的工具、非常實用，雖然看起來像是巨大的電動玩具。

在這個螢幕上，他可以不斷聚焦，從區域縮小到國家，再到國家內部地區和個別的分行。似乎只要站在這裡，就能透過指尖管理滙豐銀行的世界。親眼看見如此驚人高科技的應用，也讓人感受到他們的數據量有多麼龐大。

當我離開時，不禁思考著，他是否有辦法聚焦在單一問題，並深入其核心？但對投資人來說，這都無所謂，因為深謀遠慮的史蒂芬和鉅細靡遺的紀勤，已經決心帶領滙豐，成為世界最大也最棒的銀行。

而這項科技，也就是聚焦於銀行任何細節的能力，給了他們「完美的競爭優勢」——紀勤像個充滿男性荷爾蒙的《戰國風雲》熱血玩家那樣，一邊拍著桌子，一邊說道。

第2章

「應避免投資墨西哥」，當其他銀行這樣想時

反對黨候選人被暗殺、披索貶值、官員腐敗……
所有外國投資人都被嚇跑時，滙豐卻將它列入購物清單。

那天是一九九四年三月二十三日，時任墨西哥總統候選人路易斯．克羅索（Luis Colosio）的心情非常舒暢。四十四歲的他出生於政治世家，父親是長期執政的革命制度黨（PRI）議員。他自己也投身參選墨西哥最重要的位置。當他抵達下加利福尼亞州的提華納（Tijuana）參加競選活動時，民調遙遙領先對手。

克羅索在墨西哥的蒙特雷科技大學（ITESM）主修經濟，研究所則在賓州大學，也在瑞士研究過應用系統分析。他曾任職於墨西哥預算編制部，於一九八五年進入國會。

他加入革命制度黨黨部，幫助卡洛斯．薩利納斯（Carlos Salinas）當選總統（一九八八年），接著跟隨父親的腳步進入參議院，在內閣中擔任社會發展部長。一九九三年十一月，克羅索獲得革命制度黨提名為總統候選人。他建立起現代而進步的形象，演說吸引了大量的狂熱群眾。

克羅索的聲勢在三月的演說後達到高峰——他站在墨西哥城的墨西哥革命紀念碑前，批判了國家最根深柢固的社會問題。值得注意的是，他並不只是提出問題，更批評自己代表的執政黨深陷貪腐，沒能力處理有背景的犯罪者。他宣告：「我看見墨西哥的飢餓，對於正義懷抱渴望，人民遭受不義的對待……許多男女都受到政府威權和官員傲慢的虐待……我宣布，我將成為墨西哥的總統，帶領墨西哥邁向下一階段改革。」

這是場充滿激情、甘迺迪風格的演說，讓追隨者深深著迷。長久以來，政府從上到下的貪腐都令人民痛苦。這場演說意味著，克羅索對薩利納斯和革命制度黨提出了直接挑戰。為同政黨效力的克羅索，卻控告了總統和官員，承諾打造嶄新的革命制度黨，以及截然不同的墨西哥。

然而，克羅索贏得喝采的同時，卻也立刻出現了革命制度黨無法容忍他恣意妄為的風聲，決定推派新的候選人。舉國上下都屏息等待克羅索的

▲遭到暗殺的總統候選人路易斯・克羅索，他的死讓墨西哥陷入經濟、社會動盪。
圖片來源：Dragondra - Own work, CC BY-SA 4.0,

1 編按：墨西哥最靠近北邊的州，北面與美國加利福尼亞州接壤。

回應。接著，在這場重要演說十七天後的下午五點[2]，他在提華納的貧窮街區洛馬斯陶里納斯（Lomas Taurinas）進行了另一場演說。

一個小時後，響起了兩聲槍響。克羅索的頭部和腹部中彈，被緊急送到提華納的醫院，但仍然在幾個小時後身亡。二十二歲的工廠工人馬里奧．阿布爾托．馬丁尼茲（Mario Aburto Martinez）當場被捕，倉促的被控謀殺，定罪後面臨四十二年徒刑。

候選人之死，斷送了披索的未來

馬丁尼茲是耶和華見證人教派信徒，據說射殺克羅索的目的，是要宣揚他的和平主義觀點。聽起來有些矛盾。傳言警方找到他的筆記本，發現幾張素描，圖中描繪他的靈魂進入克羅索的身體。

這起暗殺事件引發了一些陰謀論：克羅索最後的演說並沒有記錄於日程中，是臨時起意的決定，意味著只有他的親信知道。此外，由於沒有事先規畫，他的個人維安也不如平常嚴密。更駭人的是，在現場逮捕的男子看起來邋遢又不修邊幅，但馬丁尼茲出庭時，外形卻顯得乾淨俐落。

而且，打中克羅索的子彈似乎來自不同方向。馬丁尼茲看起來就像是典型的代罪羔羊，他馬上認罪、堅持自己是單獨行動，但廣大墨西哥人並不買帳；他們認為被告席上的人並不是扣扳機的凶手，或至少他還有共犯。的確有人被關進監牢，而這個人也的確是馬丁尼茲；但民意卻持續認為他是無辜的，或是他並非單獨犯案，真正的凶手或共犯還逍遙法外。

接下來幾年間，懷疑聲浪始終沒有消退，人們仍在討論著是誰下令，或親手殺害克羅索。暗殺事件以來，有五個特別檢察官經手調查這個案件，也訊問了多名嫌疑犯，其中包含一位前警官和一位國家安全及調查局（已解散）探員。但僅有馬丁尼茲遭到定罪，而至今仍有人懷疑他的自白乃是屈打成招。

九名警員以證人身分出庭，後來卻發現其中七人根本未出現在槍擊現場。馬丁尼茲的女朋友表示他曾經提及想要買槍，但後來又改變證詞。他的親人原本表

---

2 編按：即一九九四年三月二十三日。

示知道他計畫殺人，最後卻證實他們是受到脅迫。

聯邦檢察總長思考過許多理論，但每次調查後，政府都會回歸同一套說詞：「已經被關進監獄裡的馬丁尼茲是單獨犯案。」然而，最普遍的理論是，**克羅索槍擊案的幕後黑手是革命制度黨的同志**。克羅索的父親在二〇一〇年過世前，都堅持這個說法。

槍擊案後，革命制度黨選擇了新的候選人，也就是克羅索的競選幕僚長埃內斯托·賽迪洛（Ernesto Zedillo）。而他也如預期的在這次選舉中勝出，並連任至二〇〇〇年。批評革命制度黨的人則認為，他們選擇了一個懦夫，沒有勇氣像克羅索那樣對薩利納斯和政黨提出挑戰。

可以確定的是，克羅索之死所帶來的餘波影響深遠。**這是促使許多外國投資人決定放棄墨西哥的關鍵因素**。在他死前，墨西哥似乎蓄勢待發。受到新簽署的北美自由貿易協定，以及革命制度黨大規模投資承諾吸引，外國資金開始流入。再加上克羅索參選，墨西哥看起來確實帶給人民和外國投資人改革的希望，能一掃長久以來的貪腐和犯罪。克羅索被當成國家樂觀的象徵，因此，**他的死證明了墨西哥並沒有進步，未來將毫無秩序和希望可言**。

事實也的確如此。在克羅索死後幾年，墨西哥陷入動盪和災難中；因此，國家的國際投資風險評分升高，嚇阻了外國投資人。這對於試圖重振經濟的國家來說，可謂雪上加霜。

政府努力維持貨幣披索（peso）對美元的匯率，並發售以美元計價的國債。但市場認為披索的價值遭到高估，於是出現恐慌。政府再次介入，購買自己的證券，因而損失了央行的預備金。不久之後，墨西哥就深陷於惡性循環中。

收購代號：「日正當中」

一九九四年十二月，墨西哥政府採取行動，讓披索貶值，導致風險評分節節高升，經濟成了自由落體。最後，墨西哥許多銀行因此崩盤，國有化計畫也隨之告吹。對於外國銀行來說，這些訊息再清楚不過了——**無論如何都應該避免投資墨西哥**。

一九九五年，美國總統柯林頓（Bill Clinton）組織導了五百億美元的紓困計畫，在國際貨幣基金組織安排，以及七大工業國組織（G7）和國際結算銀行[3]的合作下，終於給了墨西哥喘息空間。不過為時已晚，力道也不夠強。墨西哥經濟早已極度衰退，而喪鐘更在同一年響起：利率幾乎提高到一〇〇%，代表人們幾乎得雙倍償還他們的貸款。借款人終於受夠了，於是不再償還債務。

在克羅索被暗殺，以及隨之而來的披索危機[4]前，墨西哥都持續是滙豐銀行的開拓目標。一九九四年墨西哥人口有九千萬，而大部分都不使用銀行服務，因為他們太過貧窮，為了以防萬一寧願將現金留在身邊。

在槍擊案之前，投資人看見墨西哥生產石油的潛力、蓬勃發展的旅遊業、快速進步的科技業和服務業，以及高度生產力和開發中的基礎建設。簡而言之，這是滙豐銀行追尋的地方，他們也毫不掩飾對此地的垂涎。

「浦偉士（Willie Purves）比任何人都更注意拉丁美洲。」一紀勤曾如此評論滙豐控股在一九九〇年—一九九八年間的董事長，又補充：「他甚至到那裡度蜜月。」似乎這就足以讓極度富有的歐洲銀行家深入了解，九千萬貧窮的墨西哥人民，如何消費他們的金錢和時間。

另一位滙豐銀行的重要人物惠特森[5]，在一九九〇年代則對投資墨西哥抱持了戒慎恐懼的態度，表示：「我們知道自己希望開發拉丁美洲。」但他又解釋：「問題不只是走出去買點東西而已。你真的得等待適當的機會出現。」總的來說，**墨西哥一直在滙豐銀行的購物清單上**。而到了一九九三年，銀行開始計算入股墨西哥當地銀行的發展性。

一九九四年，集團的執行委員會選定了墨西哥：「我們將考慮擴張集團目前在墨西哥的發展。我們看見墨西哥經濟的重要性，不但在拉丁美洲市場中占有四〇％，而且持續成長中。」不過這也隨著克羅索的槍擊案、貨幣貶值和危機而改變。

然而，就在披索貶值時，滙豐銀行開始投資墨西哥規模第三大的瑟芬銀行（Serfin）。這間銀行被墨西哥政府出手拯救，而滙豐銀行則得到消息，墨西哥政府歡迎外國銀行入股。

---

3 編按：BIS，致力於國際貨幣政策、財政政策合作的國際組織。

4 作者按：又稱龍舌蘭效應（Tequila Effect）。

5 編按：在一九九八年—二〇〇三年擔任執行長。

在接下來的談判中，浦偉士脫口說出自己懷疑**滙豐是否擁有「必要的墨西哥專業」**。這句話耐人尋味，或許**反映了內部高層對墨西哥潛在危機的憂慮**。至少可以說，這代表銀行很早就知道，墨西哥和其他滙豐銀行「戰國風雲」世界地圖的國家都不同，需要特別謹慎的處理。

滙豐銀行還要再經過八年，才會重返墨西哥。在等待當地經濟復甦的同時，他們的野心並沒有絲毫減速，在阿根廷、巴西、馬爾他、法國、土耳其和許多國家擴展版圖。回到墨西哥時，政府拯救的許多銀行都已經完成私有化，賣給外國的銀行，其中花旗銀行、畢爾包比斯開銀行（BBVA，又稱西班牙對外銀行）和桑坦德銀行（Santander，又稱西班牙國際銀行），則分別收購了墨西哥的前三大銀行。

滙豐銀行高層知道，**如果說有什麼和金錢的損失同樣令股東厭惡的，就是錯失機會**。為了不要全盤皆輸，或是落後競爭對手太多，他們出手了，在二〇〇二年以墨西哥第五大的Bital金融集團為目標。這間銀行的主要股權掌握在貝羅多（Berrondo）家族手中。

滙豐銀行的時間緊迫：Bital有三〇%的股權由競爭對手桑坦德銀行持有，

而滙豐擔心 Bital 會在墨西哥銀行和瑟芬銀行後，也成為其資產。為了向所有人強調交易勢在必行，滙豐銀行高層刻意讓情勢升溫。

他們使用了「日正當中」（High Noon）作為收購計畫的代號。在緊追不捨的同時，他們拋下了所有對墨西哥政府、貪腐和犯罪、自身專業知識缺乏等等的擔憂。滙豐銀行的管理者們說服自己，**這個計畫絕不只是關於一個拉丁美洲的國家，而是有著更遠大的目標。**

負責進行交易的人感受到高層的壓力：「假如在出價的競爭中輸給桑坦德銀行，我們對董事會的信用，以及在國際上的勝利者形象都會蕩然無存。」對於曾經推崇韌性和穩定成長的高層來說，為了在競爭者之間爭一席之地，他們已經準備好在墨西哥這個備受質疑的國家賭上一切。

為了追求全球霸主的地位，為了不斷擴張規模，**安全第一的守則已經被拋諸腦後**。然而，「日正當中」鎖定的目標，甚至不是墨西哥前兩大的銀行，只排名在第五。這很詭異，不合理也不符合比例。

銀行高層習慣以爭鬥的角度來看世界，於是採取非贏不可的態度。不過，外界眼中的滙豐銀行，還是那個曾經以關懷和傳統為傲的機構。其中一名經理在當時的內部調查表示：「我們注重安全的文化是很大的優勢。」另一位也評論道：「我們很謹慎，按部就班，所以能達成目標。」但此計畫似乎是例外，在追求勝利時放棄了所有防護措施。

儘管書面資料看起來很有吸引力，但實際上的 Bital 銀行是一團混亂。這是墨西哥最後一間，還沒有結清一九九五年危機後負債的銀行；而根據當地人的說法，銀行還需要四億五千萬美元的挹注，才能符合墨西哥政府的資本公積規定。

深入毒梟帝國的旅程

Bital 銀行的運營成本收入比超過七〇%，和滙豐銀行的平均五二%－五五%相比，簡直判若雲泥。這間墨西哥銀行還有另一個重大缺陷。在收購時，滙豐集團倫敦的法務主管大衛．巴格力（David Bagley），傳了一份備忘錄給手下的資深專員約翰．魯特（John Root），其中整理了巴格力和負責 Bital 銀行加入滙豐家庭收購案的高階主管，霍嘉治（Sandy Flockhart）之間的會議。

巴格力寫道：「霍嘉治理解法遵[6]以及防洗錢部門的重要性，但兩者目前都不存在。」他繼續說：「Bital 銀行目前並沒有明確的相關單位……霍嘉治認為重要的不只是檢視影響墨西哥城的議題，也必須注意國界附近，因為**顯然有大量包含美元在內的現金跨國界流動。**」

憂心忡忡的不只是巴格力。惠特森這名睿智的金融老將也謹記「穩定的蘇格蘭銀行法則」，這套嚴格的職業道德規範和謹慎的企業文化，在過去為滙豐銀行帶來無數成功。

他曾經警告，投資墨西哥不該當成「走出去買點東西」。他對於 Bital 銀行相當粗略的調查內容頗有微詞：「七億美元的差額、不良的管控，以及五到六年的經濟損失，都讓我們對收購案有了不同觀點。如果再加上拉丁美洲的困境，以及全世界的經濟形勢，**我想比較好的做法是袖手旁觀。**」

然而，這些警告並沒有被重視，銀行也沒有選擇史蒂芬的道德資本主義。因此，惠特森的同僚們繼續執行著計畫。巴格力寄出示警的電子郵件才不過一個

6 編按：見第二〇三頁。

月，在來不及對 Bital 銀行充滿漏洞的程序，做細節檢視和思考對策的情況下，滙豐銀行就在二〇〇二年底，公開支付十一億四千萬美元收購 Bital 銀行。他們深入毒梟帝國的旅程於焉展開。

收購案最終以每股一．二美元成交，比 Bital 銀行原本的股價高出二〇％。對滙豐銀行的支持者來說，這代表銀行對墨西哥有足夠信心，並且能在拉丁美洲站穩腳步，建立起北美和南美之間的橋梁。霍嘉治宣稱：「這讓我們成為少數能夠在北美自由貿易協定的三個簽署國（加拿大、美國、墨西哥）間，順暢自由交易的銀行。」

Bital 銀行收購案中，滙豐銀行買下六百萬儲戶和一千四百間分行，成為銀行內部第二大的分行網絡。雖然 Bital 銀行大部分的客戶都是小型儲戶，但根據滙豐銀行的說法，他們已經為每人量身打造了不同的貸款和金融方案。

霍嘉治興奮的提到拓展 Bital 銀行的事業，涵蓋中端市場商業銀行、機構銀行，以及私人銀行業務。墨西哥的工商界也如此懷抱期待，接受了滙豐銀行的說法，並搓著手迎接外國銀行進駐。

分析師預期，隨著新加入的競爭者追求提升收益，消費者貸款會跟著放寬。

「在接下來的幾年，墨西哥真的會出現更激烈的競爭。」身在里約熱內盧投資銀行「瑞銀華寶」（UBS Warburg）的金融分析師布魯諾．佩雷拉（Bruno Pereira）愉快的說道。

關於墨西哥城的輿論，談的都是同一件事：對經濟起飛的期盼。根據摩根大通拉丁美洲金融分析師尤蘭達．柯恩亭（Yolanda Courtines）的說法，若希望刺激借款，需要的只有修訂新法律，讓放款人在遭遇債務不履行時，能更輕易收到抵押品。她又樂觀的補充，從明年開始，房貸的支出都能抵稅，也會刺激需求。這是接二連三令人振奮的發展。

站在開發中市場的山腳下

滙豐銀行給負責 Bital 銀行收購案主管的注意事項中，列出了他們的準則：**尊重墨西哥文化，但也謹守滙豐銀行的普世價值**；與財政當局建立密切連結；善用集團的經驗和資源；建造具支持性的管理團隊；不倉促重塑品牌；以及盡可能提高可見度。

霍嘉治得到高層指示：「最好能透過部分員工的『初期獲利』（共一萬七千人），表現出滙豐銀行帶來美好未來的能力。」雖然說不急著重塑品牌，但在收購案完成後的十二個月內，銀行就更名為墨西哥滙豐銀行（HSBC Mexico）——官方宣稱這是當地員工的期待，希望能成為滙豐家庭的一分子。

緊接而來的廣告閃電戰，在墨西哥前所未見。墨西哥一位銀行監管機構人員表示：「一夕之間，Bital銀行的名字就這麼消失無蹤。他們在市場砸了很多錢。滙豐銀行在墨西哥本來沒沒無聞，但他們花大錢建立了強烈的品牌形象。到處都會看到廣告。

「在機場，無論出入境都會看到滙豐的名字，所有的行李推車也都寫著滙豐。『不是Bital銀行，是滙豐銀行』。通往機場的街道上，到處都是廣告看板，城市的重要街道也是，廣播電臺也是。他們的行銷做得很好。」

「他們很快的改變了品牌名稱。」為了製造效果，他停頓了一下，讓我明白接下來內容的重要性：「但其他部分改變的速度卻遠遠不夠快。」

假如還有人認為滙豐選擇了錯誤的時間點，花超過十億美元在墨西哥收購一間銀行，這樣的疑慮也很快就消失了。**滙豐的名號一取代Bital銀行後，全球資金也開始湧入，希望能開發新興市場的潛力。**

不只取得金磚四國，也掌握未來十一國

同時，元老級的投資銀行高盛集團（The Goldman Sachs Group），也認可了新的墨西哥滙豐銀行。二〇〇三年十月，高盛首席經濟學家吉姆．奧尼爾（Jim O'Neill）和團隊出版了一份報告：「金磚四國之夢：通向二〇五〇年」。根據他們估計，不出數十年，金磚四國（巴西、俄羅斯、印度、中國）的總體經濟規模，就會超越已開發的六國集團（G6）[7]總和。

這份報告石破天驚，倫敦、華爾街和任何地區的投資人都急欲了解更多。一如往常，每當這類的報告問世後，總會有積極的投機者率先行動，開始搜索下一

7 編按：德國、法國、英國、義大利、西班牙、波蘭。

個金磚四國。奧尼爾和同僚抓緊時機，接著發表了「未來十一國」，又稱為N-11：孟加拉、埃及、印尼、伊朗、韓國、墨西哥、奈及利亞、巴基斯坦、菲律賓、土耳其和越南。

滙豐銀行的投資人關係管理和公關部門，得知自己的策略受到肯定，於是加倍投入。他們的說法是，滙豐銀行已經蓄勢待發，準備迎接大量獲利。而在芝加哥的某場會議中，史蒂芬告訴管理階層的同僚：「我們有了很棒的開發中市場故事，但在總資產和獲利中只占了二〇％。」他也和《華爾街日報》（*Wall Street Journal*）分享未來的規畫，將透過消費者金融在開發中市場取得領先。而投資者由此了解，**滙豐銀行往後的重心，將大幅轉移到開發中國家**。人在倫敦的紀勤宣布：「我們正在開發中市場的山腳下。」日正當中計畫的墨水都還沒乾透，滙豐銀行的領導者們就開始構思全局，思考如何以 Bital 銀行為地區的跳板，進軍鄰近國家。

換句話說，這是《戰國風雲》戰略手冊裡最經典的招數。銀行內部對收購案欣喜若狂的反應，意味著巴格力的備忘錄和惠特森的**警告**，以及其他的**質疑聲浪，都被拋諸腦後**。

關於墨西哥的策略計畫，滙豐銀行強烈建議進行更多收購及更多狂熱構想。他們認為中美洲集合了各種不同的市場，並且有著數十年的穩定人口結構，以及貿易和發展的潛力。

在這樣正向的氛圍中，**收購墨西哥銀行的十一億美元帶來許多客戶和分行，似乎是精明睿智的選擇**。而滙豐銀行也信守他們的承諾，全力投入新的購案。不出一年，滙豐銀行已經是創新的領頭羊，除了**將分行營業時間延長，還推出墨西哥第一個固定利率的房貸方案，目標是收入較低的客群**。

此外，他們也讓客戶能透過自動提款機辦理貸款，並且是第一間透過電腦模型定位提款機，根據用途和收益整理歸納的銀行。**墨西哥滙豐銀行，是整個滙豐家族中第一個建立系統，讓人們透過提款機慈善捐款的組織——這個概念很快就被其他地區仿效。**

進步的速度如風馳電掣，在墨西哥更是空前絕後。因此，滙豐銀行決定，他們需要的是尊貴的區域性總部，不僅要符合高超的布署和策略，也要讓所有相關人員都與有榮焉。二〇〇二年，Bital 銀行收購合約的印章乾掉前，滙豐銀行就買下了墨西哥城最重要的道路上——改革大道（Paseo de la Reforma）——的天使塔大樓（Torre Angel building）。

改革大道像是將紐約第五大道、法國香榭大道和倫敦特拉法加廣場融合在一起。這條寬廣的大道兩側是整排的行道樹和人行道，以及高聳的大樓。鋼筋、水泥、玻璃和鋼鐵的構造，似乎都宣告著偉大的商業成就和野心。

沿著改革大道前進，就像是站在寬敞的河谷底部，兩側崖壁垂直而險峻。道路兩邊是許多商店、紀念品小販和餐廳，熱鬧的人群，以及墨西哥城最具代表性的車潮。

這條大道是全球性大都市墨西哥城的脈動核心，令愛國者們引以為傲，在經濟和政治層面上也反映了許多歷史意義、輝煌功績、抗議示威和權力。**墨西哥城的任何大事，都在此發生**，任何令人瘋狂的事亦然。例如藍十字足球隊（Cruz Azul）支持者，歡慶他們在二〇二一年五月的足球聯賽中獲勝；或是示威群眾沿街抗議，而高樓大廈中的辦公室卻安靜孤立，似乎與下方的混亂毫無關聯。

墨西哥全新的滙豐大樓，加入全世界超過十五棟的滙豐萬神殿，每一棟的地址都展現了滙豐的強大實力：滙豐塔、滙豐大樓、滙豐廣場、滙豐中心或滙豐舞臺；他們將代表品牌的四個英文字母「HSBC」，展現在墨西哥城躍動的商業中心。這也是拉丁美洲的中心。

銀行高層希望向當地人和股東們傳達的是，滙豐不只取得了金磚四國，也掌握了未來十一國。這些新興市場充滿財富的潛力，只等著滙豐去發掘。然而，這棟矗立在國家獨立紀念碑前的驚人大樓，代表的意義絕不僅如此。它象徵的是**新的墨西哥**、**新的拉丁美洲**、最先進的新潮銀行金融系統，而且這**一切都將以滙豐為核心。**

沒有壯觀總部，怎麼管理財富？

倫敦總部對新品牌的樹立相當關注。他們指派墨西哥大型開發商「Gisca」重新設計大樓外觀和公共空間，又聘請美國頂尖的建築設計公司「ＨＯＫ」，來規畫內部設計。

ＨＯＫ方面表示：「這個計畫對滙豐來說就像是個指標，讓旗下的不動產集團開始重新思考全球工作場所的標準。ＨＯＫ幫助滙豐銀行提升墨西哥總部大樓的密度。我們為一百人前導小組所開發的策略，包含實施不同的工作方式，例如遠端工作、無固定辦公室制度，以及空間共享。」這次重新配置工程的規模，在墨西哥前所未見。大樓高度四百四十六英尺，共有三十六層樓、十八座電梯，可容納兩千八百人。

跨國銀行和摩天大樓都不算是太新奇的事物，但它們的共同之處在於，每一棟都得比前一棟更奢華壯觀，必須讓競爭對手望塵莫及，必須在細節和思想上都登峰造極，連環保方面也不能落於人後。

二〇〇〇年代初期，是這些陽剛銀行大樓興建的黃金時期，因此當滙豐銀行正竭力規畫新的墨西哥總部時，蘇格蘭首府愛丁堡，有另一間銀行進行著相同的計畫，似乎也就不是巧合了。

費雷德·古德溫（Fred Goodwin）爵士繼承了一間同樣以「穩定的蘇格蘭銀行法則」為基礎的銀行，也就是蘇格蘭皇家銀行（RBS）。當滙豐銀行公開全球的發展布局時，古德溫宣布：「我要讓銀行的規模超越摩根大通。」

為了貫徹野心，古德溫決定在愛丁堡外圍的土地上設計一棟建築。這棟建築主要入口必須有一個噴水池，建築物的外觀必須是暗色玻璃和砂岩，得擁有專屬的陸橋和巨大的「RBS」招牌和「扇貝廚房」，讓古德溫和員工可以享受他們最愛的扇貝，及其他精心烹煮的當地海鮮。

當女王伊莉莎白二世（Elizabeth II）為這棟資本主義的新神殿開幕時說道：「多年來，在競爭激烈的國際市場中，蘇格蘭有效率的財務管理總是聲譽卓著。這棟建築就像對許多世代的『精明』蘇格蘭銀行家致敬。他們曾經對國家經濟帶來巨大的貢獻，至今依然如此。」三年後蘇格蘭皇家銀行倒閉，還得靠英國納稅人出手拯救。

除了蘇格蘭皇家銀行的奢華大樓外，還有許多銀行都大興土木。在接下來幾年間，無數銀行都打造了嶄新的壯觀辦公室，特別是那些對國際市場野心勃勃的企業。他們就像是買了一艘又一艘豪華遊艇的億萬富翁，無論在大小和價格上都想超越對手。

甚至有個網站專門整理了各銀行的浮誇炫耀：「金錢建築——世界上最壯觀的銀行建築」。這個網站由安波利斯（Emporis）地產資料庫經營。根據網站所言：「銀行擁有設計精良的辦公大樓，不只眼界高，連工作場所都在雲端。頂尖銀行從壯觀的總部管理我們的財富，總部的建築物符合了最新的永續性、設計和功能性標準。」

由這些標準觀之，滙豐銀行的新墨西哥塔都令人稱羨。這是拉丁美洲第一棟得到美國綠建築委員會「ＬＥＥＤ」（能源與環境設計領導認證）金牌獎的建築，代表其設計具備生態友善和永續的特性。

其中包含了：「使用現有的頂尖科技減少水資源和電力耗費，例如低耗能衛浴設備和無水馬桶；在四千平方英尺的綠建築屋頂上蒐集雨水；過濾空氣中的汙染和二氧化碳；透過有效的開放辦公室規畫，讓更多工作者享受到日光；降低都市熱島效應；選擇低揮發性有機化合物地毯，並使用綠色認證（GreenGuard）的家具品牌，例如Knoll、Herman Miller和Haworth。」

滙豐銀行在揭幕時驕傲的宣稱，這棟建築和同型相比，消耗的水資源少了五五%、電力減少四〇%：「我們希望這個建案能成為綠化社區的標竿，鼓勵墨西哥政府提供更多建造環保建築的誘因。」

ＨＯＫ專案經理哈維爾．普雷薩斯（Javier Presas）表示：「這棟建案已經為墨西哥的開發商、客戶和建築師帶來更多獲益。」關於滙豐銀行墨西哥計畫的一切，在在顯示了這只是他們稱霸全球的第一步而已。

石獅仍在，但精神……

滙豐塔花了四年和一億五千萬美元才竣工，在二〇〇六年四月五日舉行盛大的開幕典禮，出席的貴賓包含了墨西哥總統比森特·克薩達（Vicente Quesada）和第一夫人瑪爾塔·薩阿貢（Marta Sahagún）、財政部長弗朗西斯科·迪亞斯（Francisco Díaz）、央行總裁季耶爾默·馬丁內斯（Guillermo Martínez）等人，以及滙豐銀行的高層霍嘉治、史蒂芬和龐約翰。

儘管整棟大樓都使用了最新穎的設計、材料和科技，卻有著一項與充滿未來感的閃亮外觀格格不入的裝飾。入口處站著**兩隻金色的獅子，是古老香港滙豐銀行門口雕像的複製品，在世界各地的滙豐銀行總部都能看見**。

這對石獅是以十七世紀末期，威尼斯軍械庫（Arsenale di Venezia）[8]門口的

8 編按：原為國家造船廠和軍械庫，負責裝備威尼斯的海軍力量；建於一一〇四年前後，為工業革命之前歐洲最大的工業複合體。

希臘石獅像為參照，首先於一九二三年出現在滙豐銀行的上海辦公室入口。根據傳統，員工和路過的人都會摸一下獅子，希望能沾染一些權力和金錢。

隨著時間過去，這對獅子被取名為「史蒂芬」和「斯蒂特」，前者來自滙豐銀行的前經理和一九二三年總裁亞歷山大．史蒂芬（Alexander Stephen），與後來接替他的上海經理戈登．斯蒂特（Gordon Stitt）。

史蒂芬的嘴巴大大的張

▲帶來好運、守護滙豐銀行的石獅。
圖片來源：維基共享資源公有領域。

開，看起來像在吼叫，斯蒂特則靜靜的。這兩種不同的表情，據說代表這兩位銀行家的人格特質；結合在一起，就是**理想滙豐銀行家的力量和冷靜**。但這兩隻獅子並不符合每個人的胃口。當我提起它們時，一位前滙豐主管搖著頭說：「不要提到該死的獅子。老天啊，他們以前老是說個不停。」

這對石獅子不是滙豐塔唯一的藝術品。開幕典禮時，霍嘉治和比森特總統揭幕了驚人的大型壁畫，由墨西哥畫家胡安．歐格曼（Juan O'Gorman）繪製，命名為〈信用改變墨西哥〉（*Credit Transforms Mexico*）。

這幅畫原本是由 Bital 銀行委託，符合當地的壁畫風格——一部分反映著歷史，一部分則傳遞重要的訊息。壁畫使用大地色系，角色和風景都很簡單平淡，代表著當下的時代和景色交相融合。

這幅畫在 Bital 銀行的辦公室埋藏了許久，而滙豐銀行的高層花了一大筆錢縝密的加以修復。由於面積高達六十三平方公尺，這幅壁畫在新的辦公大樓中存在感強烈，甚至連從窗外路過的人也不可能會錯過。這正是他們要的效果。

開幕典禮時，滙豐銀行宣布壁畫在新家中將擁有「更穩定的結構，溫度控制系統，讓溫度精準維持在最適宜保存的狀態，並且有防止紫外線的玻璃」。在滙豐銀行，似乎連藝術品都逃不過戰國風雲式的論述。他們用各種隱喻的方式，不斷宣揚對日正當中行動的信心：「企業精神是最重要的競爭優勢，因為這代表他們有意識的借鏡過去，精益求精。」

為了強化滙豐銀行與墨西哥完美聯姻的形象，他們說歐格曼是最理想的藝術家之選，因為他「結合了父親嚴謹的英國精神，以及母親熱情的墨西哥血脈」。他們說〈信用改變墨西哥〉壁畫是迷人的偉大見證，提醒了滙豐銀行的這個世代——我們對過去有所虧欠，也必須盡自己對未來的義務。

如果願意更仔細研究，就會發現壁畫的主題，是墨西哥引入金融服務前後的差異。左側是蠻荒、未經馴化的墨西哥，右側則是工廠、高速公路、橋梁、水壩和灌溉系統所改造的墨西哥。代表四種不同群體的人物看著畫中景色：農民、勞工、歐格曼本人和親近他的人。

乍看之下，壁畫反映了滙豐等銀行所帶來的正面改變，但更仔細檢視，會發現其中充滿著巧妙的諷刺和幽默，或許解釋了 Bital 銀行不展示的原因。歐格曼或許像滙豐銀行所說，有一半的英國血統和一半的墨西哥血統，但他卻是貨真價實的本地「赤色分子」。

他是社會主義者，晚年時突然加入革命制度黨，卻仍強調：「我屬於革命制度黨的左派，這個派別值得稱道。」他在人生的絕大部分，都是堅定的左派主義者。壁畫的某個場景中，歐格曼描繪自己頭戴著帽子，躺在地上睡覺，顯然正在作夢，左手握著一本紅色的書——卡爾．馬克思（Karl Marx）的《資本論》（*Das Kapital*）。這隱喻著對農民的守護。

他身後有另一疊書，以及一個轉到美洲的地球儀；右側有一間飯店，屋頂上的招牌是「瘋狂幻境」（CUCU- LAND）；一面廣告看板上是啤酒廣告，一旁則是畫上披索錢幣符號的西瓜——這片土地上的水果是有價的。再旁邊是一棟圓頂建築，上面有三個遠看像「PRI」（革命制度黨）的字母，近看則會發現是「RRI」：第一個「R」褪色了，似乎在說「不是PRI」，正下方橫向的標示寫著「市場」，最下方則是垂直的「以後」，暗示著對於賺錢絲毫不感興趣。

當滙豐銀行第一次正式展出壁畫時，這些隱微的反資本主義訊息，很快就被歐格曼的支持者和藝術界的專業人士發現。一份當地報導的標題這麼寫道：「畫家透過標誌傳遞訊息，引起專家注意」。

文章中引用了國家藝術文化資產保存中心主任，華瑟爾．布斯特利（Walther

Boelsterly）的說法：他相信歐格曼想要讓大家「笑一笑」。至於滙豐銀行發現後的態度如何，則沒有記載。

每隔五年，滙豐銀行的負責人就必須對董事會報告策略規畫。二〇〇三年負責的是史蒂芬，他將報告標題訂為「管理帶來成長」，其中寫道：「滙豐集團的規模，讓管理複雜性大幅提升，對我們帶來了挑戰。」為了達成全球化的野心，他提出了四個正面的行動：

- 打造世界級、高道德的行銷文化，提升利潤。
- 將更多焦點放在滿足客戶需求。
- 提高生產力，策略性管理成本支出，以成為低成本的供應商。
- 視線瞄準「股東總回報」，讓每個人都明白自己應有的表現。

史蒂芬的五年計畫以銷售為中心。關於將金融產品銷售給個人客戶，他如此表示：「銷售會引導我們的思考方向和行動。」而史蒂芬也公開說出銀行最大的弱點：「我們需要更努力打造，以銷售和市場行銷為導向的文化，才能用最大的創意和能量，來面對提高獲益的挑戰。」

換句話說，曾經擔任麥肯錫分析師的史蒂芬，即將精心**培植更注重銷售的文化**。計畫的一部分將對銷售產品給個人客戶的員工，提供積分獎勵，而這些積分將可以換算為紅利獎金。這項策略立竿見影，而一名分行的員工在英國滙豐銀行的內部雜誌《團隊對話》（*Team Talk*）訪問中，誇耀他在一年內累積了十三萬八千點。

他說：「其實沒什麼祕密。重點在於傾聽你的客戶，不只是他們說了什麼，還包含他們沒有告訴你的事！就算他們是為了信用卡而來，也不代表他們不想討論房貸。」

然而，也並不是每個人都欣賞這種回饋制的銷售文化。歷史作家理察．羅伯茨（Richard Roberts）和大衛．齊納斯頓（David Kynaston）在《雄獅覺醒：滙豐銀行近代歷史》（*The Lion Wakes: a Modern History of HSBC*）中就寫道：「雖然滙豐堅持仍會承擔責任，但近幾年的文化轉變卻是無庸置疑。」

而在滙豐家族以外，對這個新走向的抗議聲浪就更尖銳了。英國貿易公會也有所怨言，其中一位領導人公開宣稱：「員工的憤怒和不滿昭然若揭。他們所有的重心都放在銷售、銷售、銷售。」

對於這些抱怨，執行長紀勤回應的方式是告訴一群滙豐銀行的退休主管，他認為自己的任務是「說服員工和工會相信，銷售並不是什麼骯髒的事」。由於投資人想要更多的獲利和回報，因此公關宣傳也都維持口徑一致。

金融社群和媒體，向來習慣聚焦於利益的提升，而不到最後關頭不會質疑背後的手段；因此，他們相信由史蒂芬和紀勤所領導的管理階層說的一切。質疑的聲浪在滙豐二〇〇三年的年度報告後，就失去了立足點。報告中介紹了新的「管理帶來成長」策略：

「滙豐銀行將核心價值與發展策略融合，並傳達給消費者、投資人和員工，這是計畫最本質的部分。這些價值包含了強調長遠、道德的客戶關係……滙豐銀行總是堅持最高的行為標準，並謹記對社會的義務，相信在長久的成功和企業社會責任間，有著密切的關連。除此之外，我們也承受壓力，必須滿足各種社會、種族和環境議題的相關期盼。因此，新的策略將更重視企業的社會責任……。」

日正當中計畫完成，滙豐銀行的墨西哥分行在二〇〇三年底開始營運，銀行上下都散發著榮景。他們也持續向少數懷疑者保證，銀行會保持「道德操守」，並持續追求最高的行為準則，因為**滙豐了解自己更大的社會責任**。

在二〇〇三年下一個會計期間結束時，滙豐銀行宣布他們獲得了驚人的一百二十八億美元年收益，比起五年前高了六十五億美元。如他們所承諾的，將近一半的收益來自個人客戶而非企業。

英國媒體向滙豐銀行致意，讚揚其「睿智的管理和全球化帶來的益處」。一切都安排妥善，每個人也都受到鼓舞，銀行更支付了破紀錄的驚人紅利獎金。每個人都看得出來，戰國風雲的勝利已是囊中之物。

第3章

美國地下室沉睡的怪物，墨西哥大毒梟古茲曼

政府最好能和一名大毒梟密切合作，管控國家和地下世界的秩序，而不是讓毒品貿易失去控制……。

矮子古茲曼對於「管理帶來成長」的策略報告、五年管理計畫，都不感興趣。他沒有念過大學、沒有讀過商學院，當然也沒有在麥肯錫工作過。他可以說絕不可能有機會受邀和史蒂芬這樣的人一起欣賞歌劇。但他的商業和策略能力卻無庸置疑，如果玩起《戰國風雲》大概也實力堅強。

古茲曼和任何有野心的企業家或銀行總裁一樣，是個擴張主義者，並且**和史蒂芬的團隊一樣，堅定相信大即是好**。滙豐銀行有許多外號，而古茲曼也是，其中最常聽到的就是「矮子」，因為他只有五呎六吋高（約一百六十七公分），身材健壯結實。

當然，也有人出於敬畏或家族的緊密關係，稱呼他為「老頭」、「叔叔」、「老闆」或「速度」（Rapido）。在生理上不足的部分，矮子用狡詐和權謀完全彌補了。他個性殘暴、眼光銳利，總是能把握機會，並且注重規畫和細節。

雖然他的某些手段野蠻且冷酷，但不可否認，他知道如何開創事業版圖，進軍新的市場。他也有自己的「銷售、銷售、銷售」策略，但並沒有「管理帶來成長」這類的報告書輔助。

當滙豐銀行到墨西哥完成日正當中計畫，收購 Bital 銀行時，矮子已經是惡名昭彰的大毒梟。他的影響力，和重要政治人物的緊密關係、穩固的根基，以及在墨西哥民間的傳奇地位，都已響徹雲霄。就如同古茲曼的自述：「我或許不是墨西哥總統，但我在墨西哥就是最大的老闆。」

古茲曼經營著錫納羅亞販毒集團，對於一整個世代的墨西哥人來說，他是貪腐和犯罪的象徵，也就是像克羅索這類政治人物想要推翻的代表。大權在握的他透過威脅、恐嚇、利用和操縱，讓自己的集團成為全世界最大的毒品供應者。

在過程中，他也贏得了全世界最知名毒梟的稱號。**古茲曼所代表的，是滙豐銀行在決心進軍墨西哥，迎合當地政府和人民時，就得做好準備面對的一切。**

錫納羅亞位於墨西哥西北方的馬德雷山區（Sierra Madre）。古茲曼在一九五七年誕生於此。當地人將罌粟籽所產生的黏稠物質稱為「膠」（gum），很輕易就能提煉成嗎啡，再進一步製成海洛因。

種植鴉片樹脂，並從花苞上刮取的人稱為「gomeros」或是「膠工」（gummers）。這個行業如此深植於墨西哥，以至於在某段時期中，當地的棒球隊甚至也會取名為「Gomeros」。鴉片的植栽學名是「*Papaver somniferum*」，並非墨西哥原生種，而是由吸食鴉片的中國勞工從印度引入，而這又歸因於像蘇瑟蘭和登特兄弟這樣的銀行家，以及滙豐銀行在中國的作為。

一八六〇年代，隨著工業化進入墨西哥，山區開始建造鐵路和礦坑。英國和美國的公司，從中國引入廉價勞工來建造鐵路。他們帶來了罌粟籽、種子和鴉片膠，並且建造像家鄉一樣的吸食場所。

一段時間後，他們驚喜的發現，亞洲的罌粟很能適應馬德雷山區的土壤和氣候。官方第一次認證罌粟屬於錫納羅亞地區植被，是在一八八六年一份政府研究中。不過在墨西哥的主流觀點中，鴉片貿易一直到第二次世界大戰後才起飛。

美國政府當時為了受傷歸國的士兵，下單訂購了大量的罌粟籽以製作嗎啡。但在《毒梟》（*El Narco*）這本關於墨西哥毒品貿易歷史的書籍中，作者約安．葛里洛（Ioan Grillo）說，這個理論已經被美國第一任聯邦藥物管理局（FBN，美國緝毒局（DEA）的前身）局長哈利．安斯林格（Harry Anslinger）推翻。

無論如何，葛里洛也指出，在墨西哥國防部的牆上，有一份文件描述了提供美國鴉片的官方歷史。而當古茲曼在馬德雷高山上的拉圖納（La Tuna）長大時，鴉片已經是當地長期種植的作物了。

在許多方面，拉圖納都代表了**墨西哥大部分的貧窮郊區**，也就是**滙豐銀行的**

目標客戶。數個世代以來，該城鎮的主要經濟活動是養殖肉牛、種植番茄、柳橙和罌粟。城裡多數的房屋都是兩房的小木屋，唯一的例外是古茲曼為他母親蓋的大型莊園。即便到了今天，也很難相信那裡的大部分居民都擁有銀行帳戶。

古茲曼出身於農民家庭，但他聰明而且口才很好，說話聲音頻率很高、帶點鼻音，彷彿在唱歌。他年幼時就非常能言善道，時常會發表自學而成的觀點。

「我記得從六歲到現在，我的家庭都非常貧窮。我記得我的母親會做麵包來養家糊口。我會賣麵包、賣橘子、賣飲料、賣糖果。我的母親很勤奮，總是在工作。我們種玉米和豆子。我會幫祖母照顧她養的牛，也會去劈柴。」

他的父親是膠工，雖然會照顧牲畜和種罌粟，但也時常家暴年幼的古茲曼，讓他最終搬去和祖父同住。

「從十五歲開始，我住在巴迪拉瓜托市（Badiraguato）名叫拉圖納的農場。時至今日，那個地區仍然沒有工作機會。唯一賺錢買食物的存活方式，就是種植罌粟和大麻。在那個年紀，我就開始種植並販賣。我只能這麼告訴你。」

在那之後，他就遵循著簡單的生存法則：不將任何人事物當成理所當然。

「我們永遠不該有優越感。即便是從天上來的雨滴，最後都會掉落在我們的腳邊。」

受窮人歡迎，殺人、販毒，警察也動不了

在古茲曼的成長過程中，鴉片膠會從拉圖納販賣給位於錫納羅亞首府庫利亞坎（Culiacán），毒品貿易鏈上的更高層者。而無論是否歸功於美國的訂單，鴉片貿易都有著極高的利潤。

隨著一九六〇年代來臨，美國對致幻劑、鴉片、海洛英和大麻的需求水漲船高，古茲曼的財富也是。古茲曼家族和庫利亞坎的大毒梟佩德羅・阿維萊斯・佩

雷斯（Pedro Avilés Pérez）常有來往。

佩德羅在墨西哥毒販傳奇中有特殊地位，因為他是**第一個用小飛機向美國運毒的毒梟**。佩德羅將年輕的古茲曼納入其羽翼之下，而古茲曼很快就證明了自己超群的組織能力，在錫納羅亞和邊界之間運送毒品。

接下來幾年，隨著墨西哥和美國的鴉片貿易暴漲，古茲曼的名聲也跟著提高。他野心勃勃，會心狠手辣對付讓他失望的人——親自審問並殺害他們。連錫納羅亞毒品貿易的「教父」米蓋爾·安格羅·菲利克斯·加拉多（Miguel Angel Félix Gallardo）也注意到他。就算古茲曼曾經對販售毒品懷抱疑慮，也很快就煙消雲散：「毒品的確會帶來不幸。但更不幸的是，在我成長的地方，沒有其他生存的方式。」

和佩德羅一樣，加拉多也很特別。他比古茲曼年長十歲，身高一百八十八公分，在庫利亞坎長大，對古茲曼來說高高在上。當他二十幾歲時，曾經擔任摩托車警察，也當過錫納羅亞州長的家庭保鑣。

和同時期的大毒梟一樣，加拉多乾淨俐落的從執法轉為犯法，與宏都拉斯毒梟胡安·拉蒙·馬塔—巴列斯特羅斯（Juan Ramon Matta-Ballesteros）聯手，一起從墨西哥運送大麻和罌粟到美國。

他們透過馬塔在中美洲的關係，與哥倫比亞牽上線，除了多元化經營外，也加入第三項商品：古柯鹼。他們將這種白色粉末從哥倫比亞運入墨西哥，再轉向美國。

在墨西哥當局試圖打擊錫納羅亞毒品貿易後，他們就將陣地從庫利亞坎轉移到墨西哥西太平洋區的瓜達拉哈拉（Guadalajara）。他們的組織包含了墨西哥第一個古柯鹼販運系統，並很快的追隨哥倫比亞最大毒梟巴布羅．艾斯科巴（Pablo Escobar）的腳步。

打從建立毒品帝國以來，艾斯科巴就懷抱政治野心；他為無家可歸者建造居所，甚至一度被選舉為國會議員。他的麥德林[1]毒品帝國是其他毒販的夢想，因為他證明了**只要夠受到窮人的歡迎，就能在政府和警察面前隱藏所有的謀殺和暴力**。

因此，當豪雨摧毀了山丘上的作物時，古茲曼給了膠工們上萬美元補貼。某年聖誕節時，當地人收到的禮物是一百臺越野型沙灘車。即便當名字出現在富比士排行榜時，艾斯科巴和古茲曼都沒有忘記自己的根。這一直延續到古茲曼入獄後許多年。

新冠肺炎流行期間，墨西哥毒梟籌組了食物銀行，提供糧食給貧苦人家。古茲曼的女兒阿萊揚德里納（Alejandrina）裝了許多箱衛生紙、口罩和生活雜貨，分送給瓜達拉哈拉人民。箱子上印刷了「矮子古茲曼七〇一」的字樣，以及古茲曼的肖像，代表著他是富比士排行榜世界第七百零一名的有錢人。

加拉多擁有商學院學位，屬於毒品工業中的遠見者。他不只和馬塔合作，將販運的毒品多元化，同時也建造自己的大麻農場，排除中間人。而後，他們更將農場擴大到工業程度，以達成規模經濟。

葛里洛在其著作中寫到，某次掃毒行動中：「找到的大麻農場面積創下世界紀錄。作物在沙漠中綿延好幾英里，負責乾燥的房舍有超過二十五棟，許多甚至比足球場還大。」這是古茲曼學習毒品貿易的完美環境，而他也是個認真的學生：「多數情況下，最棒的建議就是認真傾聽。」

到了一九七〇年代中期，古茲曼結了婚，必須開始養育自己的家庭。加拉多成為古茲曼的導師，將毒品販運的後勤工作交給他。這代表古茲曼負責調派飛

---

1 編按：Medellin，哥倫比亞第二大城市，位於安地斯山脈北部。

機、船隻和卡車，從南方的哥倫比亞穿越墨西哥，將毒品輸入美國。

加拉多的第二個創舉，源自他了解幫派之間的地盤爭奪，只會帶來血腥、分裂和削弱。因此，就像電影《教父》（*The Godfather*）的場景，各個幫派領袖被召集到曾經由伊朗國王租下，鳥瞰阿卡普科灣（Acapulco Bay）的別墅中。

經過一個星期的「移地管理」，他們同意將墨西哥和美國南部切割成「廣場」（plaza）。對於每個幫派來說，「廣場」就是他們可以種植、分裝、儲存和運輸毒品的地區。

假如另一個幫派的活動侵門踏戶，就得支付費用。深受信任的古茲曼和他的密友伊斯梅爾・「五月」・贊巴達（Ismael 'El Mayo' Zambada），得到了錫納羅亞地區的經營權。古茲曼從此有了一定的地位。

即便加拉多如此機智過人，卻仍然是個凡人，因此難免狂妄自大。一九八九年，瓜達拉哈拉的毒販因為過度自滿而馬失前蹄，讓加拉多失風被捕。

他在一九八五年時曾經綁架、折磨並殘暴的殺害美國緝毒局探員恩里克・「奇奇」・卡馬雷納（Enrique 'Kiki' Camarena），導致當局展開了激烈的緝捕行動，最終也帶給他牢獄之災。「當我們好的時候，不會有人記得我們；當我們不好時，沒有人會忘記我們。」古茲曼如此表示。

奇奇悲慘的結局，再加上美國有太多運動明星因為古柯鹼過量而死，以及高成癮性的快克古柯鹼（crack cocaine）開始在都市間流行，致使美國的雷根總統（Ronald Reagan）開始「對毒品宣戰」[2]。

加拉多最後被判刑三十七年。馬塔雖然先逃亡到宏都拉斯，但還是遭到逮捕，押送到美國。在一九九〇年代初期，古茲曼成了錫納羅亞地區唯一的毒梟首領，而他的幫派有時被稱為「血盟」（Blood Alliance）。

你照顧我，我照顧你；你背叛我，我殺了你

如果說加拉多很有一套，那古茲曼更是青出於藍。墨西哥司法部長曾對古茲

2 編按：War on drugs，美國政府對於毒品的防制而做出的行動，如軍事支援、干預、減少非法藥品交易等。

曼的優勢，做出以下宛如獵頭網站的分析：「計畫、組織、談判和前瞻性」都是他的強項。

從接掌大權開始，古柯鹼就成了古茲曼欽定的商品，因為每趟運輸的淨利潤都高於等重的大麻或海洛因。他打開了哥倫比亞、玻利維亞，到墨西哥和錫納羅亞的走私路線，接著再通過邊界進入亞利桑那州，以及美國的其他地區。

從南美到墨西哥和美國的所有運毒路線中，他都指派下屬執行他的命令，確保貨品順利運送抵達。他的販毒行動結構精巧，由金錢和恐懼雙重動機驅動：若是膽敢越線違規，或是有人懷疑你曾經或意圖違規，都會面臨嚴重的後果。

古茲曼對潛伏的危機總是保持極高警戒，對任何人都不信任。「忠誠、榮譽和尊敬都不適用於一般人。」古茲曼說：「忌妒和背叛沒有休息的一刻，而且總是相互連結。」

為了讓手下深切了解他的要求，古茲曼進行了類似於品牌行銷的宣傳活動。但他不是透過發布新聞稿、和記者共進午餐，或是找演員拍電視廣告；他雇用殺手來執行血腥的處刑，並且錄下來向所有人示警。

古茲曼的哲學很簡單：「你照顧我，我照顧你；你背叛我，我就殺了你。」

就像任何好商人，他的紀錄保持得一絲不苟，所有收據都妥善收藏，無論再小的交易也都會登錄在帳本裡。這是他的天性，他認為「腦袋空空和別人談話，很沒有禮貌。」

他和手下也會利用最新科技讓集團成長，透過加密對講機來溝通。每個錫納羅亞的成員都會得到一支手機和個人專屬代碼。在世紀交替之際，電子郵件問世，大老闆古茲曼開始隨身攜帶筆記型電腦，透過加密聊天室下達殺人命令。緝毒當局準備收網逮捕古茲曼時，攔截到一封訊息，展現了他組織精細縝密的程度，也反映了古茲曼為了鞏固地位，而進行多麼嚴密的微觀管理。

他派了一個名叫吉薩斯．荷里拉．艾斯佩蘭薩（Jesus Herrera Esperanza），外號「宏都」（Hondo）的錫納羅亞人到溫哥華。他二十二歲，宣稱自己要進入當地英屬哥倫比亞大學的商學院，不過真正目的是成為古茲曼在加拿大的代表人。

宏都的任務是安排毒品分配並蒐集帳目；對古茲曼來說，不幸的是宏都太過大意，讓人注意到他和錫納羅亞毒梟之間的連結。美國探員入侵了宏都的臉書帳號，發現他在自己的頁面寫下：「純粹＃七〇一」（Puro#701）。他們花了一些時間才意識到，這個數字就是古茲曼在富比士富豪榜上的排名。

有天宏都在收錢時進度慢了，古茲曼氣惱的下達直接命令：「我每天晚上七點要準時收到你的報告。你賣了多少，手上又收到多少錢。按照城市列表。」從此，每天晚上宏都都照指示進行——「溫哥華：五十六萬美元和九十五公斤古柯鹼。溫尼伯：二十七萬五千美元和四十八公斤。多倫多：兩百萬美元和一百五十公斤。」

一天之內，美國調查官就攔截到許多古茲曼的訊息：

「要求某位組織高層繳交半個月的一萬美元支出；授權支付每位軍方將領四萬美元；討論關於是否使用重型機具在叢林中建造簡易機場；准許花費二十萬美元將二十噸大麻運送到美國邊界；因為可能受監視，所以取消在庫利亞坎的家庭烤肉聚會，改成在中式餐廳舉行；指示某位雜工在某個農場取得一些包裝毒品的器具；要求會計師提供他的現金餘額，並支付四千一百九十披索來修車。

「傳訊息給兒子相約隔日見面；某個私人機場運毒班機的細節；通知律師盡快完成九項房地產的契據；計畫買下一間快要倒閉的兌幣所；關於某艘船舶受到扣押開庭的近況更新；送花和五人樂隊祝鄰居小女孩生日快樂……。」

每天早上，古茲曼都會收到他信任的高層團隊的報告，內容鉅細靡遺。其中一份是這樣寫的：「四個『sapos』（蟾蜍，因為墨西哥軍隊穿著綠色制服）今天將在加拿大區（Canadas）、拉斯昆塔斯區（Las Quintas）、羅馬琳達區（Loma Linda）和奧爾達斯別墅（Villa Ordaz）巡邏。」「聯邦警察將於今天早上離開機場，在馬薩特蘭（Mazatlán）和洛斯莫奇斯（Los Mochis）行動……。」

如此對細節的重視，以及對成長中毒品帝國每個角落的掌控，都顯示**古茲曼永遠領先當局一步**的能力，以及他如何監控對方逮捕自己的行動。

兩百五十萬賄賂金，逃出監獄大門

古茲曼並非凡事都能隨心所欲，而他在美國販運古柯鹼最大的競爭對手，是提華納的毒梟阿雷拉諾·菲利克斯（Arellano Félix）兄弟檔，和掌控了華雷斯城（Juarez）的阿馬多·卡里略·富恩斯特（Amado Carrillo Fuentes）。

有時候他們關係融洽，合作運販並共享收益；有時候卻反目成仇，帶來暴力和大量傷亡。接著情勢會漸漸冷卻，直到下一次爆發。

一九九三年，情勢在眾目睽睽之中急轉直下。菲利克斯兄弟檔和古茲曼，都想爭奪將毒品銷往大有賺頭的加州。一九九三年五月二十四日，一臺白色房車在瓜達拉哈拉機場的停車場停下。突然之間槍聲大作，爆發了西部片風格的槍戰，一把AK-47步槍向車子連發了三十發子彈，而副駕駛座的乘客、駕駛和其他五人都當場喪命。

其中有位乘客是瓜達拉哈拉大主教若望．若蘇厄．波薩達斯．歐坎波（Juan Jesús Posadas Ocampo），總共十四枚子彈貫穿他的身體。消息很快傳開了：這位受人愛戴的天主教領袖和其他死者，都是**遭到誤認的無辜受害者**。

這是毒梟間駁火的誤傷，**本來的目標應該是矮子古茲曼**。他當時也在停車場，卻不是乘坐習慣的白色車輛，而是一臺綠色的別克（Buick）；混亂之中，他設法搭計程車逃離現場。在搜索停車場的過程，警察沒收了許多手榴彈和高殺傷力的自動武器。而在那個血腥的下午後，本來存在於陰影中不被看見的「毒梟戰爭」，瞬間躍上了全國和國際的新聞頭條。

在那個下午之前，古茲曼和其他毒販的行動只會換來無可奈何的接受，以及漠不關心的聳肩。雖然人們喜歡聽最新的藏毒技術，但某些毒販和家人俗不可耐的生活風格，卻也讓他們受不了。一次又一次，人們聽得目瞪口呆，然後轉頭不看特別令人髮指的惡行，但**大多數時候，他們其實不太在乎**。

毒品販運和暴力屠殺，都只屬於這個國家的極少數地區，通常是北部或西北部的邊境地帶，而且僅有犯罪集團牽扯其中。然而，波薩達斯主教的死改變了一切；那一刻，墨西哥舉國上下都知道麻煩大了。

一夕之間，古茲曼就在全球和國際的舞臺上惡名昭彰。他滿臉橫肉的肖像出現在所有報紙和電視新聞上，讓每個人都認識了「矮子」這號人物，開始議論他的財富、販毒集團、草菅人命、對母親的愛、對異性的愛和欽慕。古茲曼曾經說過：「女性可能很安靜、誠摯或憤怒，但她們總是堅忍不拔。」

在主教槍擊案後，古茲曼理解到當局逮捕他只是遲早的問題，於是開始向自己庇護所逃亡。他付錢請託長年的親信照顧家人，利用假護照帶著女友和保鑣離開墨西哥，跨越南方邊界進入瓜地馬拉。他在瓜地馬拉的逃亡很短暫，一九九三年六月九日，距離主教槍擊案短短兩個多星期後，他就於墨西哥邊界附近的一間旅館遭到逮捕。

不久之後，古茲曼在全世界的矚目下被專機遣送回墨西哥，關押在戒備森嚴的阿提普拉諾（Altiplano）監獄。墨西哥政府善加利用了這次逮捕所有的價值，向全世界展現他們打擊毒梟的決心。

滙豐銀行正是在此時思考進軍墨西哥。乍看之下，毒梟被捕是令人振奮的好消息。但假如他們稍稍停下來思考，或許就不會這麼有信心了。

波薩達斯主教和古茲曼沒有一絲一毫相似之處：他很高，古茲曼很矮；他穿著白領的神職恤衫，而不是一般會讓人聯想到凶惡毒梟的打扮；他搭的是白色座車，古茲曼的則是綠色。

警方在槍擊案後逮捕了嫌犯，但沒有人直接因為主教的死而遭到定罪——向來不會有。官方歸罪於提華納的毒梟，但據說後者是雇用了加州的幫派分子。雖然有數人遭到定罪，但理由都不是針對主教的槍擊案。

這起事件絕不是對古茲曼的暗殺，當時停車場裡，還有許多重裝的敵對勢力，於是爆發了西部片般混亂的槍戰。一切都被狂熱的記者們記錄報導，迫不及待發布越來越血腥的墨西哥邪惡故事。據說，主教事前就得到警告，因為他知道太多關於統治菁英、毒梟、毒品與賣淫產業之間的連結。

接下來，有人提出妨害辦案的控訴，關鍵證據也消失，讓包含政治人物和天主教會高層在內的許多墨西哥人，開始相信主教的死背後有政治操作——他並非遭到誤殺，而是精心策劃的謀殺。

主教的命案發生並受到調查的同時，克羅索也浮出檯面，承諾帶來更廉潔、反對貪腐的墨西哥。當克羅索競選總統，在民調中取得領先，而大毒梟古茲曼入獄等待審判，似乎有十足的理由感到樂觀。最後，克羅索的命案毀了一切。

就像先前的波薩達斯主教槍擊案，古茲曼的名號在克羅索命案調查中也出現了。有許多人都推測，古茲曼暗中資助克羅索的選戰，因為他認為這位未來的總統——據說古茲曼稱克羅索為「領袖」——能帶給他政治影響力和免責權。

古茲曼在地下世界的對頭聽到風聲，因此決心阻止克羅索。又或許因為古茲曼援助克羅索，讓已經被激怒的革命制度黨成員體悟到，他有足夠的財力勝選，唯一阻止的方式就是暗殺。可以肯定的是，當克羅索遇害時，古茲曼正在獄中。當局兩次審問他對案件的涉入程度，而他的答案很簡單：他一無所知。

一九九五年十一月二十二日，古茲曼因為擁有槍枝和販毒而遭到定罪，判刑二十年，很快從阿提普拉諾監獄轉移到瓜達拉哈拉的高警備監獄，讓他繼續過著奢華的生活。

獄方人員受了賄賂，讓他的妻子、女友和妓女，都能進入監獄和他發生性行為，他也能取得酒精飲料和特製的餐食。他甚至安排另一間監獄的女囚移監至此，成為他的女朋友。

與此同時，**他仍持續經營毒品事業**，除了原本的古柯鹼、大麻和海洛因外，又多增加了甲基安非他命的製造和販運。身陷囹圄的古茲曼**甚至能安排「冰毒」的原料從非洲、中國和印度輸入墨西哥**。但也不是一切都一帆風順——不祥的陰影在遠處盤旋。

一九九五年，古茲曼在美國被控敲詐勒索和意圖販運古柯鹼。隨之而來的墨西哥法庭判決，讓引渡的程序更容易，也意味著古茲曼真的有可能被轉移到美國，面對更強硬的司法體系。

古茲曼一點都不希望和朋友、家人及犯罪網絡分離，被囚禁在戒備最森嚴的美國聯邦監獄。因此，在二〇〇一年一月十九日，在引渡相關規定生效後一天，他越獄展開亡命生涯。

一直以來，他都勤奮的討好收買官員和警察，甚至還金援一名獄警兒子的手術治療。現在便是索求回報的時候了，他躲在一個洗衣袋，並藏在運送衣服的卡車車廂內，離開監獄大門。

古茲曼的越獄花了兩百五十萬美元的賄賂金。他的心態是：「無論你有多少次覺得自己被困住，總會有逃脫的方式，不要放棄。」古茲曼越獄的新聞轟動全國，墨西哥政府顏面盡失，於是傾盡全力來搜捕他。連軍方也受到動員，媒體發布訊息，再加上官方的海報，都要求任何掌握資訊的人撥打熱線。

即便古茲曼手段凶殘、殺人無數，卻引發了大眾的無限想像力。熱線響了很多次，但打來的人都存心訕笑玩鬧而已。至於古茲曼本人呢，在馬德雷山的藏身處為他的手下們舉辦了一場派對。

古茲曼或許消失了，但他的影響在墨西哥隨處可見。一部分出自於對窮困者的同情，另一部分則是要抗議政府和警察的貪腐，至此「毒梟民謠」（narcocorrido ballads）廣為流行，向為了販運毒品而失去生命的人致敬。

有至少十首歌是以古茲曼為主角，其中一首叫做〈五萬朵紅玫瑰〉（*50 Mil Rosas Rojas*），描述的是古茲曼就讀大學的二十二歲兒子艾德格（Edgar），被其他毒梟雇用的殺手殺害。悲痛的古茲曼買了五萬朵紅玫瑰——也就是當時墨西哥北部所有可以買到的玫瑰——放在兒子的墓前。

一首歌叫做〈總理〉（*El Primer Ministro*），象徵了他的地位。而〈相遇〉（*El Encuentro*）這首歌，從古茲曼的視角出發，指稱所有軍隊的士兵都不是大毒梟的對手。

接著還有描繪古茲曼生活方式的〈雞群之父〉（*El Papá de los Pollitos*），以及敘述古茲曼如何受到政府高官保護的〈山地人〉（*El Señor de la Montaña*）。在他逃亡後，墨西哥開始流行起兩首新歌：〈牧場之聲〉（*Las Voces del Rancho*）唱出庫利亞坎歡騰的情緒，〈矮子回歸〉（*El Regreso del Chapo*）則歌頌古茲曼的勇氣和偉大。

毒梟民謠時常和饒舌與「鑽頭音樂」（Drill Music）相提並論。某種程度來說，兩者的確相似：都歌頌犯罪和暴力、幫派間的駁火，以及打敗警察、累積財富。但鑽頭音樂等較為近期的音樂類型，就比較難以企及更廣大的群眾和較年長的人口，在墨西哥也是如此。

和毒梟或販毒沒有關聯的人，也會開心的跟著唱較古老的毒梟民謠，因為這

些歌謠被視為反抗政府和權威，而平民百姓長久以來承受了太多的貪腐和踐踏。這些百姓就是當地藝術家歐格曼，在滙豐大樓壁畫〈信用改變墨西哥〉所生動描繪的主角。

與毒梟合作，管理國家的必要之惡

從這個角度來看，如果你是滙豐的決策者，或許在進軍這個推崇毒販的國家之前，會再三考慮。你或許會擔心，是否不該買下一間分行網絡深入毒梟地盤的銀行。你或許也會懷疑，警察和政府在需要法律與秩序介入時，是否毫無效能。

然而，你可能會和當時的滙豐銀行一樣，以為比森特總統政權占了上風，能將毒梟限制在很小的範圍內。毒品或許只是墨西哥地方性的問題，長遠來看沒什麼影響，很快就會消失。

大型銀行目中無人，只關注全球的高級議題，而對於小人物漠不關心，這樣的情況似曾相識。我有位朋友在倫敦的某間美國銀行擔任高級主管，在某次大選前夕，我問他是否對選戰感到興奮，他的老闆們又希望誰勝選。

他看起來很困惑，說那些老闆們真的不在乎——銀行對大全局更有興趣，更在乎國際事件；舉例來說，他們當下關注的是亞洲四小虎的私有化政策發展。

另一次，我在蘇格蘭公投之前，和高盛集團倫敦的高級主管用午餐。英國的情勢震盪，雙方競爭激烈，民眾情緒都很高昂，因為蘇格蘭很有可能獨立，數個世紀的聯合王國可能就此解散。

再一次的，這位銀行高管並不感興趣，他只在乎策略、遠大的計畫和大膽的行動。就像是《戰國風雲》玩家尋找新的領土來侵略和征服那樣，這些銀行家看的是全世界，彷彿活在平流層中。他們的生活充滿了私人飛機，凡事都以事業優先，在世界各地尋找最理想的交易條件、利益和獎金。至於**下方的凡人發生了什麼事，他們根本毫不在意。**

另一方面，墨西哥人民對比森特政府掃毒的能力毫無信心，大部分人甚至相信總統和毒梟沆瀣一氣，這也普遍被認為是古茲曼潛逃成功的原因。甚囂塵上的傳言是：比森特政府一定和古茲曼的血盟有所牽扯，才讓他在越獄後能不斷逃避緝捕。

許多人都懷疑，政府就是希望有一個地位絕對的大毒梟，讓國家管理起來方便一點。古茲曼得到自由後，當局和其他統治菁英與富有的罪犯之間，會有更清楚的分界，或者至少，政府能知道自己在和誰打交道。

換句話說，**最好能和一名大毒梟密切合作**，管控整個國家和地下世界的秩序，**而不是讓毒品貿易失去控制**，阿貓阿狗都可以插手。民選的掌權者和非民選的互相聯盟，這是墨西哥一再上演的情況，嚴重程度沒有其他國家能望其項背。

不幸的是，沒有任何證據能將古茲曼和比森特連結。比較可能的解釋是，錫納羅亞領導者太狡詐、手段太高超，能避開政府讓事業順利運作。這或許也該帶給滙豐銀行一些警惕。

無論如何，比森特都想對古茲曼消失這件事輕描淡寫：「這件事很嚴重，但並不代表我們政府的全部……。」然而，鄉村地區的氛圍絕不是如此，當地軍隊和警察，可以說是全面出動搜捕古茲曼。

隨著古茲曼的逃亡時間拉長為幾個月，他依然逍遙法外，傳奇地位也水漲船高；其中一個廣為流傳的稱號是「另一個賓拉登」，法律無法觸及的全民公敵。雖然有許多目擊者報案，但當警察抵達時，即便他真的曾經真的在該地停留過，也早已離開。

據說，他在家鄉馬德雷山附近出沒，從一個藏身處換到另一個，或者住在他名下的其中一座農場上。也有傳聞說，他動了整形手術，外表已經徹底改變。有報告說古茲曼的人出現在某些餐廳，要求沒收每個人的手機，然後古茲曼和他的保鏢就會從大門進入。他們會走到餐廳後方，享用好幾盤肉類、墨魚和蝦子，再配上幾瓶冰啤酒。當其他人得到離開許可時，便可以拿回手機，並得知「老闆」已經替他們買單了。

而在古茲曼的逃亡途中，他看上了青少年選美皇后艾瑪．艾斯普蘿（Emma Aispuro），並為她舉辦了一場舞會。活動當天，通往艾瑪住所的鄉村道路都被騎著機車、帶著滑雪面罩的武裝人士封鎖。

一臺小飛機降落在附近的簡易機場，載來古茲曼喜歡的樂團；第二臺飛機降落，古茲曼穿著牛仔褲、運動衫和球鞋，帶著 AK-47 步槍走下飛機。古茲曼和艾瑪盡興享受，一路跳舞到深夜。

幾個星期後，古茲曼結了第四次婚，娶了艾瑪。流傳出的許多照片中，新婚夫婦都幸福的共舞和微笑。「最美麗的女性什麼都不會透露。她知道自己是誰，也很清楚一切事物對她的價值。」古茲曼曾經如此談論女性。

與此同時，軍隊和警察搜索丘陵、城鎮和村莊，卻一無所獲。他們嘗試了其他策略，例如派出女性探員來色誘幫派高層。軍方曾派出兩位臥底情報員假扮成大麻種植者，最後卻被發現陳屍於路邊，旁邊還留有一張紙條，寫著：「你永遠抓不到矮子。」

無論古茲曼身在何方，似乎都能管理整個錫納羅亞集團，讓生意出現爆炸性的成長，並打倒敵對毒梟——**巧合的是，滙豐銀行就是在此時大幅擴張**，並且重新審視墨西哥。逃犯身分並未影響古茲曼的事業，因為他向來隱身於黑暗中——畢竟，他經營的不是連鎖零售商店，即便是以前，他也從來不會出現在第一線。

在躲進衣物袋裡消失以前，他的世界就已充滿祕密。只要他身邊戒備嚴密，可以相信親信的絕對忠誠，並且隨時保持警覺，就能夠持續有效的經營生意。他擁有所需的一切。

美國司法部長辦公室曾經用這段話來形容古茲曼的目標：「達到鼎盛地位，讓他能發展與國際的關係。」同一句話，似乎也能用來描述想要成為世界最大銀行的野心。

美國緝毒局也已經察覺到古茲曼帝國的擴張，局長米歇爾．倫哈特（Michele M. Leonhart）表示：「錫納羅亞運毒集團的發展，對各地奉公守法居民的安危都造成了直接的威脅。」

最令人憂心的，是古茲曼組織可能與美國的幫派合作，讓美國毒品更加氾濫。錫納羅亞與紐約、芝加哥和洛杉磯等火力強大幫派合作的可能性，實在令人不寒而慄。墨西哥司法部長梅迪納．莫拉（Medina Mora）將其比喻為：「美國地下室沉睡的怪物。」

然而，他們擔心的不只是幫派而已。前美國緝毒局行動主任麥克．布勞恩（Michael Braun）說，古茲曼的人馬和恐怖分子的關聯性令他心驚：「他們混跡相同的可疑酒吧、分享相同的妓女，他們發展出的交情，很快就會從個人層面轉變為策略聯盟。」

不難想像，不需要太久的時間，「企業化的蓋達組織，就能撥電話給企業化的錫納羅亞……肯定會從我們背後狠狠刺一刀。」古茲曼和賓拉登之間的類比，其實還頗有幾分依據。

第 2 部

髒錢哪裡來，怎麼洗乾淨？

第4章

只能用現金，而且必須是美金

「你是在做冰毒生意，還是在做賺錢的生意？」

「我在經營帝國般的企業。」

在《絕命毒師》（*Breaking Bad*）影集中，有人問主角華特．懷特（Walter White）：「你是在做冰毒生意，還是在做賺錢的生意？」他回答：「我在經營帝國般的企業。」

二〇一八年，毒梟古茲曼的高階小隊長和首席會計吉薩斯．贊巴達（Jesus Zambada），曾經用類似管理學的術語來描述他的犯罪組織：「事業的目標是掌控市場和產品的價格，以及將產品送達客戶過程中的必要支出。」同樣的話也能套用在任何普通的合法企業上。

吉薩斯進一步解釋：「運送到洛杉磯一趟，市價是一公斤兩萬美元，運輸成本則是七千美元；因此，錫納羅亞參與的運送共一萬五千公斤，收益是每公斤一萬三千美元，能賺進一億九千五百萬美元。如果是芝加哥的話，運輸成本提高到每公斤九千美元，但市價是較高的每公斤兩萬五千美元，因此利潤是每公斤一萬六千美元，淨獲利共兩億四千萬美元。」

紐約是眾人搶攻的市場，運輸成本是九千美元，但市價高達三萬五千美元。「代表獲利是每公斤兩萬六千美元。」吉薩斯說。這讓單趟卡車運輸的收入達到三億九千萬美元。當人們問他平均每年經手的收入時，吉薩斯回答：「數十億美元。」但其中大部分都會回到墨西哥，「投資在下一趟運輸」。

乍聽之下好像很簡單，不過古茲曼在二〇〇三年遭遇了很棘手的狀況。儘管錫納羅亞集團在走私毒品、銷售、隱藏行跡和自我保護方面都手腕靈活——其中包含大手筆賄賂官員和警察，以及殘忍殺害潛在威脅——**但他們的生意僅能以現金交易，而貿易鏈上的每一關都使用美元**。

現金交易對毒梟來說很方便，因為不會留下紀錄，能逃避政府追蹤。然而隨著規模增加，與合法的檯面上世界往來越來越密切，問題就出現了。

他們購買運毒所使用的卡車、船隻、飛機、火車，以及建造機場和鐵道的器械和燃料時，都需要以銀行的信用卡、支票或匯款方式來支付。他們建造或購買的豪宅也不例外，包含古茲曼擁有的兩間私人動物園，能讓賓客搭著小火車欣賞鱷魚和獵豹。

他還有一艘遊艇「查比多號」（Chapito）、一棟價值一千萬美元的海濱別墅，以及瓜達拉哈拉的農場豪宅，附帶網球場和游泳池。他們想要開的名車和遊艇、想要戴的珠寶和手錶、妻子或情婦想要的名牌服飾、兒女的貴族教育……這些都沒辦法用一捆又一捆的舊鈔購買。

隨著毒品事業成長，古茲曼和手下們意識到，**他們得把錢洗乾淨，方法是支付給真正的銀行，有真正的帳戶。**

他們面對的另一個挑戰，則是在美國無法保存交易收入。在美國，任何人都不可能帶著滿滿一袋鈔票進入任何銀行的分行，因為法律規定，只要同一筆存款超過一萬美元，就必須向上呈報。如此嚴格的規定，出現在二〇〇一年的恐怖攻擊後。

變更櫃臺設計，毒梟存錢不用五秒

一開始，錫納羅亞集團嘗試著鑽漏洞，**雇用一大群人進行小額存款，而這項策略稱為「結構化」**。但這種洗錢法需要耗費大量時間來組織，也得耗費大量人力，其中有許多人都可能被官方識破。

古茲曼越來越清楚意識到，他們需要在墨西哥找到適合的金融服務，讓他們能在受到最小審查的情況下，將數十億元舊鈔給洗乾淨。因此，當滙豐銀行高層在二〇〇三年歡喜規畫墨西哥城「最環保大樓」，設計無水馬桶、刊登鋪天蓋地的廣告，並討論著如何引入旗下細緻金融產品的同時，躲在藏身處的古茲曼決定要試探一下這個新來的傢伙。

他很快就高興的發現，手下可以隨意將大量現金存入滙豐的分行，而且幾乎不會有任何問題。幾年下來，每次存入的金額都越來越龐大，最高紀錄是單次九十三萬三千美元。由一位運送者在某間分行，支付了十八捆的五萬美元現金，再加上其他零頭。

然而，即便是古茲曼這樣的大集團、即便是在墨西哥，定期在銀行存入大量金額還是有其風險。他們存款的次數多且密集，存入的紙鈔數量和重量也相當大——用百元鈔票組成的一百萬元重量約是二十二磅（約十公斤），如果是五元鈔票就重達四百四十磅。運輸過程需要戒護，因為運送者也可能淪為武裝搶劫的受害者。

古茲曼很快就醒悟到，對任何在分行外觀察的人來說，有人拿著裝滿的大袋子進去，不久後空手離開，目的再明顯不過了。因此，古茲曼發揮創意，有了獨創的解決方式。他找人丈量了滙豐銀行櫃臺收錢窗口的大小，訂做了低調實用的商業風紙匣。

這些特製紙匣的大小能剛好通過窗口，並且可以固定在運輸者的手腕上，讓搶匪無法輕易奪走。一位前墨西哥銀行的管理者說：「一個男的進來，帶著一個又厚又長的紙匣或包包。他把紙匣從窗口推進去。某些時候，櫃員會接下紙匣，放到地上，然後去拿事先寫好的支票。把支票遞過去後，對方就馬上離開，整個交易只需要五秒。或是他們會等到錢低調的算好，再把支票寫好，這樣也不會花太多時間。這種情節不斷上演。」

古茲曼和錫納羅亞集團很喜歡這種新的洗錢系統，因為和以前帶著整袋整箱的鈔票相比，安全性和隱密性都提高許多。每當集團成員來到銀行時，**看起來都會像個普通的客戶**，很可能被誤認為遞交大型信封的商務客戶。

隨著事業發展，就需要能一口氣存入更大量的金額。但他們發現，客製化的紙匣有個缺點，就是大小不能超過櫃臺窗口。如果想一次存更多錢，就需要更大的容器，而唯一的解決方式，就是改變銀行窗口的大小，讓更大的容器通過。

在日後對滙豐銀行容許古茲曼洗錢的指控中，就宣稱在某些錫納羅亞集團最常使用的分行中，**窗戶真的按照他們的要求裝修加寬**，特別是在錫納羅亞地區和首府庫利亞坎。

這看起來似乎微不足道，實際上卻不然：銀行櫃臺窗戶使用的是特製的強化防彈玻璃，而窗框也必須跟著改變——**這些都需要區域銀行主管的同意**。更清楚的說：這種事情在任何其他地方都沒有發生過。當然，滙豐銀行上下都沒有人會承認，也沒有具體的證據可以佐證，但某位美國的資深檢察官告訴我，他堅信真相就是如此。

他說，沒有人想要承認，因為這越線了，已經牽涉到改變整個銀行建築的結構：「分行的員工們知道發生什麼事、經理知道、經理回報的上級知道、地區性的經理知道、建商知道，製作新玻璃的工人也知道。如果你想做這種事，每個人都一定會知道。」根據他的說法，每個人都知道這是為了幫助錫納羅亞集團，將他們的暴力收入合法化；但沒有人願意談。

一旦將錢安全交給地方的滙豐銀行分行後，就會**存入名義上和任何毒販或家人都沒有關係的戶頭**——他們可沒那麼愚蠢，而帳戶真正的擁有者很隱密，外表看起來就屬於正常的公司或個人。

錫納羅亞的核心地區和國界地帶中，有上千間外表良善可敬、符合一切規定的小型企業；但假如仔細檢視，就會揭露它們並未真正營業——只是毒販洗錢的管道而已。也有許多個人戶頭，大量金錢在其間自由流動，但這些人名義上的工作根本不可能經手這麼多錢。

通常，販毒的錢會在滙豐銀行，以及另外兩間在墨、美都有營業處的公司間轉換：普埃布拉兌幣所（Casade Cambio Puebla）負責貨幣兌換，西格匯款公司（Si-gue）則負責將金錢從美國傳輸到世界各地。

有一名女性在墨西哥邊境的滙豐分行開了戶；巧合的是，她

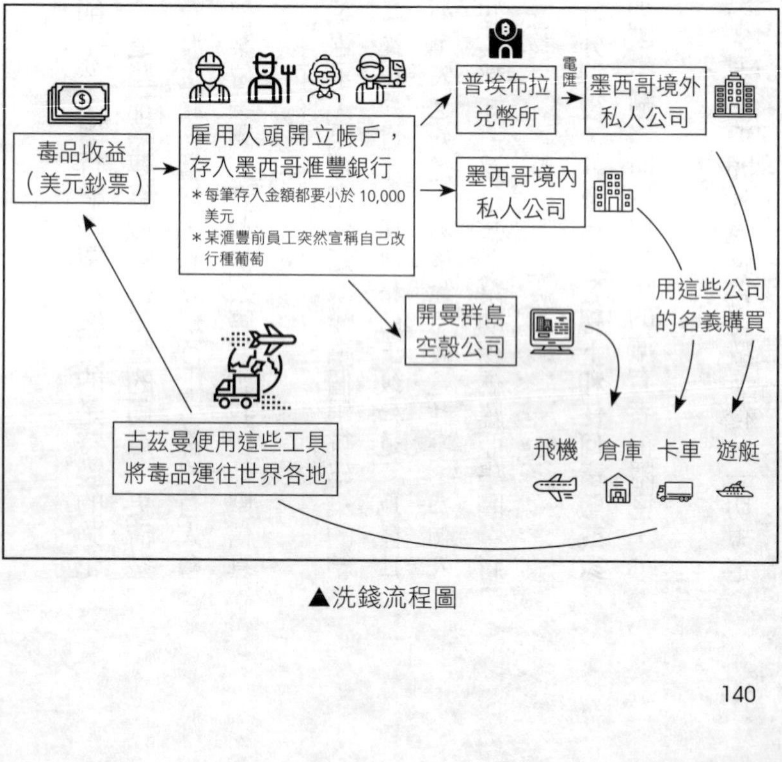

▲洗錢流程圖

曾經是滙豐的員工，如今則宣稱自己在做小本生意，種植葡萄、香瓜和蘆筍。短短三個月內，就有高達十六萬兩千美元的現金存入她的公司帳戶，但每一筆都小於一萬元，以避免遭到仔細檢視。

這些錢在戶頭存放的時間都很短暫，就會再透過普埃布拉兌幣所轉匯到五個不同目的地。其中一個戶頭，屬於某間透過保險飛行器產權服務公司（Insured Aircraft Title Service Inc，位於美國奧克拉荷馬州的飛行器仲介商）購買飛機的公司。以一個在墨西哥北部小規模種植葡萄、香瓜和蘆筍的人來說，這樣的交易似乎很奇怪。

深入追蹤金錢流向，可以看出這名女性將錢轉給一間兩人公司——豪爾赫·巴拉薩（Jorge Barraza）和豪爾赫·梅迪納（Jorge Medina）。透過這條轉帳鏈，他們購買了十三架飛機，包含了一架 DC-9、一架遊隼二〇（Falcon 20）、一架超王二〇〇（Super King 200），都被古茲曼集團用來將毒品由南美運往墨西哥。

這只是數千條轉帳鏈的其中一條而已。根據調查，透過這種方法支付給巴拉薩和梅迪納的總金額，累積超過一千三百萬美元——而所有轉帳交易都由滙豐銀行執行。

匯兌帶來的豐饒（來自美國）

在古茲曼的命令下，西格匯款公司安排了電子轉帳，透過超過七千五百個中介人的網絡，將美元轉入墨西哥和其他中南美洲國家。在搜捕古茲曼的過程中，臥底探員鎖定了這間公司，發現有數千萬美元被轉入墨西哥。

某次行動中，古茲曼的手下安排將五十萬美元鈔票支付給西格匯款公司，接著轉帳到墨西哥，再將鈔票一小疊一小疊存入帳戶——「結構化」以迴避揭露規定。手下們共造訪了橫跨二十二個州的五十九間西格辦公室。他們毫不隱瞞鈔票的來源，甚至公開告訴西格的員工，他們要轉帳非法的毒品所得，避免被逮捕——那些員工也就這麼幫他們轉帳了。

根據支票記錄，在短短一年內，西格就處理了一百五十九次轉帳，累計四億八千五百萬美元，全部都轉入滙豐銀行在墨西哥的帳戶。**無論是出於自願或受到脅迫，滙豐的員工都參與其中**。其中一條網絡包含了滙豐的八十一名客戶，全部都來自錫納羅亞，憑藉邊境的滙豐分行至少四名員工的默許。用毒梟的術語來說，**他們給了對方了「銀或鉛」的選擇——接受賄絡或是被射殺。**

古茲曼透過滙豐銀行所經營的事業規模，以及他在墨西哥鄉間展現實力的狂妄，代表著滙豐銀行的高層，很快就聽聞了某些員工受到威脅和利誘的風聲。位於墨西哥城的高級主管保羅．杜爾史東（Paul Thurston）出發訪視許多分行，結果令他大為駭異。

「銀行的員工受到了性命威脅，面對的是賄賂、勒索和綁票……這並不是我所認識的滙豐銀行。」很多員工都受到古茲曼手下貨真價實的威脅，說他們「知道你的家人住在哪裡」。

犯罪集團會拿著員工家人的照片到銀行，要求他們合作。接著，集團成員會把非法取得的金錢交給員工，而對方自然什麼都不敢問。在其他例子裡，他們還會要求貸款，並遞上一疊美元舊鈔作為擔保。

這裡很難判斷誰是自願加入，誰是受到威脅，特別是在古茲曼像齒輪機關般緊密運作的系統中。錫納羅亞人會遞上鈔票，櫃員收下鈔票，有時連單據都事先準備好；這筆錢就這樣流入國內和國際的銀行系統中。

牽涉其中的金錢可以說是天文數字，二〇〇二年，Bital銀行被收購時，總共擁有六億四千七百萬美元的存款。在滙豐銀行接手後，數字快速增加。短短三個月內，墨西哥滙豐銀行就收到將近七億四千兩百萬美元的現鈔。一年內則是超過三十億元，全部都以美元鈔票的形式支付；再過一年，數字提高到四十億。這個數字遙遙領先了墨西哥所有的競爭對手，以及滙豐銀行在其他國家的分行。古茲曼很快就愛上了這間「環球的地方銀行」。

滙豐銀行的管理階層，打從一開始就對收購很滿意。重新包裝 Bital 品牌、「銷售、銷售、銷售」、廣告行銷策略、全新的華麗大樓，這些都完美結合，帶來了驚人的成果。

很快，墨西哥滙豐銀行第一次突破了十億美元獲利的壁障，**成為對整個滙豐體系貢獻第四大的國家。墨西哥的利潤遠遠超過其他拉丁美洲國家**——是巴西的兩倍，領先阿根廷高達四倍。

達成如此光榮成就的原因是什麼？滙豐內部的管理報告寫道，這是因為多虧了石油相關的盈餘，以及「**來自美國的匯兌**」，讓墨西哥經濟發展良好。報告中提到的「匯兌」，讓人想到滙豐銀行最初中文名稱的含意：匯兌帶來的豐饒（當時利潤有一部分來自鴉片貿易）。報告中卻沒有具體說明，這些匯兌的本質為何、來自何方？也沒有提供更詳細的資訊，說明巴格力所謂的「跨邊界大量金流」代表的是什麼。

不久，這些金流的來源就昭然若揭，但當時的古茲曼沒什麼好怕的——至少滙豐銀行不會對他出手。那段時期，墨西哥是滙豐銀行在拉丁美洲的新寵，在努力成為世界第一大銀行的同時，銀行高層對所有不光彩的事都堅定的轉頭無視。

悲哀的是，無論墨西哥城的新大樓如何壯觀宏偉，無論多麼精心設計，加入多少藝術品，也無論滙豐銀行如何強調他們對墨西哥的重視，**一般墨西哥人的日常，銀行高層完全不放在心上**，倫敦總部的主管尤其如此。

過去只服務可口可樂，現在更歡迎喝可樂的民眾

在金絲雀碼頭滙豐大樓的四十一樓，高層在乎的是如何讓規模變得更大，讓已經很強大的企業更加擴張。對於最頂層的人來說，當他們在墨西哥插旗宣示主權後，這個國家就已經成為過去式，只不過是在待辦清單上又打了一個勾、計畫

完成。在現實世界的戰國風雲中，還有太多新領地等待征服、新市場等待進攻。

滙豐銀行花了十一億元收購 Bital 銀行後，很快又花了一百四十二億元買下美國的豪斯霍德國際銀行（Household International）[1]。這兩間公司如何合而為一，簡直可以說是煽情的言情小說情節——雙方本來屬於敵對的陣營，卻放下彼此的歧見，墜入愛河並結為連理。

一九九九年二月，滙豐銀行忙著品牌重塑，要將旗下所有事業都納入滙豐的名下——其中也包含英國的米特蘭銀行（Midland）[2]——然而他們收到了花旗銀行法律顧問律師事務所的令狀，認為滙豐銀行的客戶可能會受到誤導，以為銀行和事務所的客戶，也就是消費貸款公司「豪斯霍德融資」有限公司（Household Finance Corp，縮寫為ＨＦＣ）有關。

震驚之下，滙豐的高層發現這不是個笑話，豪斯霍德在美國的母公司的確聲稱有誤解的風險。這樣的控告儘管荒謬又瘋狂，卻還是得認真正視。緊接而來的是法院審判，而滙豐銀行的勝訴在意料之內。

豪斯霍德沒有受到打擊，立刻提出上訴。面對曠日廢時的法律程序和節節高升的帳單數字，更別提時間的損失。兩位滙豐銀行的高層搭上飛機，前往豪斯霍德位於芝加哥附近的總部。啟程返鄉時，為了節省成本和時間，他們同意支付美國方兩千萬美元，換取他們放棄上訴。豪斯霍德方面欣然答應了。

這場官司帶來了意料之外的結果，也就是滙豐銀行的高層非常欣賞他們在與豪斯霍德談判時，觀察到的員工素質和營運方式。這間公司能透過融資和其他的子公司，讓任何客戶以任何東西取得貸款。滙豐銀行當時還未涉足這個領域，因此他們或許可以達到互補的效益，或至少表面上看起來如此。

事實上，除了香港和少數其他地區的消費者貸款之外，**滙豐銀行大多數時候都堅決迴避市場金融中比較低端的部分**。從歷史上看來，包含滙豐在內的多數銀行都希望服務經濟比較富裕的客戶，最好在社會地位上也高人一等。

當他們提供貸款，對象往往也是這類「首選」客群；相對的，豪斯霍德則貸款給幾乎任何人，也包含了那些非首選市場。豪斯霍德從成立以來，就提供「發薪日貸款」——也就是小金額的短期貸款，幫助借貸者度過難關。

1 編按：於二〇〇三年完成收購，現為美國滙豐融資有限公司（HSBC Finance Corporation）。
2 編按：現為英國滙豐銀行有限公司（HSBC Bank plc）。

接著，他們轉向月付型貸款，讓低薪者可以購買高價位物品。對滙豐銀行來說，這樣的服務令人憎惡。這不是他們習慣的業務內容，而他們也不希望就此改變。不過，**成為世界最大的銀行的目標帶來焦慮，使他們得到放手一試的膽量。**

當時英國滙豐銀行的領導人戴爾頓來自加拿大。根據同僚的說法，他是從豪斯霍德取得第一筆汽車貸款；但從經營策略的角度來看，這所能提供的訊息，大概就像紀勤說：「浦偉士在拉丁美洲度蜜月，所以對當地很了解」那樣不可靠。然而，當胸懷全世界的銀行家們，開始在低端市場操弄數字，在街頭找到新戀情後，他們對自己所看見的業績非常滿意。

二〇〇一年，北美洲在滙豐銀行的資產占了一九%，再加上豪斯霍德，就提高到二九%。豪斯霍德的表現本來就很出色，如果再加上滙豐銀行和更低成本的資金，表現必定能有所提升。

和滙豐銀行一樣，豪斯霍德也是胸懷野心的猛獸。在滙豐銀行收購時，它名列世界財富前五百大，總資產達九百八十億美元，雇用三萬一千名員工，並坐擁五千三百萬客戶。它透過旗下一千四百個據點，在北美四十六個州提供貸款服務；客戶們會辦理房貸、信用卡、無擔保貸款和汽車貸款。他們與一萬零五百間汽車經銷商簽訂信貸協定，光是信用卡的貸款就高達兩百億美元。**收購豪斯霍德後，滙豐銀行一瞬間就成為世界前十名的信用卡營運商。**

這讓滙豐銀行更上一層樓，對於戰國風雲的玩家來說，勝利似乎近在咫尺。收購豪斯霍德後，滙豐銀行也將進軍數據蒐集和分析的領域。根據哈佛商學院案例分析，在過去十三年間，豪斯霍德所蒐集的資訊量，足以估算美國每位成年人的投資風險——美國成年人口可是高達兩億六千萬。

豪斯霍德可以透過聽起來很險惡的「神經網路」，其實也就是電腦程式，來吸收、調適，並從過去的消費者行為模式中學習，藉此統整出高信用風險和低信用風險者，共同的人格特質和行為模式。

換句話說，**你的數據會告訴豪斯霍德，你在何處花費了多少錢，以及將來最可能在何處花多少錢**。豪斯霍德或許深耕於散布在美國小城的分行和辦公室，卻也聘請了一百五十名具有博士學位的數據分析師。他們的「數據屋」雇用了兩百五十名員工，一年經手二十億美元的交易，等同於每秒一千美元。

即便對習慣了巨大數字的滙豐銀行來說，這也足以令人暈頭轉向。光是這樣還不夠，更令滙豐銀行心動的是，他們能因此得到將消費者金融，推向全世界滙豐家庭的能力。

就像羅伯茨和齊納斯頓在《雄獅覺醒：滙豐銀行近代歷史》中詳細記錄的，某份銀行內部的報導做出以下結論：「豪斯霍德的目標客戶，和我們許多新興市場客群並沒有太大的不同。」

滙豐銀行希望能把握機會，善用豪斯霍德的專業和經驗，向巴西和墨西哥等新領土的消費者提供借貸服務。新的發展有著無限潛力，得到的回饋也可能相當龐大。這些戰國風雲的玩家們都上鉤了。

當滙豐銀行和豪斯霍德的決議公布時，滙豐銀行進入高速運轉期，市場和媒體都得知了這顯而易見的協同效應——豪斯霍德頂尖級的科技和行銷，能如何與滙豐銀行「地理上更廣大的市場」結合；他們也一再強調策略性機會和解鎖新的優勢。

滙豐公關部門堅持，若要說豪斯霍德的客戶都是「非首要」的借貸者，實在有失公允，因為這只是他們事業範圍的一部分而已。即便如此，這次收購案和日正當中計畫一樣，在內部和外部都引發部分反彈。

在某些人眼中，**放下身段進入金融業比較「骯髒低端」的消費者借貸領域**，並不符合滙豐銀行的作風。

然而，金絲雀碼頭的銀行主管們並不把這些異議放在心上，幾乎無法壓抑自己的歡欣鼓舞。他們告訴豪斯霍德的董事長威廉・艾丁格三世（William Aldinger III），收購案是「滙豐銀行近代最令人振奮的發展」，似乎完全忘了不久之前，他們才在墨西哥滙豐銀行開幕時說過類似的話。

有一群投資分析師尖銳的指出這點，並發表不同看法，說這是「滙豐銀行近代史中風險最高的一步」。

評論家尼爾・柯林斯（Neil Collins）在《每日電訊報》（*Daily Telegraph*）指出：「如此大幅改變一間大型企業的文化，是很大的挑戰，投資人感到緊張也是合理的」。《華爾街日報》的記者傑西・艾辛格（Jesse Eisinger）的評論則更刻薄了一些：「滙豐銀行從謹慎行事的銀行，搖身一變為西部牛仔。」

艾丁格三世因為這筆交易，而有了兩千萬美元的個人收入，又因為選擇留在合併後的新集團，而另外獲得三千七百五十萬美元，這都讓整起事件的西部牛仔風格更加強化。

不過，不是每個人都認同艾丁格的好運氣，英國國家退休基金協會就直言不諱：「這筆款項在道德上完全站不住腳。」諷刺的是，此時滙豐銀行的執行長是道德家史蒂芬，提倡道德資本主義，還會在出差時寫布道的講稿。

在二〇〇三年五月舉辦的年度股東大會上，艾丁格的獎金問題再度被提出，而最劍拔弩張的時刻，就是滙豐銀行總部的夜間清潔工阿杜爾・杜蘭特（Abdul Durrant），訴說自己難以用五英鎊的時薪養家糊口的故事時。

《金融時報》（*Financial Times*）的作家約翰・波蘭德（John Plender）對此也無法苟同，認為艾丁格拿到的酬金「與滙豐銀行傳統節省的蘇格蘭文化並不相符」。《泰晤士報》（*The Times*）的葛拉漢・瑟金特（Graham Searjeant）則質疑艾丁格的重要性，畢竟滙豐銀行「有許多訓練有素的人手可以挑選，這也是他們至今能維持成功的原因」。

許多人都認為，滙豐銀行進軍墨西哥和美國市場的方式，和他們以往的風格完全不符，不只是深入了危險的陌生領域，也越來越背離最初銀行建立時的根本原則。然而，高層對這些言論不為所動，只在乎他們在美國取得了全國性的市占率，提供借貸服務的**對象不再局限於可口可樂這間大公司，也包含了喝可口可樂的五千萬民眾**。

成長的潛力可以說是突破天際。滙豐銀行已經讓整個美洲都成為自家後院，並對碩大無朋的花旗銀行造成了威脅。這符合了史蒂芬的「管理帶來成長」的策略，以及新的銷售導向文化。

不過，要吸收像豪斯霍德這麼大規模的企業，仍然是艱鉅的挑戰。滙豐成立了超過三十六個資深管理小組，來監控收購案的不同面向；而執行長史蒂芬的團隊則全時間投入，認識新的合作夥伴並確保過程順利。不難理解為什麼幾千英里以外的地方性問題——例如墨西哥——重要程度就相形失色了。

努力總算有了代價，倫敦滙豐銀行高層興奮的發現，金錢收益幾乎立刻開始湧入。二〇〇三年，集團執行委員會得到的報告是：「撙節成本的成果可能超乎預期。」

第一年，豪斯霍德就為滙豐銀行貢獻了二十二億美元的獲利；第二年是三十六億美元；二〇〇五年則是五十二億美元。然而，也有人心懷怨懟。一位曾經被派駐紐約協助收購案的國際經理，就對妻子說：「從各種層面來看，這都已經不像香港滙豐銀行了。」

豪斯霍德的管理階層也同樣追求更宏大的規模。在二〇〇三年到二〇〇六年間，他們的消費者貸款資產從九百八十億美元，翻倍為一千八百三十億美元。他們的帳戶從一百七十億美元提升到四百六十億美元，並且額外增加了新的信用卡服務。

滙豐銀行二〇〇四年的管理報告顯示，豪斯霍德消費者貸款服務的目標是「稱霸零售的非首要和近首要市場，特別是房地產和非房地產的核心產品上」。

滙豐銀行的總裁史蒂芬，希望能將豪斯霍德的產品推向全世界，並告訴集團管理董事會，他們能從美國的消費者金融服務中，學習許多技術和文化，而「成功的關鍵在於市場區隔」。這位總裁曾經有著內斂的布道者形象，宣揚著道德資本主義，在上帝和財富之間痛苦掙扎，如今卻似乎和理想越來越脫節。

毒梟開戰略會議，主題竟跟滙豐一樣

二〇〇五年，滙豐銀行開始傾注全力將豪斯霍德的技術輸出至全世界。不到兩年，墨西哥滙豐銀行就提供了二十億美元的消費者貸款。一份集團管理的報告寫到：「新興市場的機會遠遠超乎想像，而且發展相當迅速。」

史蒂芬和滙豐集團享受著新購案的成功，努力掌握豪斯霍德的規模，並實踐提升全球性獲利的潛能；與此同時，墨西哥的古茲曼正在逃亡中。即便如此，他也仍在擴張自己的事業版圖。在不同的藏身處中，他擬定了華麗的兼併計畫。

二〇〇三年，**古茲曼召集錫納羅亞集團的領導階層來進行戰略會議，討論的主題和滙豐銀行一樣，就是如何擴張勢力。**即便身為全世界的首要通緝犯，古茲曼仍親自出席，告訴與會者：即便他們已經稱霸了美國與墨西哥邊界，從華雷斯到太平洋地區，但這樣還不夠，他想要更多。

他說，下一步就是沿著邊界更廣大的地區，也就是墨西哥東北部到西德州。取得這部分控制權後，整個國界地區，以及所有進入廣大美國的走私路線，都會成為他們的囊中之物。

他們的目標是新拉雷多（Nuevo Laredo），這座城市人口大約為三十七萬，位於格蘭河（Rio Grande）沿岸，對面就是通往美國聖安東尼奧（San Antonio）的三十五號州際公路，再向右轉就到了德州第一大城休士頓（Houston），直走則是首府奧斯丁（Austin）。

這是通往美國的完美走私入口。古茲曼遭遇到的阻礙是，該區域早已有販毒組織運作，而且不是無名小卒，而是以血腥殘暴而惡名昭彰的洛斯哲塔斯集團（Los Zetas）。他們可不和敵人談判，如果古茲曼輕舉妄動，必定會招來兇狠的報復。

古茲曼一度判斷錯誤，將滲透新拉雷多的計畫分包給另一個組織——來自薩爾瓦多和宏都拉斯的「野蠻薩爾瓦多幫」（Mara Salvatrucha，又稱 MS-13）。然而他們不是洛斯哲塔斯集團的對手，最後只能靠著屍體上的「MS」刺青來辨識身分。這也是警方僅有的線索。

在某次殘忍的武力火拼，洛斯哲塔斯集團將五具飽受折磨的屍體棄置在一間房屋中，每個人身上都刺著「MS」，那是他們唯一能看清楚的特徵了。一旁則放了一張給古茲曼的紙條，寫著：「派更多渾球（pendejos）來讓我們屠殺吧。」墨西哥街頭用語中的「pendejos」是「陰毛」的意思。當時對古茲曼來說情勢很嚴峻，這場仗既曠日費時又心驚膽戰。

洛斯哲塔斯集團不是好對付的。他們似乎直接向大師古茲曼本人借鏡，並決定要更上一層樓。除了被害人的屍體外，他們也在橋上掛起招募的旗幟，其中一面寫著：「我們將提供優渥的薪水和食物，也會照顧你的家庭。別再忍受虐待和飢餓了。」

滙豐銀行在墨西哥販售金融產品時，宣傳著「信用改變墨西哥」的概念，而洛斯哲塔斯的另一面旗幟似乎呼應著這一點：「我們提供福利、保險、讓家人和孩子居住的房屋。不要再住在貧民窟裡，每天搭公車了。要買新車或卡車，都由你決定。」

為了對付洛斯哲塔斯集團，古茲曼也加強了他的手段。從二〇〇四年開始，敵對雙方爆發了極度血腥的衝突，讓全墨西哥陷入混亂。某天晚上，九個人頭就這麼滾落在某個舞廳的地板上；另一天，兩個警察的人頭被放在阿卡普科市政廳門外。

面對這樣的挑釁，錫納羅亞集團搬出了他們的現金存款和重裝備，轉型為軍事集團，讓旗下的成員都換上迷彩軍裝。警方在某次對錫納羅亞的突襲中，查獲二十把自動步槍、十二把M4卡賓槍和十把手槍。殺戮的血腥程度之高，讓墨西哥的報紙甚至發布了每日的「行刑量表」，想要記錄累積的傷亡人數。

雖然有人把這段時期和克羅索槍擊案的後續效應相比，但這場毒梟內戰的情況絕對是前所未見的慘烈，在墨西哥漫長而血腥的毒品戰爭中絕無僅有。

正當墨西哥陷入腥風血雨中時，幾千英里之外寧靜祥和的滙豐集團總部中，紀勤辦公室閃爍的螢幕和史蒂芬辦公桌上的報告書和策略書，關心的都是其他的問題。

雖然血腥事件頻傳，但墨西哥滙豐銀行表現不錯，開始對集團的收益帶來重大貢獻，並快速成長。在發展策略中，銀行高層鎖定了另一個地區，只要妥善安排，就能帶來他們追求的收益和回報。

銀行新目標：支持（被毒梟拿來當人頭的）中小企業

滙豐銀行的高層過去專注於商業銀行業務，服務對象從新創公司到中階和高階市場，提供客戶需求的金融服務。這聽起來很無聊，而和進軍並攻占整個國家的市場相比，確實也相形失色；但滙豐銀行的高層依然充滿熱忱，特別是因為那是史蒂芬的「管理帶來成長」計畫的關鍵之一。

概念就是要針對擴張中的小型企業，提供銀行全方位的金融產品：貿易融資、外幣兌換、保險、當沖、網路銀行服務、貸款、薪資帳冊和現金管理。企業客戶會得到專屬分行，有舒服的椅子、招待處和熱情的員工。**他們希望創造的氛圍比較類似於法律或會計事務所，而不是銀行**。

滙豐銀行從上到下，都染上了這股魯莽的熱情，而對於幫助小型企業的重視，被一位資深主管盛讚為「成長、轉介和銷售的搖籃」。很快的，滙豐銀行就擁有兩百五十萬企業客戶，占了整體收益的二三%——換句話說，有數十億美元的價值。

他們也給了這個策略一個響亮的名字：領導國際商業銀行（Leading International Business Bank）。雖然兩百五十萬客戶已經是出色的成就，但高層依然提醒滙豐的員工，全球還有九百五十萬的企業客戶需要去爭取。每個國家的分行負責人都必須瞄準相同的目標：成為「最佳中小企業銀行」。

紀勤大肆宣傳這項「加入公司」政策，在香港和英國都成立了專門的商業銀行分行，也在四十六個國家跟進，每間分行都有自己的行銷計畫。

「我們之所以會執行廣告策略，宣傳滙豐銀行是世界上最佳也最大的中小企業銀行，就是因為我們可以辦到。」一位高層主管這麼誇耀。

「這項宣傳活動的目的，是讓其他人了解到我們早已知道的事實，也就是在商業銀行的部分，沒有其他競爭對手的影響力和專業度能與我們相提並論。」他也提出，關鍵是強調「正面的形象」和「歡樂的氣氛」。

從香港到倫敦，支持中小企業的策略得到成功，影響也漸漸滲透到墨西哥——**在這個國家的分行員工，早已自願加入，甚至是積極協助全國最大毒梟古茲曼**，每天都有數十億的美元舊鈔流入他們的分行。

墨西哥北方，也就是古茲曼和錫納羅亞的故鄉，無數的小型企業開始在銀行建立戶頭。雖然墨西哥的某些地區因為毒品戰爭而滿目瘡痍，滙豐銀行卻欣欣向榮。倫敦總部傳來的指令，是要他們再加把勁，並且將成功開發個人客戶的「銷售、銷售、銷售」哲學應用在企業客戶上，向對方展現銀行的能力，說服他們「購買、購買、購買」。

墨西哥滙豐銀行的表現極佳，在二〇〇五年時，甚至受到經濟部表彰為「中小企業的最佳支持者」。除此之外，數字也不會騙人——墨西哥全國的數千家中小企業都開始使用滙豐銀行的服務。墨西哥城分行的經理欣然接受這項榮譽，而倫敦總部的高層也同樣高興——雖然他們還有更遠大的目標，但墨西哥分行達成了他們所有的要求，甚至還做得更多。

然而，他們所忽視的事實是，**許多中小企業都只是古茲曼和販毒集團的人頭而已**。直到很長一段時間後，美國國務院才計算出，在二〇〇三年到二〇〇八年間，「恐有高達兩百二十億美元透過販毒集團，從美國流入墨西哥」。

而後，他們又修改了估計的數值，認為毒梟利用墨西哥和美國的金融機構，每年的洗錢量高達三百九十億美元：「根據美國官方的說法，毒品運輸組織每年從美國輸入墨西哥的金額，約在一百九十億美元到三百九十億美元之間。」墨西哥充斥著毒品，而透過銀行的金融服務，毒梟得以在美國和墨西哥的邊境間傳輸大量金錢。

雖然古茲曼仍然逍遙法外，但銀行系統至少能讓當局追蹤跨國的金錢流向，慢慢蒐集證據，期望再次將他逮捕。然而，當滙豐銀行成立了「開曼群島分行」後，一切都即將改變——古茲曼的金流將隱沒在美國當局無法監控的黑暗中。

第5章

地下人民的陽光勝地，開曼群島

小小的開曼群島竟有10萬間公司，不過它們只以空殼公司形式，存在於各種文件和電子資料夾中。

即便傷亡不斷累積，新聞和報紙的「行刑量表」越來越駭人；即便所有的報告都指出，美國街道上充滿墨西哥的毒品，大量美元湧入墨西哥；即便明知道墨西哥的法律體系腐敗無能，滙豐銀行在二〇〇二年到二〇〇九年間，仍給了墨西哥最低的洗錢風險評分。

更糟的是，根據銀行自己的規定，除非有明顯的理由，否則一個國家所有**客戶的風險評等都和國家本身相同**。這意味著墨西哥的客戶，其中包含了送來一捆又一捆整齊舊鈔的人，在填寫開戶申請表和其他文件時，都會被歸類為「低風險」。還有更糟糕的，由於滙豐銀行不斷追求更大的利益，於是提供了古茲曼集團完全符合需求的銀行系統。前英國企業祕書文斯．凱布爾（Vince Cable），將隱匿的避稅港[1]稱為「地下人民的陽光勝地」。

在著作《金銀島：避稅天堂和偷走世界的人》（*Treasure Islands: Tax Havens and the Men who Stole the World*）中，英國租稅正義聯盟（Tax Justice Network）的顧問尼可拉斯．謝森（Nicholas Shaxson）如此說道：「避稅港讓地下世界的罪犯和金融巨頭產生連結，也帶動了外交、情報機構和跨國企業。避稅港會引發衝突，造成經濟不穩定，卻也會帶給『les grands』（重要的人）驚人的回報。避稅港是當今世界權力運作的地方。」

聯合國毒品和犯罪問題辦公室前局長安東尼奧・哥斯達（Antonio Costa）指出，**國際銀行系統的四大支柱是：替毒品收益洗錢、違反經濟制裁、避稅和武器走私**。要估算其中隱藏了多少利益是不可能的。然而，最常被各種監察機構所引用的數字，遠大於二十兆美元；其中一種版本的數字是三十二兆。而最有名的避稅港之一，是位於加勒比海西部、古巴南方、宏都拉斯東北方的開曼群島。該地距離墨西哥猶加敦半島五百二十英里。

開曼群島的首都是大開曼島上的喬治敦，大開曼島是三座島嶼中人口最多者。根據官方歷史，開曼群島是哥倫布（Cristoforo Colombo）在一五〇三年，船隊偏離航道時發現，而後繪製了三個島嶼的地圖，所在區域則命名為「拉加爾托斯」（Lagartos），意思是鱷魚或大蜥蜴。

一五三〇年時，三座島嶼合稱為「開曼那斯」（Caimanas），源自當地語言中用來描述原生種鱷魚的單字。官方歷史也寫道：「讓我們受到船隻歡迎的原因

---

1 編按：tax haven，指針對特定實體或稅種的稅率很低，甚至完全免徵稅款的地區。

是充足的海龜供應，得以提供船員所需的肉類。最早的定居者在一六五八年左右來到島上，是來自牙買加的英國逃兵。最早的殖民統治者是博登（Bodden）和華特（Watler），很快就帶來了漁夫、奴隸、水手和西班牙宗教裁判下的難民。」開曼群島同時也是主要的避稅港，據估計，可以稱得上是世界第五大的金融中心。

全世界有三分之二的當沖基金在此處

二〇一七年，開曼群島（人口六萬四千人）在代表了全球金融影響力的全球金融中心指數（GFCI）中，排名超過巴黎。官方的導覽手冊宣稱，當地居民喜歡釣魚和照顧觀光客，以及製作繩索、從事快艇競速等休閒活動。事實或許如此，但**島上最主要的經濟活動仍然是金融服務**，讓世界各地的人為了各種不同的理由，隱藏自己的財富。

或許是因為他們不該有這些錢、這些錢不屬於他們、錢財來源是非法的，又或是不希望自己的錢被貪婪的親戚、雇主、生意夥伴或國稅局得知。無論如何，他們要求自己的錢存放在隱蔽的帳戶中，而開曼人總是樂意之至的使命必達。

這項生意的重要性在喬治敦可見一斑，在海邊賣拖鞋、帽子和防晒乳的小店鋪後方，一整排閃亮的玻璃建築可不是飯店，而是充滿了會計師、律師和「財富管理」顧問的辦公室。

當時任美國總統歐巴馬（Barack Obama）提起這類幫助個人和企業，在國家政府面前隱藏自身金融活動的地點時，特別點出了開曼群島。他指向喬治敦的某棟商務大樓——阿格蘭屋（Ugland House），並說其中容納了一萬兩千個企業：

「這要不是世界上最大的建築物，就是最大的逃稅騙局。」

在此要澄清，阿格蘭屋目前登記了兩萬間企業，整個**開曼群島則有十萬間**。然而，實際的外觀上絲毫看不出這些企業存在，因為**它們只以空殼公司形式，存在於各種文件和電子資料夾中**。

空殼公司的擁有者分布在世界各地，可能是紐約或倫敦的公寓地主，或是別墅或遊艇的擁有者，當然也包含了運送古柯鹼的飛機擁有者。付學費的人是誰？一間開曼的公司。購買昂貴畫作的人？一間開曼的公司。全新的藍寶堅尼？一間開曼的公司。

大開曼島有小型的國內經濟，但吸引到的外界財富卻超過了日本和加拿大等經濟規模大了上百倍的國家。登記於此地的公司不需要報稅，所以除了他們自己之外，不會有人知道真正的收益。

當沖基金選擇登記於此，因為沒有直接的稅金，也因為當地的司法體系遵循古老的英國普通法，更因為當地提供了完全的隱蔽性。的確，開曼並不徵收個人所得稅或任何類型的企業稅。全世界有三分之二的當沖基金位於此處，總價值十三兆美元，也讓**開曼成為美國國債最大的持有者**。

當颶風伊凡（Ivan）在二〇〇四年撲向開曼群島時，有一支輕型飛機的編隊從開曼飛向邁阿密，上面載著的電腦硬碟，儲存了世界大部分的財富資訊。當颶風結束過後，機隊立刻就將硬碟載回。開曼是十萬項投資基金的「故鄉」，並持有全世界銀行約三百兆美元資產的十五分之一。真的是人民的陽光勝地無誤。

歐巴馬的演說在喬治敦惹惱了許多人，其中之一是阿格蘭屋唯一的房客，法律事務所梅波斯（Maples）。律師們高聲批判：「把登記在阿格蘭屋的公司形容為『空殼公司』，目的是逃稅和保密，簡直是大錯特錯，這是誤導大眾在開曼成立公司的真正目的。

「開曼群島嚴格奉行國際的反洗錢和反金援恐怖分子標準……登記在阿格蘭屋等處的海外公司，對於島上的經濟和就業都帶來持續的重大貢獻，對世界經濟的復甦和成長也是。相關領域的人都能理解這些金融機構的本質，但一般大眾卻時常有所誤解。」

畢竟是律師的發言，這段訊息的用字遣詞很謹慎，而對避稅港的使用者來說，**創造工作機會是他們時常用以平反的理由**。

無論是解釋為何將英國服裝零售巨頭——阿卡迪亞集團（Arcadia）的本部遷移到摩洛哥，或是將公司掛在妻子名下，菲利浦・格林（Philip Green）爵士總是對我提出這類的理由。

這位億萬富翁辯稱，他在英國有六萬名員工，每個人都會繳納英國所得稅；但他所忽視的是，這些人別無選擇。他和妻子緹娜（Tina），可以自由決定阿卡迪亞集團的收益如何報稅，但員工們的部分卻會在薪資條上就直接扣除。

開曼群島總理[2]柯特・提貝茲（Kurt Tibbetts）曾寫信給歐巴馬總統：「開曼群島營運的金融服務產業，用任何全球的標準來看，都規範嚴謹、透明，且配合各國政府。」

他並不是唯一對歐巴馬感到憤怒的人，其中一位加勒比海地區的評論家說：「我很驚訝，一位接受哈佛教育的律師竟然不明白金融服務業如何運作。開曼沒有錢，錢都在倫敦，在紐約，在世界的重要中心。開曼並不是大型金錢中心，只是個設施罷了。」設施……真是不錯的選字。自助洗衣中心也是個「設施」。

這裡的滙豐，沒有石獅子守護

像滙豐這樣為一般人服務的銀行，當他們的重點不放在提升規模（例如收購豪斯霍德）時，就會轉向「特別照顧」有錢客戶，來獲得更高的利潤。這類享有特權的高階銀行，會為此提供「特殊服務」，讓客戶付費享有各式各樣的金融產品、建議和規畫，並使用銀行分行的網絡和高度注重隱私的員工。

然而，就如美國前參議院調查員傑克．布倫（Jack Blum）所說：「假如有客戶想要『專項服務』——這是做壞事的委婉說法——你就能獅子大開口任意開價。**多年來洗錢服務的抽成大約都是二〇%。**」

在墨西哥，古茲曼透過銀行帳戶的洗錢作業還面對另一個問題：墨西哥法律規定，帳戶的幣別必須是披索而非美元。但披索不穩定和脆弱的名聲顯赫，這意味著無論是合法或非法的生意，都得選擇強勢的美元，所以古茲曼得設法以美元來開戶；而滙豐銀行能透過開曼群島的分行，提供這項服務。

沿著阿格蘭屋前的海岸往巴卡羅（Bacaro）方向，有另一個商業據點，和當地製作繩索或競艇的店鋪截然不同，就是西灣路（West Bay Road）六十八號。這是滙豐銀行的據點，低矮的建築上掛著滙豐銀行的招牌，在全世界的眼中就是滙豐銀行的開曼分行。

這棟現代的藍色建築由佛羅里達的建築師設計，不過門口並沒有一對石獅子守護。這裡確實屬於滙豐銀行網絡，也提供滙豐銀行的服務。然而，**滙豐銀行並不負責處理錫納羅亞集團的錢，而是由所謂的「墨西哥滙豐銀行開曼群島分行」**（Cayman Islands branch of HSBC Mexico）負責；令人困惑的是，**後者其實並不屬於開曼**。

---

2 編按：又稱為政府事務領導人（Leader of Government Business.）。

假如想在地圖上尋找「墨西哥滙豐銀行開曼群島分行」，或是到喬治敦的街上實際走訪，都是徒勞。因為這間分行實際上並不存在，也從未存在過。「墨西哥滙豐銀行開曼群島分行」讓古茲曼得以在墨西哥儲存他的美元，並逃過美國的法眼。分行由位於墨西哥城市中心的滙豐塔透過電子控制，距離喬治敦有一千一百五十七英里。分行在開曼沒有員工或客戶，完全是虛構的。

這間分行的確「存在」，卻不像一般的銀行那樣，有著實體建築、招牌、堅固的大門、銀行大廳、櫃臺和自動提款機；相反的，「墨西哥滙豐銀行開曼群島分行」存在於墨西哥的總部和各分行中，而且**僅會出現於滙豐銀行員工和用戶心中，以及各種文件和電腦螢幕上**。

只要動動滑鼠，或是按幾下鍵盤，墨西哥各地分行的員工，就能立即和這間分行連線，建立帳戶並交易轉帳。墨西哥滙豐銀行開曼群島分行的「員工」都沒有去過開曼，對於喬治敦當然也不認識。

這就是重點：分行可以位於世界的任何地方，提供服務給任何有需求的人。美國的調查人員指出，這間分行完全是空殼公司，並由墨西哥滙豐銀行的員工維持運作，任何分行的員工都有權力為客戶建立開曼的帳戶。

滙豐銀行在收購 Bital 銀行時，也繼承了他們的開曼分行。大約二十年前，Bital 銀行從開曼群島政府取得許可執照，能向客戶提供開設美元帳戶的服務，但他們很少這麼做。

在日正當中計畫和收購案後，Bital 銀行的開曼分行重新命名為「墨西哥滙豐銀行」，並持續使用開曼的B級銀行執照：「限制分行僅能『海外』營運，為非開曼居民提供開戶服務」。

換句話說，這張執照讓銀行能自稱「開曼的銀行」，卻只能在非開曼的海外地區運作，也**只能服務不在開曼的非開曼人民**。

而伴隨著這些服務的，是熱忱提供幫助的整個專家網絡，例如開曼頂尖的法律事務所之一，法蘭西斯．格雷（Francis Grey）。在宣傳中，他們說：

「我們是開曼群島的專業法律事務所，提供企業和商業法的相關諮詢，服務對象從大型金融服務提供者，到發展中的經理人和充滿野心的私人投資者，全都包含在內。

「我們提供量身打造的法律服務；我們的工作內容複雜精密，跨越國界和司法管轄權，唯有高度專業的顧問才能提供權威的建議。」

法蘭西斯·格雷的客戶都是什麼人？會被吸引到開曼群島的人又是誰？

「我們的客戶充滿動力、野心和智慧，而我們接受他們的要求，挑戰傳統的工作時間和方式。能成為受到客戶信任的顧問是我們的榮幸，我們致力建立與客戶本人和企業的堅定關係。我們將持續改善服務，提供創新的解決方式。」

為什麼要在開曼群島設立銀行呢？

「開曼群島是頂尖的國際金融中心，而當地的相關法律制度、優良的名聲、稅務的中立性、可靠的司法體系、平衡的監管制度和穩定的政治經濟環境，都是吸引我們的原因。」

只不過，他們不是真的在那裡成立銀行。B級許可證照讓持有者「不受限制的在開曼群島執行金融業務，卻不能服務開曼本地的客戶」。因此，證照持有者不得：

・接受任何開曼居民的存款，除非是另一位證照持有者、得豁免者，或是其他非本地，亦不在本地營運的企業。

・不得投資任何屬於開曼居民的資產，除非該資產的聲明來自：（a）另一位證照持有者、得豁免者，或是其他非本地，亦不在本地營運的企業的借貸。（b）證照持有者員工的房貸，用以購買或建造開曼當地的自住宅。（c）和另一位證照持有者的交易。或（d）購買開曼政府發行的債券或基金。

・亦不得執行任何B級許可證認可範圍外的業務，除非取得開曼群島金融管理局（CIMA）的書面同意。

根據最近一次統計，一共有一百四十七間銀行，擁有開曼群島的銀行許可證——十一間是A級，一百三十六間是B級。當今中國對這些許可證興趣濃厚，有許多組織都希望取得開曼的B級銀行許可。畢竟，開曼群島的金融業，以及整個開曼群島，都受到英國保護。

空殼銀行建立空殼公司，讓黑金變美金

最初，Bital銀行的新所有人滙豐銀行，並未頻繁使用開曼的B級許可證，而「開曼分行」只有一千五百個帳戶；但隨著「管理帶來成長」策略實行，「銷售、銷售、銷售」的態度掛帥，滙豐銀行極力追求規模擴大，而相關數值也暴增為超過六萬個帳戶與將近五萬名客戶，總資產在二〇〇六年逼近二十一億美元。

這些帳戶幫助墨西哥的滙豐銀行，繞過當地法律規定，使其居民得以擁有美元帳戶。**虛擬的開曼分行，則讓古茲曼使用美金順利進入世界金融體系**，躲過官方監控，任意購買一切想要的東西——而且背後總是有可敬的滙豐銀行背書。

他們的交易對象中，沒有人知道這個分行根本不存在，這些黑幫集團的人頭組織，無論在庫利亞坎或墨西哥其他地區，利用的都是相同的分行；同樣的分行會接受並儲存他們的美元贓款，讓錫納羅亞集團得以購入許多裝備——例如購

買三架運毒用的飛機，將邁阿密某公司購買的毒品運送到美國。

除此之外，這間分行和其他分行不同，不需要填寫一大堆表格和檢查身分證明。這些都會由熱心的墨西哥滙豐銀行員工代勞。開曼分行會依照客戶的意願，**協助他們在開曼群島成立空殼公司**。而分行本身其實也只是個空殼。

至於官僚體系和提供安全戒備的部分，也完全不是問題。根據多年後滙豐銀行的內部報告，有至少一五％的帳戶查不到任何關於持有人的資料。在後續檢視之下，一位滙豐銀行的專員承認：「帳戶遭到組織犯罪的錯誤使用」；但罪行發生時，滙豐銀行並未停下來檢查帳戶中進出的金流。

在超過半數的例子中，滙豐銀行的員工都未曾見過帳戶名義上的持有者；他們的國籍也不確定，有些外籍人士被誤歸為墨西哥公民，而有七千五百個帳戶根本連持有者的檔案都沒有。

「在沒有資料的情況下，你要怎麼聯絡客戶？」某位高級主管如此說道。然而，沒有人在乎。「公司也似乎沒有任何後續的指令，要求客戶關係經理將客戶檔案資料建立完整。」

至於滙豐銀行的其他部分，則根本不知道發生了什麼事——舉例來說，美國的滙豐銀行並不知道開曼的帳戶如此可疑。他們得到的訊息只有，**這些都是美元帳戶，和銀行其他的美元帳戶沒有不同。**

不過，管理階層可以在螢幕上看到超過六萬個帳戶，每個都出自墨西哥，一共存放了超過二十二億美元。在以成長為重的強勢新方針下，銀行文化鼓勵的卻是強調墨西哥員工的收入，取決於他們能售出多少投資產品。

當開曼群島分行的帳戶快速增加時，一份內部的審計報告指出，墨西哥滙豐銀行「提供客戶在開曼開立美元投資帳戶的選項，讓他們能享有該地的優勢，例如免稅的投資和保密條款」。同一時期的一封電子郵件則提到，這些開曼帳戶也帶來額外的賺錢機會：「由於墨西哥的稅制相對嚴苛，對海外產品的需求也因此居高不下。」

這些活動都發生在墨西哥，但也不在墨西哥；使用美元而非披索；隱密且免稅——滙豐銀行的作為，恰恰是歐巴馬所強烈批判的。

滙豐銀行鼓勵這些有錢客戶「在開曼」開戶，**對待他們的方式和一般墨西哥客戶猶如天壤之別。**後者必須忍受漫長的隊伍，或是撥打客服電話的冗長等待時間、掛電話和轉接流程，但**錫納羅亞集團的人卻永遠能插隊到最前方**，**享受特別**

禮遇。

某位普通客戶的抱怨，讓我們能一窺這個狀況：當卡洛斯（Carlos）得知母親病重的消息，立刻從墨西哥市回到南部格雷羅州（Guerrero）的故鄉照顧她。由於病情惡化，原本停留幾個星期的計畫延期為幾個月。回到首都的卡洛斯想要領錢，卻發現他的帳戶餘額大幅減少了。

他以為帳戶遭到詐騙，於是前往分行，卻發現錢消失的原因完全不同：當他不在時，滙豐銀行提高了他帳戶每個月的餘額下限，從四千披索提高到四千五百元（一百七十五美元到兩百美元）。由於他的餘額低於新的下限，每個月都會被扣除三百披索。「這是窮人稅。」卡洛斯說：「假如我的戶頭裡有更多錢，就不會發生這種事。」

至於帳戶本身，似乎每個行為都會收取費用，包含但不僅限於一個月進行超過三次轉帳、檢查帳戶餘額、要求額外的對帳單、要求前期的對帳單、「沒有根據」的要求調查某一筆費用、進行轉帳、開支票和臨櫃領錢。

信用卡更是公然勒索，不但年利息在二五%—七五%之間。如果再算上其他手續費，例如年費和滯納金，一年的支出可能超過一〇〇%。房貸利率比美國的高上三到四倍。除此之外，消費者也常發現自己不知情簽下保險或其他服務，得另外耗費時間和心力才可以取消。

滙豐銀行還透過另一種途徑在墨西哥外賺錢。在一九九五年墨西哥披索危機後，其政府將退休金系統私有化，將總價值超過一千八百五十億美元的個人退休金帳戶（AFORES）全數交給大型銀行，其中當然也包含滙豐銀行。許多墨西哥人都抱怨，這些帳戶相關費用的提高速度比利息還快，而諷刺的是，相關銀行也遭到指控在管理這些帳戶時，出現了「壟斷行為」。

與此同時，倫敦的史蒂芬和高層團隊也有很多事要忙。即便六萬個帳戶在小小的開曼群島上開設，而且都集中在單一的「墨西哥滙豐銀行開曼群島分行」，卻還未構成太引人注意的警訊。

他們的目標自始至終，都是繼續擴張已經很驚人的規模。他們吸收了豪斯霍德，要求員工使用豪斯霍德的技術推動消費者貸款，並將商業銀行的業務銷售給全世界的客戶，當然也包含墨西哥。

到了二〇〇三年，利潤提高了二一％，《銀行家》雜誌再次將滙豐銀行評選為全球年度銀行。這些都很棒，但還不夠好；滙豐銀行得繼續擴張，繼續向未知的海域冒險。倫敦總部的策略是：服務個人客戶、提供他們貸款、協助中小企業並銷售金融產品、經營國際網絡並進軍新的國家——這一切都很棒，但還有提升的空間。史蒂芬和他的同僚胃口越來越大。

高層只顧菁英圈，看不到墨西哥矮子

在花旗銀行和華爾街上，又流傳著一個對滙豐銀行名字的嘲弄，將其縮寫「ＨＳＢＣ」改為「好一陣子沒看到半個銀行客戶了」（Haven't Seen a Banking Client in ages）。

這是在攻擊滙豐銀行投資業務發展不力，沒辦法為超大型企業和政府完成大型交易，賺進大筆傭金。滙豐銀行因為無法成為大型企業的主力顧問、無法收到私募股權基金和當沖基金的出資請求、無法加入所謂「大型投資機構」的菁英族群，而飽受嘲諷。

這很傷人，因為滙豐銀行所渴望進入的圈子，乃是由摩根史坦利（Morgan

Stanley）、高盛集團、摩根大通、德意志銀行（Deutsche Bank AG）、美國銀行和瑞士信貸（Credit Suisse Group AG）等高收益的集團組成。當然，花旗銀行還是他們的頭號競爭對手。

對此，史蒂芬的回應方式是和一名同事共筆一份管理報告，宣告：「我們在企業金融方面依然不足。」《金融時報》則用了不同的說法：「對許多人來說，世界第二大的銀行集團，沒辦法打造出最大的投資銀行事業，可以說是錯失了現代經濟中最大的機會。」

這樣的批判讓滙豐銀行高層內心隱隱作痛，特別是因為銀行內部的主流觀點認為，墨西哥和豪斯霍德都是出色的成就，應當受到盛讚而非小覷。他們的反應也讓我們看見了當時銀行內部的獨特心態。

銀行的高層決定做點什麼。雖然他們大可以去收購一間投資銀行，卻決定自己來打造一間。史蒂芬表示，他們不希望為了嘗試整合一間投資銀行而「感到頭痛」。他們已經有類似的業務了，只要更認真發展就好。二〇〇三年，他們雇用了摩根史坦利在歐洲的副董事長杜紹基（John Studzinski）。

杜紹基在銀行界名氣響亮，個人色彩鮮明、人脈廣泛，是個商業協議大師和大慈善家。但即便如此傑出，他終究是個凡人，假如滙豐銀行想提升競爭力，就得要投入更多。

更精確來說，是再多七百人，也就是他們第一年新聘雇的員工人數，平均大約是每天兩人。其中一百二十人是從對手公司挖角；對於經驗豐富的頂尖銀行家，滙豐提供了兩年固定獎金的豐厚合約。這個過程不只昂貴且曠日廢時——每個新進人員都必須經過正式聘雇程序和面試——也違反了滙豐銀行的傳統文化。就像是收購豪斯霍德這間消費者金融公司時，帶給董事長艾丁格的大筆金錢那樣，這次的大規模招聘，也和以往的模式大相逕庭。

在這之後，整個金融業都躁動了起來。《機構投資人》（*Institutional Investor*）雜誌報導，在滙豐大肆撒錢後，各間投資銀行的薪資大約提升了三〇%。史蒂芬稍後也坦承，他們的確做過頭了。但他用了不同的表達方式，一如以往的理性且輕描淡寫：「為了達到群聚效應，我們或許太努力了。」

然而，大量聘雇很快就收到效益。滙豐銀行在二〇〇四年參與了香港政府二十六億元的全球債券發售，這樣的成就在過去不曾有過。《銀行家》雜誌指出：「在發售全球債券的部分，我們不會第一個想到滙豐銀行。」

然而，滙豐銀行內部也出現歧異。傳統的資深員工厭惡坐領高薪的新同事，特別是因為他們有固定的高額獎金。這些新人以前待的銀行，在心態和運作方式也時常和滙豐很不一樣。

他們來自超大型的金融機構，被視為受雇的傭兵，對新公司的雇主沒有忠誠度，對深厚的文化也沒有認同。按照銀行規畫，新員工理應進行交叉銷售，說服企業客戶的董事長和執行長，同意併購案或投入首次公開募股，或是購買其他銀行的服務。**但新人們對滙豐願景的了解並不全面，自然也就不會提及滙豐家族的概念**，交叉銷售的層面進展有限。

滙豐銀行努力建立自已的投資銀行事業，想和高盛集團或摩根史坦利競爭，這在外人眼中固然太過勉強，連高層也發覺要投注的努力實在是太多了。與此同時，他們還得同時顧及豪斯霍德的整合，以及將消費者貸款的業務擴及銀行的其他部分。

除此之外，他們向中小企業強力推銷，並且在世界尋找新的插旗地點。一切都因為他們想要變得更大。只不過，**畫下如此大餅的代價，就是無暇顧及墨西哥和矮子古茲曼。**

第6章

真實世界版的絕命毒師，葉真理

他是墨西哥最大的偽麻黃鹼和麻黃鹼進口商。這兩種化學物質，原本是用來製作一般的感冒成藥，不過還有另一種非法用途——冰毒。

在墨西哥，雷卡多．羅德里格茲（Ricardo Rodríguez）喜歡使用：「歸還好人遭竊物品局首長」這個稱呼，縮寫為「Indep」。多棒的工作描述啊：「把遭竊物品歸還人民的老闆。」不幸的是，這位現代羅賓漢、馬克思主義的超級英雄，卻有著另一種平庸版本的工作描述：政府資產處置與行政服務局局長。

基本上，他的工作就是將政府從罪犯處沒收的物品，拍賣到最好的價格。很顯然，最大的受益者和出資者，都會是販毒集團的高層人物。

某個星期天，雷卡多的拍賣會商品包含了一臺裝甲凱迪拉克休旅車，以及一臺奢華的BMW油電混合車。他說：「大家都不肯放下競標號碼牌。我們賣了七〇%的商品，場面非常熱烈。」

他的拍賣會充滿了吸引力，在這場拍賣會上，他賺進了比預估價格更高五六%的收入。珠寶的市場就沒那麼好了——或許是因為大多數品項看起來源自亞洲，並不符合當地人品味。因此，珠寶價格僅提高二七%，但相對之下，飛行器的結標價則會超過起標價的兩千五百倍。

一棟位於墨西哥東南部城市坎昆（Cancun）的豪華海濱度假別墅，賣了七十一萬八千五百美元，另一棟位於西南部哈利斯科州（Jalisco）的房子則以十九萬一千六百美元售出。雷卡多說過，賣出的金額將納入經濟文化基金，投資於印刷兩百萬套二十一本「非常有趣、十分精采、高度娛樂性」的書。

另一次，收益則支付了五百四十四名墨西哥運動員的獎學金。這場二〇一九年的拍賣會，賣出一棟墨西哥城高級住宅區，「洛瑪斯．查普爾特佩克」（Lomas de Chapultepec）的房子。稱為「房子」其實不太恰當，更精確來說應該是某個搖滾歌星的豪宅，或是豔星的極樂皇宮。

洛瑪斯．查普爾特佩克的意思是「查普爾特佩克高地」，是墨西哥城最高級的地段，位於市中心西部的山丘上，林木茂密、綠意盎然。洛瑪斯．查普爾特佩克在一九二〇年代建立，當時的投資客成立了查普爾特佩克高地公司，來收購阿納瓦克谷地（Anahuac Valley）周遭的山丘。

他們將此處規畫為「花園市郊」，蓋起設計美麗的大型宅第，空間開闊，還有著綠色隧道般的大道、精心修剪的草坪和灌木，偶爾點綴著高檔的精品商店。隨著時間過去，又添加了新的豪宅和隱密的商業樓房，但數量並不算多。

如今，那裡住著墨西哥城最富有的居民，包含了蟬聯世界首富多年的是墨西哥電信最大股東卡洛斯．史林（Carlos Slim），但他現在「只」排名第五，總資產六百八十九億美元。

也有許多政治家、流行歌手和名人，例如模特兒、歌手和肥皂劇女星安赫莉卡・里韋拉（Angélica Rivera），她也是墨西哥的前第一夫人，亦即前總統恩里克・潘尼亞・尼托（Enrique Peña Nieto）[1]之妻。

該地區也有不少私立學校，包含了「伊頓學園」（Eton School，但和英國的貴族學校「伊頓公學」無關）。墨西哥的谷歌總部也在此。許多幫派老大的總部也是。

敲響警鐘的「真理」先生

雷卡多在二〇一九年拍賣了一棟房子，借用手冊的文宣：這棟房子外觀粉紅，是地中海風格，四層樓高。內建十間臥室、十四間浴廁、三個按摩浴缸、一座玻璃游泳池、桑拿、酒窖、吧檯和一座電梯。

「這場拍賣會特別盛大，因為這是我們處理過價值最高的房地產。」雷卡多表示。房子最後以五百二十萬美元成交，買主是幫助年輕人參與體育活動的布塔加恩雷斯基金會（Butaca Enlace Foundation）。

前任和現任屋主可說是天差地別。前任屋主是外號「查理．葉」、「葉先生」或「中國人」的葉真理（Zhenli Ye Gon），他是 Bital 銀行和繼任者滙豐銀行的長期客戶，因為販運毒品在美國被捕，可以說在滙豐銀行內部敲響第一聲警鐘，**讓他們開始警覺到墨西哥的狀況**。葉真理住在這幢位於馬德雷山脈街五百一十五號的豪宅中，同住的妻子于智一（Tomoiyi Marx Yu），是墨西哥城市中心一間中國餐廳老闆之女。

葉真理在美國馬里蘭州的中國餐廳「PJ Rice Bistro」被捕，餐廳旁則是連鎖百貨傑西潘尼（J. C. Penney）。緝毒小組探員一擁而上時，他和女姓同夥才剛點了鱈魚和紅蘿蔔。

「警察很快接近他們的桌子，要他們跟著走。」餐廳員工回憶道：「他們沒有在餐廳裡待很久。」警察之所以緝捕他，是因為墨西哥警探在二〇〇七年三月

---

1 編按：於二〇一二年—二〇一八年間任職，被視為該國歷史上最受爭議且不受歡迎的總統。

搜索他的宅第，找到了兩億零五百六十萬美元的現金。他們檢查所有鈔票的真偽，這整過程繁瑣傷神，花了大量時間。

最終發現了五十二張百元假鈔。這一大批鈔票藏在主臥室樓上一間上鎖的房間，每一堆美元鈔票都九十公分高，一百八十公分寬，有些則放在行李箱、金屬保險箱和公事包中。鈔票按照面值整理歸類，總重量接近兩公噸。

美國緝毒局的局長凱倫．譚蒂（Karen Tandy），將如此瘋狂的大量鈔票描述為「全世界最驚人的單次查獲量」。

為了讓大家更有概念：第二高是五千萬美元，藏在哥倫比亞的一個假櫥櫃後方。接著是加州的一千八百萬美元，澳洲的五百七十萬美元，加拿大的兩百六十萬美元——溫哥華島警方接近那名男子的船隻時，看見他將手提箱扔入水中，在港口附近打撈後起這筆現金；然後是阿拉巴馬州的一百五十萬美元，警方在一輛計程車中找到四大袋鈔票，但司機宣稱自己完全不知情。

墨西哥城的收穫突破了尺度，葉真理宅第中沒收的鈔票，由官方保管了九十天，靜觀是否有人出面認領。然而沒有人這麼做，於是政府宣布將這筆錢用來援助戒毒計畫和打擊犯罪組織。

不幸的是，墨西哥似乎不可能出現快樂的結局。參與攻堅的探員約書亞・赫南德（Josue Hernandez）和安尼貝・桑切斯（Anibal Sanchez）不久之後便遭到折磨和射殺，屍體在墨西哥南部被發現。據說，他們前往該地的目的是蒐集更多關於毒販的情報。

毒梟不只為錢，也為權

警方在豪宅裡的巴洛克式桌子、皮製沙發和東方地毯間搜索。一面牆上掛著畢卡索（Pablo Picasso）反戰主題的油畫〈格爾尼卡〉（*Guernica*），一間浴室裡有葉真理幼子的兒童牙刷，而在主臥室裡，則有男孩的學校照片和圖畫作品。其中一幅畫的主題是山，四周圍繞著男孩寫給父母的話：「*te quiero mama, te quiero papa*」（媽咪我愛妳，爸爸我愛你）。還有個天鵝絨的俄羅斯彩蛋盒、一張動作片《再戰邊緣》（*The Corruptor*，內容是關於紐約市警打擊中國城的毒品貿易，以及敵對幫派間的領地之爭）的光碟、一根針筒和一個貝瑞塔手槍的空彈匣。

墨西哥的學界針對這種「毒梟風格」和「毒梟建築學」都有所研究，認為他們專注在浮誇的外觀和物質財產上，**象徵的是一種逃避**——所有者希望向世界誇耀，但也同時強化自我認可；**他們已經爬到頂點，遠離墨西哥可怕的貧窮**；即便統治階層的腐敗根深柢固，他們的地位依然不斷攀升。

身為毒品販運界的關鍵人物，葉真理擁有窮極奢華的豪宅也不令人意外，但在內心層面，他是追求豪宅帶來的穩定感、歸屬感和成就感。

「他們在毒梟的世界中，找到了其他地方所匱乏的一切。他們不只是為了錢，也為了權力。」提華納的研究機構北部邊境學院（El Colegio de la Frontera Norte）社會學教授荷西．曼紐．維倫蘇拉（José Manuel Valenzuela）這麼解釋。

我們都知道，正常的父母不應該讓孩子接觸毒品（無論販運或吸食），但在毒梟的世界裡，孩子的玩具就放在自動步槍旁邊。維倫蘇拉教授解釋，這有部分是因為他們害怕綁票，另一部分則是將孩子視為毒梟生活重要的元素；**身為父母，他們希望孩子能延續自己的豐功偉業**。

與此同時，他們也希望自己所愛和信任的人，都能享受他們努力的成果。換句話說，他們是愛家的人，也以家為傲。「毒梟比一般人想像的更複雜許多。」

維倫蘇拉繼續說道：「這些人並非怪物或外星人，他們的價值觀和一般人其實大致相同。」

警方在葉真理家中除了搜出堆積如山的美元鈔票外，還找到一千七百萬墨西哥披索、二十萬英鎊、十一萬三千港幣、一百八十元加幣、十一枚「百年紀念」（Centenarios，是墨西哥發行的金幣，由三十七．五公克的純金鑄造）、珠寶、八輛汽車（包含六輛賓士）和八件武器（其中之一是AK-47）。

四十二歲的葉真理經歷了九年抗爭，仍然在二〇一六年從美國被遣返墨西哥，入獄服刑。他堅持自己是無辜的，並未參與毒品販運或洗錢行為，而家中的現金是費利佩．卡德隆（Felipe Calderón）的總統競選經費，他只是代為保管。

他自稱是「誠實的藥廠經理」，過著低調的生活，但也是「極度成功的企業家」。在辯護過程中，他指控墨西哥未來的勞動部長，當時屬於卡德隆競選陣營成員的哈維耶．羅贊諾（Javier Lozano）逼迫他保管這些錢，甚至威脅他的生命。

葉真理宣稱羅贊諾出現在他家，明白的告訴他不服從命令的後果：「合作或割喉！」並且在說出西班牙文的喉嚨時，搭配了割喉的動作。鈔票都放在行李袋中，他只要好好看顧就行。羅贊諾的手下後來又運來更多錢。

首先，為什麼要特別找葉真理來看守數億美元？其次，羅贊諾從哪裡得到這麼大筆的現金？第三，這些錢真正的目的到底是什麼？這題的答案很明顯：錢會被用來資助卡德隆的競選；假如落選，則會投注於後續的「恐怖行動」。第四，為什麼會讓葉真理加入如此險惡的陰謀？

當時葉真理這麼說明：「這部分的錢是用來刊登廣告和海報，這裡的是用來買炸彈。」真的嗎？墨西哥政府官員也不買帳，直斥這些控告太過荒謬。羅贊諾全盤否認對他的指控；卡德隆則說這完全是捏造的故事。但別這麼快就定論。

根據透明國際（Transparency International）這個具公信力的貪腐監控國際組織調查，在滿分五分的貪腐指標中，墨西哥人通常將自己的政府評比為四．四，代表貪腐情況嚴重。

葉真理被捕後，當地人汽車保險桿貼紙出現了「我相信那中國人」的字樣，反映了當地的風土民情。**美國和墨西哥官方都強調，葉真理是毒品販運鏈中關鍵的一環，與古茲曼集團合作，生產並將冰毒走私到美國。**

葉真理出生於上海，在一九九〇年移民到墨西哥。最初，他進口一些廉價的小飾品——當警察搜索他的某間倉庫時，查到許多女用錢包和人工聖誕樹——

接著轉向藥品產業。他在一九九七年取得墨西哥合法居留權，並在西拉內斯實驗室（Laboratorios Silanes）擔任了兩年的技師。這間公司的所有人是比森特總統的密友和政治支持者安東尼奧・羅培茲（Antonio López）。比森特總統是滙豐塔開幕典禮的榮譽貴賓，並且為大廳中意味深遠的壁畫揭幕。他也在某個典禮中，親自授予葉真理墨西哥公民權。

葉真理總是打扮得體、安靜內斂、進退得宜。他成立了自己的藥品進口和經紀公司「聯合醫藥化學」（Unimed Pharm Chem）。他聲稱自己的計畫是讓公司成為拉丁美洲最大藥廠，而遭到逮捕時，他正在成功的路上。

可以肯定的是，**他是墨西哥最大的偽麻黃鹼和麻黃鹼進口商**。這兩種化學物質，原本是用來製作鼻塞噴劑和一般的感冒成藥，不過還有另一種非法用途——**作為製造冰毒的原料**。

葉真理和中國供應商達成協議，同意每年買下五十公噸的「羥基苄基－N－甲基乙胺」。他們也同意為他在墨西哥的托盧卡（Toluca，墨西哥州州府），設計並建造占地一萬四千平方公尺的廠房，表面上佯裝成生產偽麻黃鹼的工廠。

幾年下來，葉真理買進大量貨櫃，不僅遠超過法律所允許的量，也遠超過用來做治療鼻塞感冒藥所需要的量。緝毒組探員依照線報，發現他提供毒品給錫納羅亞集團，而集團的人則用充滿效率的方法販運——先提供毒品給街頭的毒販，再給客戶嘗試免費樣品，意圖使他們上癮。

警方發動「龍行動」（Operation Dragon）來跟監並鎖定葉真理，打擊美國的冰毒供給鏈。墨西哥和美國的官方都懷疑，除了毒品外，葉真理也涉及人口販運。葉真理曾經透過中國的同夥，安排一百名亞洲人到墨西哥的工廠工作。然而，當他們攻堅托盧卡的工廠時，發現實際上的數量可能不只如此。在大型倉庫內，他們發現建築物的一部分被改造成建築工人的宿舍，並找到床鋪和工作服，最後得知曾經有大約三百名亞洲人在此工作。如今，他們無影無蹤——就這麼人間蒸發了。

警方認為葉真理是國際販運網絡的中心人物，化學原料的來源不只是中國，也包含了歐洲和印度。聯合醫藥化學的貨櫃通過加州長灘轉運到墨西哥。當墨西哥警方登船時，發現許多廠商聲稱的羥基苄基—N—甲基乙胺，經過測試則證實是偽麻黃鹼的萃取物。探員們認為，葉真理進口的偽麻黃鹼總計約八十一公噸。

葉真理宣稱一切合法，貨源來自香港的翡翠進出口公司（Emerald Import &

Export），但這間公司實際上並不存在。托盧卡的一名工人表示，工廠每天都會收到某種白色堅硬的化學物質，接著加入鹽酸加熱，產生白色的結晶粉末，一天產量可以高達六百公斤。

每天晚上，粉末會被包裝好，由葉真理或他的私人司機載走。即便每天都生產如此大量的粉末，但聯合醫藥化學公司的紀錄中，卻完全沒有相關內容；這是因為托盧卡的員工和廠房的供應商，都是以現金交易。

除了墨西哥城富麗堂皇的豪宅外，葉真理在墨西哥中南部的城市瑙卡爾潘（Naucalpan）、美國的拉斯維加斯和洛杉磯，以及中國都持有房產。他告訴某間外匯服務公司，他的財富來自名下另一間企業，專門生產獸醫用藥，而美元現鈔是用來支付他的供應商。

他的堂兄葉永青因為參與犯行而遭到逮捕，判刑二十五年，罪名是參與組織犯罪、合成毒品，以及參與涉及非法資金的活動。托盧卡的法庭判定，葉永青隸屬於堂弟葉真理經營的冰毒販運組織，他們透過在托盧卡成立的公司聯繫，資金都是犯罪所得。那麼，**葉真理和聯合醫藥化學的銀行是哪一間？和他的錫納羅亞客戶一樣，都是滙豐銀行。**

一直到二〇〇七年的警示出現前，滙豐銀行和葉真理及聯合醫藥化學都保持緊密連結。詭異的是，負責相關業務的是銀行的個人金融部門——也就是面對私人客戶的部分——而不是商業銀行部門。

在賭場洗錢的鯨魚

當警方進入葉真理在墨西哥城的豪宅，發現數億元美元現鈔的同時，他的行蹤在拉斯維加斯被發現，接著又追蹤到紐約。

葉真理在賭博之城拉斯維加斯名聲顯赫。不到四年時間，他就在許多賭場中輸掉了令人震驚的一億兩千五百萬美元，但主要都是在拉斯維加斯金沙集團（Las Vegas Sands Corp.）。他喜歡在集團旗下的威尼斯人酒店，以及帕拉佐賭場酒店（The Palazzo at The Venetian）玩百家樂，通常一出手就是十五萬美元起跳。

用拉斯維加斯的說法，**葉真理是被稱為「鯨魚」類型的貴賓——無藥可救但又極度富有的賭徒**。他是每個賭場老闆夢想中的客人，每次出現都會留下一小筆財富，似乎連眼睛也不眨一下，而且在幾年間不斷如此。拉斯維加斯酒店的標準慣例就是，贈送高價禮物給葉真理這樣的鯨魚大戶，並在他們輸了一大筆錢時，給他們一些「折扣」。如果是最高層級的客戶，就算禮物是一輛名車也不為過。

警方後來發現，葉真理在拉斯維加斯時，將墨西哥和其他銀行與外匯公司換得的四千五百萬美元現金，全部都轉移到威尼斯人酒店。除此之外，酒店賭場也在賭桌上借給他三千五百萬美元。這位大賭徒又在附近的其他賭場，損失了四千萬美元。

他不只牽扯了史上最大量的毒品交易查獲現金，如今又多了一項可疑的世界紀錄：拉斯維加斯史上最高額的現金賭徒。由於他在賭桌上的慷慨，賭場紛紛全力以赴討好他，提供免費住房、私人飛機、高級餐點、禮車和女人。拉斯維加斯金沙集團甚至送了他一輛勞斯萊斯。

根據調查人員表示，葉真理在拉斯維加斯告訴情婦——曾經在幻景賭場渡假村（Mirage Hotel Casino）工作的蜜雪兒·翁（Michelle Wong）——他在為墨西哥毒梟洗錢。這或許解釋了為什麼蜜雪兒會用他給的錢，買了一百一十萬美元的拉斯維加斯住宅、珠寶和兩輛賓士。她也用葉真理匯給她的五十萬美元，買了空調機組和變壓器，再運送到他在墨西哥的藥廠。

兩人初次碰面，是在鄰近威尼斯人的競爭對手幻景賭場，蜜雪兒是公關，葉真理則是最高階的賭客。她在二〇〇五年一月被開除，一個月後，兩人就墜入愛河。她事後表示，葉真理在交往期間給了她至少一百五十萬美元，兩人還生了一個兒子。

交往期間，葉告訴她，自己受到毒梟脅迫，要為他們在拉斯維加斯洗錢，同時也涉入墨西哥政治人物的恐怖攻擊計畫。他宣稱自己和毒梟達成的協議，是在拉斯維加斯洗錢，並用這些錢來賭博或購買高價商品。可以肯定的是，蜜雪兒用葉真理的錢在購屋的三個月內，就繳清了房貸。

調查人員檢獲的所有權紀錄顯示，蜜雪兒支付了三十萬五千一百零八元的頭期款，並取得八十五萬三千五百元的房屋貸款。蜜雪兒最後一次看到葉真理，是他從橘郡搭著威尼斯人提供的私人飛機，飛到拉斯維加斯。

根據美國法律，任何**利潤超過一百萬美元的賭場，都有義務在懷疑賭客使用非法收入賭博時，向相關當局示警**。而根據二〇一三年對葉真理的調查，拉斯維加斯金沙集團因為未能執行義務通報，而遭到美國聯邦檢察官辦公室罰款四千七百四十萬美元。

他們僅有十天的繳納期限，否則將因為未能提出賭場可疑活動報告（簡稱為SARCs）而面臨起訴。相關的規定是，當客戶所涉及的金錢交易被賭場得知、懷疑，或有理由懷疑「沒有明確的合法目的，不符合該客戶的慣常模式」，並「經由賭場檢視相關事證後，無合理解釋」，就應當進行通報。

美國檢察官小畢羅特（André Birotte Jr.）針對罰款發表的看法是：「發生在拉斯維加斯的事，不再局限於拉斯維加斯。

「第一次有賭場因為沒能妥善舉報賭客的可疑資金，而面對真正的聯邦罪行起訴。這也是第一次有賭場同意將資金歸還給政府。所有的公司，特別是賭場，如今都知道美國的反洗錢法律適用於任何人和公司，即便這代表公司可能因此失去珍貴的客戶也不例外。」

拉斯維加斯金沙集團雖然堅稱，對葉真理的犯罪行為一無所知，卻表示「在事後看來，威尼斯人賭場沒能完全理解和葉真理相關的可疑跡象，或是缺乏相關訊息……。」

對賭場來說更糟糕的是，即便葉真理遭到逮捕，他也拒絕償還三千五百萬美元的債務。結果就是威尼斯人賭場在葉真理身上的賭注，讓他們損失了三千七百四十萬美元（賭場收下四千五百萬美元，借給他三千五百萬美元，雖然有一千萬美元利潤，卻遭罰四千七百四十萬美元）。這是嚴重的虧損，足以抵銷所有的年度主管獎金，股價也遭受打擊。當然，葉真理大概不在乎，畢竟在經營聯合醫藥化學公司的三年間，他賺進至少三億五千萬美元。

對於這個數字和賭博的損失，葉真理都沒有提出異議，但匯給拉斯維加斯金沙集團的金額，都來自表面上和葉真理沒有直接關係的公司或個人，讓警方難以因此將他和毒梟集團連結。

雖然匯款次數眾多──他也從墨西哥將錢匯往金沙集團在香港的子公司，再轉往拉斯維加斯──但在許多案例中，都沒有足夠的證據顯示，葉真理就是受益人。除此之外，金沙集團也允許葉真理在拉斯維加斯時，數次將錢轉入和威尼斯人看起來毫無關聯的帳戶。

進一步的調查揭露，其中一個帳戶和某個航空公司有關，用來支付公司私人飛機的飛行員。調查報告的結論是：「賭場人員希望他一次性支付較大筆的款項，並保持相同的受益人，而不是拆成數次支付；然而，葉真理堅持小額分批支付，因為他不希望政府注意到這些交易。」他希望拆成小額分批支付，不引來任何不必要的注意——換句話說，他進行的是毒梟典型的「結構化」策略。

針對葉真理的調查，聚焦在建立他和毒梟間的連結，美國當局追蹤金流後，**發現縱容他在世界各地匯款，維持結構化策略小額金流的銀行，就是滙豐銀行。**在滙豐的協助下，他在不同的帳戶間跨越多個國界轉帳，並未受到任何矚目。

三年來，聯合醫藥化學進行了無數次現金存款、高額轉帳，卻沒有任何證據解釋這些金錢的來源，公司也未揭露任何收益資訊——這一切並未讓滙豐內部的任何人心生警訊。唯有當葉真理豪宅中的巨額現金，以及他在滙豐銀行帳戶間的連結建立後，銀行內部才開始「意識」到事情的嚴重性。

二〇〇七年三月，滙豐銀行的墨西哥主管保羅・杜爾史東（Paul Thurston）寄出一封緊急電子郵件：「問題非常嚴重緊迫，很可能會危及整個滙豐集團的聲譽，必須第一優先處理。」在緊急追查事發原因時，他們發現葉真理和聯合醫藥化學原本就是Bital銀行的客戶——這間銀行沒有法遵[2]專員。在雙方都沒有做

2 編按：compliance，又稱法令遵循、合規，指公司或機構須採取措施，確保其行為（包括員工）遵守相關法律規定。

任何檢查的情況下，滙豐銀行就無縫接軌了這個客戶。

在收購期間，**即便出現數次引起銀行懷疑的異常交易，葉真理的帳戶仍未被標記為「高風險」**。墨西哥滙豐銀行內部，甚至有過與聯合醫藥化學終止往來的指令。雖然有人示警，卻沒有後續的行動，當銀行聽聞警方的查緝和逮捕後，才發現帳戶依然存在。

當他們意識到這可能對銀行造成的傷害，杜爾史東立刻親自介入，下令負責拉丁美洲銀行內部審計的葛拉漢·湯姆森（Graham Thomson）進行調查。湯姆森回報，他發現了三個問題：不妥善的客戶審核程序、缺乏文件紀錄和歸檔，以及「欠缺法遵文化」。

這和滙豐法務主管巴格力的示警電子郵件，有著異曲同工之妙——不過巴格力關於墨西哥收購案未進行法遵調查的警告信函，已經是好幾年前的事了。在這段期間，滙豐銀行一直維持著一家獨大的龍頭地位，而什麼改變也沒有發生。

深入挖掘發現，**一旦有內部的人提出對葉真理和聯合醫藥化學的質疑，只會得到「一切文件齊備，完全公開透明」的擔保**，儘管事實顯然並非如此。在一切曝光前，滙豐高層似乎沒有人要求葉真理的法遵證據，也沒有人懷疑墨西哥方面的說詞。再進一步訊問下，為聯合醫藥化學擔保的員工表示，他也是遭到同事欺騙；更糟的是，銀行檔案記錄了對葉真理和聯合醫藥化學查訪檢核的日期，實際上卻根本沒發生過：一切純屬捏造。

在一個月之內，事態已經很清楚，這絕非可以一手遮天的地方性問題。二〇〇七年四月，滙豐銀行在倫敦的高層得知了調查發現。滙豐集團的查核部門首長馬修．金恩（Matthew King）以電子郵件告知執行長紀勤：「審查結果發現了許多缺失。一間企業客戶數度否認相關質疑，並提出了數份不準確，甚至可能是偽造的查訪報告。關於這個部分，洗錢部門未能採取適當的制衡行動。我已經建議徹底審查洗錢部門和洗錢委員會內部的程序，以確保其效能健全……同時也應當進行數項人事決議。」

不難想像，這在銀行高層引發了集體恐慌，管理者們想知道到底發生了什麼事，還有沒有其他地方出現類似狀況。但他們卻沒有設法了解完整情勢，似乎也沒有告訴全球其他地區的滙豐集團，到底發生了什麼事。

從香港到美國，每個滙豐銀行的分部對於墨西哥的情況都一無所知。探討滙豐銀行為什麼沒能發起適當的調查，昭然若揭的答案是，當葉真理的大筆金錢遭查獲時，滙豐銀行已經有太多擴張規模的計畫，人力和資源達到緊繃，根本無暇顧及幾千英里之外的一顆爛蘋果。

他們有更重要的事值得關注——年獲利提高了五％，達到兩百二十一億美元。有太多事在發生，剛收購的豪斯霍德還在融入中，而美國房貸市場的問題也漸漸浮現。不但要開發並推出豪斯霍德的消費者貸款服務，重心也得放在商業銀行業務，還要努力打造出與高盛集團和摩根史坦利匹敵的投資銀行，又有新的領土要征服……。

「史蒂芬．葛霖不是這塊料。」

然而，銀行高層還有一項變動，造成了更大的恐慌。二〇〇六年十二月，史蒂芬從執行長升到董事長，而他充滿理性的人格特質卻在這時遭到人們攻擊。成為董事長後，史蒂芬禮貌性的造訪了倫敦金融中心重要的基金管理者，天利投資（Threadneedle Investments）。

即將退休的天利董事長麥克．泰勒（Michael Taylor），公然表示了他的不看好。泰勒的風格直率，在接受《每日電訊報》訪問時說：「我們兩週前接待了史蒂芬．葛霖。老天啊，我認為他工作時都在睡覺。他不是這塊料。」

這樣針對銀行領導人的公開評論，可以說是粉碎性的打擊，而且史無前例。如此不加掩飾的批評在業界至今依然罕見，因為機構投資人和管理者都很在乎自己的公眾言行舉止，生怕造成股價的損傷。和史蒂芬談話時，**泰勒代表的是價值八億四千萬英鎊的滙豐股份**，但他對於自己和公司所感受到的事實，實在太過心灰意冷，也只能猛烈抨擊了。

他被問到近年來股票的表現，以及超乎預期的股票。「對我來說，滙豐銀行的表現令人失望。」他這麼說，並接著抨擊史蒂芬。史蒂芬和滙豐銀行的同僚們都感到錯愕，試著想輕輕帶過，安撫主要的股東並打電話給媒體。

銀行對輿論批評的反應迅速明確，捍衛他們的主管並發布聲明：「對我們來說，史蒂芬是世界級的董事長，也令我們引以為傲。」他們告訴記者，和天利的這次會面應該是「高層級」的「策略」討論，而不是聚焦於特定問題。然而，史蒂芬本人無疑還是受到難以回復的傷害。

雪上加霜的是，二〇〇七年春天，當警方在墨西哥滙豐銀行的客戶家中，查獲史上最大筆的現金時，銀行股東名冊上出現了新的名字：紐約的奈特文克資產管理公司（Knight Vinke Asset Management），而這間公司似乎在滙豐持有了相當大比例的股票。

緊急調查後發現，奈特文克公司雖然是以自己的名義購買股票，並且和加州公務人員退休基金（簡稱為CalPERS）合作，但也有其他的美國機構投資人涉入。共有兩千兩百萬美元的滙豐股票被收購，奈克文特還另外擁有一千三百萬美元股票的買權。

像滙豐這樣的超大型銀行，這類的股票收購相對常見，但奈特文克的不同之處在於，他們不但**持有大量股份**（讓史蒂芬團隊不得不正視），更大的問題是，他們是「積極投資人」。

他們會在世界各地尋找上市公司，看準的是經營策略的改變將帶來大量利潤，使股價提高。他們會買入股票，在股東會上**提出改變方案**、**引發騷動**、提供訊息給媒體和分析師，並**公開要求主管階層聽從他們的領導**。和正常的倫敦及華爾街投資人不同，他們的確唯恐天下不亂，喜歡釋放出私人和公開的雜訊。他們顯然在滙豐銀行的策略中看到獲利機會。

二〇〇七年，當滙豐銀行忙著擴張帝國版圖時，奈特文克的老闆艾瑞克．奈特（Eric Knight）對滙豐銀行提出了尖銳的公開抨擊，其中特別針對新董事長史蒂芬。

奈特看起來很年輕，高大但有些駝背，在業界名氣響亮。他畢業於伊頓公學和劍橋大學，曾經是商業銀行家、說話聲音輕柔、語速緩慢、字斟句酌。當我在倫敦和他見面時，就被他的魅力所吸引；**雖然他抨擊銀行的主管階層，實際上卻是在幫對方的忙**。他曾經挑戰過歐洲兩間大公司，蘇伊士集團（Suez）和艾欣藥廠（ICN Pharmaceuticals），並引發了改變。

他其中一名擁護者這麼說：「奈特可以公開發表我們不敢說的話，做我們不敢做的事。市場裡一直有著所缺陷，就是缺乏了堅定自信的企業主。」

如今，曾經隨心所欲的滙豐銀行被推上火線，對情勢的演變自然很不滿意；主管高層們陷入愁雲慘霧之中。二〇〇七年六月十二日，他們在紐約和奈特召開緊急會議；與此同時，墨西哥城的警方則在大肆搜索葉真理的犯罪帝國。

那場會議進行得不太順利，促使奈特文克公司對史蒂芬發出一封公開信。奈特呼籲董事會「徹底審查集團策略」。他表示，**這個審查不能由史蒂芬執行，得交予沒有偏見立場的人來負責**。

為了直戳痛處，他們告訴曾經在麥肯錫工作過的史蒂芬，他們雇用了專業的管理顧問公司來協助審查。讓奈特最不滿意的，就是滙豐銀行最近為包含史蒂芬在內的主管，提供了豐厚的獎勵計畫：若能在未來的三年內，在股東回報和每股盈餘都達成事先協議的目標，就能最多得到相當於年薪七倍的股票。

奈特指控滙豐銀行「過度自滿」，在寫給史蒂芬的信中提到：「就連其中表現平庸的人，也可以得到三〇%獎金（大約他們的兩倍年薪）。我們明白也感激你對銀行的經驗和價值，但我們相信，滙豐集團此刻需要的董事長，應當是非常務董事，並強烈建議下次年度股東大會就加以實行。」換句話說，我們覺得不該由你當家。

奈特緊咬不放，就像一隻體型龐大的獵犬，不過有著梳理整齊的頭髮和圓潤的臉頰，喜歡穿雙排扣細條紋西裝。他絕不退讓，持續對其他人宣揚他的批判，寫信給滙豐銀行所有的股東，抨擊史蒂芬的人事任命，反覆要求他辭去正職，成為非正職的非常務董事。

「雖然管理的連貫性很重要，但也可能導致公司運作癱瘓，這正是滙豐銀行發生的事。」他認為銀行高層太有自信，犯下一連串策略錯誤——也就是透過大規模收購，在不同國家插旗。

奈特呼籲，審查應由獨立董事西門．羅伯森（Simon Robertson）來執行。羅伯森是典型的英國商務銀行家，曾經在克萊恩沃特．本森（Kleinwort Benson）投資銀行和高盛集團效力。他也畢業於伊頓公學，風度翩翩、辯才無礙，頭髮一絲不苟的向後梳理。和奈特一樣，他也偏好量身訂做的細條紋西裝和色彩繽紛的吊帶。

羅伯森善於社交、人脈廣泛，會和皇室成員在瑞士克洛斯特滑雪，是皇家歌劇院董事會的成員，也在勞斯萊斯擔任要職。換句話說，**他徹底了解社會高層的運作方式**。

奈特對滙豐高層批評（特別是針對史蒂芬本人）所帶來的影響不容小覷；這樣的攻擊針對性強烈，而且要消耗大量時間解決。銀行高高在上的管理者們並不習慣這類攻擊——對方不但質疑他們的管理能力，更企圖肆意改變銀行的經營方向——史蒂芬和他的小圈子驚惶失措，但令他們鬆了一口氣的是，羅伯森站在他們這邊，他用圓滑的談判技巧安撫了投資人，緩解他們的不安，也讓奈特冷靜下來。羅伯森施展手段，滙豐銀行也努力解決問題，然而毫無疑問的是，奈特的批評其來有自；而當滙豐銀行的重要股東英國法通保險公司（Legal & General）表達對奈特的支持時，更加重了批評的分量。

奈特的攻擊緊接在泰勒的尖銳批判後面，讓喜歡援引蘇格蘭法則，作為成功原因的滙豐銀行，陷入了尷尬的窘境。銀行高層試圖擋下奈特的批評，捍衛他們陷入困境的領導者；但在滙豐家族的其他部分，一切都照舊運作著。在墨西哥，此刻掌握球權的是矮子古茲曼。

第7章

跟著錢走，才能找到真相

追蹤毒品來源，你只會找到毒癮者和毒販。

當你追蹤金錢流向，就會發現意想不到的事實。

我之所以開始對這些有權勢者感興趣，是因為一九七六年的《大陰謀》（*All the President's Men*）這部電影。影片中鮑勃·伍德沃（Bob Woodward）和卡爾·伯恩斯坦（Carl Bernstein）兩位記者[1]，在不開一槍的情況下打倒了自由世界的領導人美國總統，令我和無數的觀眾深深折服。

從那之後，我都無法忘懷這個故事，也忘不了其同名書籍（書中記錄了水門案、事後的遮掩以及尼克森〔Richard Nixon，第三十七位美國總統〕垮臺）。有句話因此刻印在我心中：「跟著錢走。」（Follow the money）**假如你想要打倒一手遮天的大人物，假如你希望揭開真相，就得追蹤錢的軌跡。**

近年的電視影集犯罪《火線重案組》（*The Wire*）中，警探萊斯特·費里曼（Lester Freamon）曾說過：「追蹤毒品來源，你只會找到毒癮者和毒販。但當你追蹤金錢的流向，就會發現意想不到的事實。」

影集製作人大衛·西蒙（David Simon）和歐巴馬總統有過一段精彩對話。西蒙曾經是新聞記者，他回想起第一次在毒品問題嚴重的巴爾的摩，遇見一支相信能「靠著逮捕」解決毒品問題的警隊。他們想靠著大量的街頭逮捕，讓毒品衍伸出的交易和其他犯罪問題都跟著消失。

這樣的立場在許多美國內陸城市一再重複，實際的結果就是讓**意圖販毒者遭到逮捕監禁，而變得更凶悍**。與此同時，有太多人爭先恐後取代他們的位置。如此無法帶來任何實質的進展，只會造成反效果。位於毒品鏈越高層的人就越難搜捕，因此未受到足夠的注意。警方也幾乎沒有花任何力量在追蹤金錢流向。

作者和編劇艾德・福里米（Ed Vulliamy）長年關注墨西哥毒品戰爭，以及美國內部毒品和暴力擴大的問題。他記錄了歐巴馬政府打破長期以來「阻礙誠實對話」的兩個禁忌：

首先，歐巴馬和同僚第一次提出對墨西哥北部毒品戰爭的「共同責任」。換句話說，這不僅是墨西哥的問題，而是美國（和歐洲）對非法毒品的貪得無厭所造成的結果。

第二，白宮承認了美國扮演的另一個角色，也就是共同責任的第二個面向——「鐵河」（Iron River）。所謂鐵河指的是由美國走私給墨西哥毒梟的槍械；

---

1 作者按：由羅伯特・瑞福（Robert Redford）和達斯汀・霍夫曼（Dustin Hoffman）飾演。

這在墨西哥造成了無數的槍擊案和傷亡。

福里米認為，雖然上述都很棒，但還有「第三禁忌」必須打破：這是跟錢有關的問題，毒梟每年都經手了三千兩百三十億美元的現鈔。這些錢最後怎麼了？到了誰的手上？如何落入毒梟手中，又如何流入市場和經濟中？如何洗錢？哪些金融機構涉及其中？

前海關特別探員李·摩根（Lee Morgan）告訴福里米：「這件事有點奇怪，不覺得嗎？白宮有這麼多高科技，卻從不用它們來追蹤金錢流向？」

多年以來，緝毒局、聯邦調查局和墨西哥當局，針對毒品販運和毒梟集團，特別是錫納羅亞集團，發起了一次又一次的調查。許多任務名稱都陽剛威武，例如「攔截行動」、「黃金流」、「神鷹」、「卡薩布蘭加」（Casablanca）[2]、「米卻肯」（Michoacán，為墨西哥一州，意為漁民之家）、「下加利福尼亞」、「新萊昂－塔毛利帕斯」（Nuovo Leon- Tamaulipas）、「契瓦瓦」（Chihuahua）[3]、「太陽」（又稱清算計畫）、「外接員」、「迅猛行動」、「毒品消滅」和「帝國皇帝」（Imperial Emperor）……。

以上只是幾個比較大型的行動，而每一個幾乎都遵循著相近的模式。任務結束時，會有歡慶勝利的記者會，重複一套統計數字、逮捕人數、查緝總量、影響範圍和市場價值。當局會發布許多照片，顯示查緝的毒品磚、可怕的各類武器，以及嫌犯的大頭照。

他們會宣稱這是國家安全、法律與秩序的勝利，而販毒者節節敗退，沒有人能逃脫法律的制裁。然而，從來沒有人提到**毒品供應會一如既往的持續**，幾乎不曾間斷；吸毒者依然能取得各種毒品，有更多人會因為相關犯罪而遭到殺害。**洗錢活動也不斷進行著**。

美國緝毒局二〇〇七年的「帝國皇帝」行動，選擇的目標是古茲曼的親信維克多．艾米利歐．卡薩拉斯（Victor Emilio Cazares）。和許多聯合行動一樣，這個行動也是源自當局的挫敗感。

2 編按：二戰時受維琪法國控制的摩洛哥城市，西班牙文原意是「白房子」。
3 編按：位於墨西哥西北部，是該國面積最大的州；著名的寵物狗吉娃娃也是起源於此。

抓到毒販皇帝，販毒帝國也不會停止

當時錫納羅亞集團在美國橫行無阻，遍及了西部、西南部、東南部和東部的許多城市及鄉村。緝毒局希望能突破販賣者、運送者、包裝者和儲藏的整條毒品鏈，因此在「帝國皇帝」的旗幟下，號召了不同的警察與執法單位。

至於計畫名稱的來源：「帝國」指的是加州南部沙丘和國界處的因皮里爾縣（Imperial County）[4]，「皇帝」則是指卡薩拉斯。他所負責的販運網絡，在過去三年間將超過四十噸的古柯鹼，走私進入美國，獲利超過兩億美元。

卡薩拉斯有許多前科，年輕的他曾帶著一袋毒品，以非法移民的身分在洛杉磯附近的貝爾鎮被逮捕。他宣稱自己是一名設計園藝景觀的園丁，不幸染上古柯鹼的惡習，已經下定決心要戒毒。觀護人最終的記錄是：「他準備找份工作，並成為基督徒。」

相反，他選擇了販運毒品而非景觀設計，因為他的理想人生是在販毒集團中力爭上游，最後在庫利亞坎市郊擁有了二十五英畝的豪宅，且在當地社群的眼中是正直的農夫和事業主。他營造的形象太成功，甚至讓墨西哥政府補助他眷養牛隻，他也以行情價的兩倍，雇用當地人為他採收蔬果。最後也謹守對觀護人說過的話，在當地蓋了一座教堂。

然而，他主要的收入來源和真正的工作，是為老闆古茲曼監控管理美國走私毒品的路線。卡薩拉斯的能力或許足以成為大型製造商的高級主管，負責運輸傳動的營運；和古茲曼一樣，他是個面面俱到的管理者，注重每個細節。

假如某個貨櫃被查緝，負責的人就必須填寫表格，為犯下的錯誤負責。假如卡薩拉斯認為他們的理由合理，被捕是因為警方的辦案技巧，那麼損失的部分就不再計較；假如他認為是屬下的錯，或更糟的是，有人說謊意圖私吞，就會採取最嚴厲的報復手段。對卡薩拉斯或古茲曼來說，組織報復可絕對不只是一張警告書、取消獎金或不得升遷而已。

二〇〇七年，美國緝毒局宣稱帝國皇帝計畫成功，破解了「從西南國界到全美各都市的毒品販運網絡」，逮捕四百零二人，沒收九千五百一十二磅古柯鹼、

4 譯按：Imperial 亦有「帝國」之意。

兩萬七千兩百二十九磅大麻、一萬八千四百六十五磅大麻植株、七百零五磅甲基安非他命、兩百二十七磅冰毒、十一磅海洛因、一百件武器和四千五百二十萬美元現金。

「以下單位與緝毒局組成，為期二十二個月的組織犯罪毒品查緝專案小組，為成功的調查結果提供了寶貴的協助：聯邦調查局、美國移民及海關執法局、國稅局、加州司法部緝毒局內陸打擊毒品聯合專案小組、內陸區域性緝毒專案團隊、洛杉磯警局跨部門逮捕罪犯專案小組、加州區域性毒品遏制計畫、托倫斯警局、長灘警局、聖伯納第諾郡治安官署、加州高速公路巡警、信號山警局、索斯蓋特警局、杭丁頓公園警局、包德溫公園警局、河濱治安官署、西科維納警局、格蘭岱爾警局、洛杉磯地方檢察官辦公室，以及美國聯邦檢察官加州中部辦公室。」光是讀完這麼長的名單，就讓人想躺下來了。這麼多的合作，為的就只是要打倒由一個人所領導的組織。

當時的美國緝毒局長凱倫．譚蒂表示：「今天，我們粉碎了這個毒品帝國在美國的基礎建設，從指揮官和運輸調度者，到遍布於整個國家的分銷者。我們查獲了四千五百萬美元現金，把整個毒品帝國丟進歷史的垃圾桶中。」

事實上，即便譚蒂如此吹噓，當局還得再花五年才能逮捕卡薩拉斯；而他之所以落網，也純粹是墨西哥瓜達拉哈拉附近的路邊臨檢站，在二〇一二年巧合的攔下他。他在同一年被引渡到美國，終於在二〇一六年入監服刑；當時發布的新聞稿標題如下：「錫納羅亞集團運毒者維克多．艾米利歐．卡薩拉斯遭判刑一百八十個月。」

在所有單位歷經極大的努力，許多探員承擔了生命風險後，卡薩拉斯最終提出認罪協商，獲判十五年。卡薩拉斯對作出判決的聖地牙哥法官的說詞，聽起來似曾相識：「我對過去的所做所為感到很抱歉。出獄後，我打算住在這裡，加入教會，為上帝工作。我希望餘生都能被兒孫們圍繞。」

認罪協商的正面結果之一，是**讓緝毒局更了解，在毒品賣出後，卡薩拉斯如何存入並使用他的美元**。美國檢察官造訪了卡薩拉斯的妹妹，「女帝」布蘭卡（Blanca, 'the Empress'）。她被控進行洗錢活動，其中涉及墨西哥邊境許多城鎮和都市的外匯所和銀行分行。她名下也擁有許多公司，包含一間玩具工廠、一間房地產事務所和一間餐廳，但都只是洗錢的工具。

一切盡頭就是金流

帝國皇帝行動剛結束，「加速器行動」（Operation Xcellerator）就立刻展開。加速器行動從二〇〇七年起，延續了二十一個月，無論在規模和資源上都超過前一個行動，共有超過兩百個執法單位參與。

加速器行動在二〇〇九年結束，而就像帝國皇帝那時一樣，美國司法部欣喜若狂：「加速器行動逮捕了七百五十五名嫌犯，查獲大約五百九十一萬美元、超過一萬兩千公斤古柯鹼、超過一萬六千磅大麻、超過一千兩百磅甲基安非他命、超過八公斤海洛因、大約一百三十萬錠搖頭丸，以及市值超過六百五十萬的其他資產、一百四十九臺車輛、三架飛行器、三艘船隻和一百六十九件武器。」

美國司法部長埃里克．霍爾德信心滿滿：「國際毒品販運組織對於社會安全一直是嚴重的威脅。國際性罪犯企圖擴張在我國內部的勢力，而司法部將正面迎擊，守護社會安全。」他們的目標毫無疑問，是錫納羅亞集團、是矮子古茲曼。

霍爾德的緝毒局同僚米歇爾．隆哈特（Michele Leonhart）說：「我們透過史上最大的國際執法單位聯合行動，對錫納羅亞販毒集團帶來了沉重的打擊。」加速器行動從加州因皮里爾縣開始，接著擴展到全國，「錫納羅亞集團共有七十個毒品分銷單位，分布在從華盛頓州到緬因州的二十六個州中」。

他們不只搜查大都市，連小鄉鎮也不放過，例如俄亥俄州的斯多爾（Stow）市。表面看來，斯多爾是個市郊的小型聚落，共有三萬五千居民，區域內許多小型企業、好學校和大學。然而，表面下的斯多爾卻是古柯鹼販運的導管。在和平的表象之下，**錫納羅亞集團毒梟透過此地的機場運輸古柯鹼，定期從加州運送數十公斤的毒品**。這些古柯鹼不只流入克里夫蘭或哥倫布等大城市的街頭，也會進入周遭的小鎮，以及區域內的校園。

假如這樣的事發生在斯多爾，那就可能會發生在任何地方。隆哈特說：「錫納羅亞集團的擴張對奉公守法的人民來說，會是最直接的安全威脅。」這個集團宛如怪物那般，運用毒品的收入和洗錢的過程，無止境的膨脹著。

美方對敵人的規模並沒有美好的幻想：「**非法毒品貿易所帶來的收入，會用來投入其他犯罪活動，拓展他們的暴力帝國**，越來越深入我國的核心。在這次行動中，我們也看見錫納羅亞集團國際網絡的規模，包含向加拿大運輸的數百公斤古柯鹼、一間頂級冰毒實驗室，以及一小時製造一萬兩千顆搖頭丸的生產力。」

錫納羅亞集團對販毒獲利的運用，漸漸成了調查的重點：「我們致力打擊這些造成他人痛苦的罪犯，不只要奪走他們的毒品，也要沒收他們的金錢和自由……無須擔憂，雖然這是緝毒局對付錫納羅亞集團迄今最大規模的行動，但絕不是最後一次行動。」

雖然帝國皇帝和加速器逮捕了數百個毒販，但古茲曼的事業卻仍隱密的運作著，並一如以往的強盛活躍。這些不過是小小的雜訊罷了。因此，他的洗錢機器滙豐銀行也持續有著豐厚的收入。

與此同時，滙豐銀行的投資人關係管理部門，回報了墨西哥股票分析的大好結果。他們招待頂尖的股票觀察員到墨西哥旅遊，於是獲得了分析師最棒的評價：「滙豐銀行的頂尖表現：墨西哥，成長的綠洲」和「希望全世界都像墨西哥」。投資人關係團隊向董事會回報，有一位分析師宣稱：「滙豐集團一方面尊重當地文化，在接手存款豐富、注重零售的 Bital 銀行後，讓資產負債平衡，加入最先進的系統和更多元的產品。」

他們也告訴董事會，就連花旗銀行的分析師都讚譽有加：「二〇〇二年的

Bital 銀行收購案和後續投資，帶來了三〇%的投資收益。從規模的角度來看，或許可以說是一九九二年米特蘭銀行收購案後，滙豐銀行最成功的收購案。」然而，當董事會憂心奈特的批評，以墨西哥發展的遠見自我鼓舞的同時，墨西哥卻在其他方面引起了他們的惶恐——法遵。

「阻礙銀行獲利」的法令遵循處

法遵部門在銀行業務中是最不光鮮亮麗，卻又不可或缺的。**他們時常被賦予阻礙獲利的汙名，而不是順利運作的潤滑劑**。許多銀行家都認為，法遵專員在理想的世界裡根本不會被雇用；但現實並非如此，所以銀行得雇用一個團隊，檢查他們需要遵守的規定。銀行會宣稱自己歡迎並需要法遵團隊，但我們都知道，他們這麼說時其實都咬牙切齒。

二〇〇七年七月，倫敦滙豐銀行的法遵專員約翰·魯特（John Root），憂心忡忡的寄了一封電子郵件，給墨西哥法遵團隊的負責人拉蒙·葛西亞（Ramon

Garcia）：

「你最近一期的每週報告（七月二日到六日）中，有一些項目引起了注意，但最嚴重的是第四頁的『洗錢』這一項。看起來該企業客戶，仍有著我們銀行無法接受的風險，而反洗錢委員會經過一段時間的猶豫不決後，仍然選擇繼續無視下去。我認為委員會並沒有妥善運作，甚至有點擔心。我正在考慮是否要直接致電你們的執行長。」

魯特指的是某個客戶的問題，認為其情況和葉真理當時很像。

「這看起來像是另一個『葉真理』……所以，葉真理是一好球，這是兩好球，那我們來看看會不會三振出局吧。反洗錢委員會不能只當個橡皮圖章，只因為企業寫了一封很棒的信，就放過所有無法接受的風險。委員會必須保持更堅定的立場，必須更有膽量。你我都看過這類電影，通常結局不會太好。」

二〇〇七年十月，墨西哥銀行的監管機構——墨西哥銀行與證券監督委員會（CNBV）要求與墨西哥滙豐銀行負責人杜爾史東會面，而杜爾史東在給紀勤的電子郵件中總結了這次會面：

「在他們的要求下，我今日和銀行監理局長，以及銀行與證券監督委員會的滙豐銀行監理人見面。他們現場檢視銀行的諸多層面，包含信用卡、洗錢和財政業務……他們進行了會報，首先列出了具體的幾個重點，接著就進入銀行與證券監督委員會，對滙豐銀行比較整體的憂慮，主要重點在於：

「・內部管控的弱點：在處理（了解客戶）數據問題和反洗錢流程的進度都太過緩慢。

「・企業文化：他們的評論是，滙豐銀行推動信用產品的成長和發行新產品時，缺乏充分控制……。

「他們也表達對管理高層的擔憂，因為這些人對墨西哥和整個中南美洲區域，有著雙重責任。他們說，有許多人擔心管理階層在注意其他開發中國家的同時，能否對墨西哥內部的銀行，有夠強而有力的管控。」

二〇〇八年二月二十七日，法務主管巴格力與墨西哥滙豐銀行反洗錢部門主管利奧波．巴羅索（Leopold Barroso），進行離職面談。根據會議紀錄，巴羅索表示他感受到公司正面臨民事和刑事的訴訟風險：「因為銀行的內控持續不良，且有人指控墨西哥六〇%—七〇%的洗錢都透過滙豐銀行，而高級主管似乎對於反洗錢監控並沒有投入任何心力。」

巴羅索指出：「滙豐銀行面對刑事制裁只是早晚的問題，有許多例子都可以看出。」

巴格力寫道：「很顯然，巴羅索強烈認為，墨西哥滙豐銀行內部的相關主管絲毫不看重反洗錢管控和集團面對的風險，也不願意採取合理或適當的做法。他又舉了數個例子，說明雖然CMP（法遵部門）強烈建議，主管們卻沒能或不願意關閉某些帳戶，也不願提出SAR（可疑活動報告）。他認為企業內部的文化注重追求利益和目標，而不計代價。近期在內控的標準或決策方面都沒有絲毫改善。」

然而，雖然越來越多跡象都顯示，滙豐帝國正在失去控制，有些部門一意孤行，也有越來越多內部員工認為銀行即將面對犯罪指控，但**銀行的管理階層依然只在乎銀行的成長、降低成本和追求更多的利益**。

許多人都要求投入更多人力，來面對銀行內部一再提出的警訊，卻屢屢遭到忽略，因為銀行此刻正處於提高利潤、精簡人事的階段。這在法遵和反洗錢相關業務尤其明顯，致使反洗錢部門主管決定離職，並批判銀行的資源缺乏。從事後看來，銀行很顯然應該加倍投注心力在墨西哥的反洗錢；但實際上，他們卻不斷降低預算和資源。

與此同時，滙豐銀行的指揮中心持續追求世界第一的目標，想要證明奈特和他的支持者錯了。美國滙豐銀行發起了「一五〇九」行動，希望在二〇〇九年時達到一五%的股東權益報酬率，換成比較白話的說法，就是「十億美元成本挑戰」，顧名思義，要讓成本減少十億美元。

美國滙豐銀行當時有數百萬客戶，以及超過一萬六千五百名員工，但整個法遵部門的全職員工人數不到兩百人；反洗錢部更只是法遵部門下的分支，而大部分的工作，都外包給幾千英里外的印度。

隨著一五〇九計畫進行，人事聘雇遭到凍結，導致許多抱怨和解聘。人力資源的停止從二〇〇七年九月開始，當時的法遵部門共有一百九十八名全職員工，而主管卡洛琳．溫德（Carolyn Wind）要求新增六名員工時，美國滙豐銀行的營運長大衛．德伍（David Dew）告訴她：「這樣的增額不可能有合理解釋，因此，我必須要求妳取消這些職缺，並確保妳的（全職）員工在二〇〇七年十二月三十一日時，不會超過一百九十九人。」

滙豐法遵部門的員工和其他同業交流時，發現另外三間和滙豐同等級的銀行中，法遵部門的人數都遠超過他們。他們也發現，**滙豐每個月提出可疑活動警訊的次數大約是三到四次，而其他銀行卻是介於三十到七十五次**；某間跨國銀行更是高達每個月兩百五十次。

很顯然，假如任何人願意進一步檢視滙豐銀行，就會發現**他們在預防洗錢方面的資源和能力遠遠不足**。當增員的需求被拒絕後，溫德決定從更高層級的人下手，於是對滙豐銀行的北美董事會提案。

董事會後一個月，經驗豐富的美國法遵部門主管溫德就遭到開除，讓她對人資寫了一封措詞激烈的信件：「大衛（德伍）和我對於我的組織在承受多大程度的成本削減，仍能維持有效的法遵和風險管控，有著不同的看法。我也相信與董事會和其委員會的公開對話，能有所助益，但這顯然並違背了組織內某些人的心意。」溫德事後告訴調查人員，她相信自己之所以被開除，是因為在內部公開提出法遵部門的資源匱乏。

溫德離開滙豐銀行的同時，有另一位滙豐銀行的法遵主管提出了增加審核員的要求。她說：「我們手頭很緊，許多調查進度也落後。然而，高層告訴我，除非是海外人員，否則我不能再雇用第一級審核員……。」

假如還有人懷疑這些擔憂並未上達天聽，那麼最高層紀勤給區域執行長的一份通知就說明了一切：「我們已經達成共識，在年底之前必須凍結員工總數。」即便得到這個回覆，部分的美國員工仍不接受「不」這個答案，兩名高級主管分別提出了要求。

前執行副總裁麥克·格力高（Michael Gallagher）解釋：「我已經長期表達了對於法遵部門和PCM（支付及現金管理）資源缺乏的高度擔憂，恐怕無法充分支持KYC（客戶盡職調查）和相關法規的遵循。」美國首席法遵專員蕾斯利·米茲安（Lesley Midzain）也表示，她希望增加四個全職員工：「由於跨國的人事凍結……法遵方面的風險高居不下，也引來監管部門的關切，必須透過更穩定的資源來解決。」

在「管理帶來成長」報告書中，史蒂芬表達了自己在追求稱霸全球時的基本哲學：「透過建立世界級、符合道德的行銷和市場文化，讓收益成長，並且提高生產力和策略性管理，成為低成本的生產者。」

雖然「道德」這個詞首先出現，但在完全遵循道德規範和賺錢之間，卻出現了令人憂心的掙扎。

二〇〇八年十二月，倫敦總部的法遵專員華倫．里名（Warren Leaming）寫信給墨西哥滙豐銀行主管，警告他「分行的立場似乎依然偏向獲利的觀點，必須加以修正，與法遵取得平衡」。

主管們時常得在商業價值和名聲危機之間權衡。面對在銀行和私人層面帶來更大利益的可能性，在提升年終獎金和阻礙銀行生意之間，他們通常會選擇前者。這其實等於是在必定會賺到更多錢，以及銀行和自己被抓到，造成銀行名譽損傷的可能性（只是可能性）之間權衡。這和史蒂芬所宣稱恪守的道德資本主義，實在是相去甚遠。**即便史蒂芬高聲譴責浮士德與魔鬼的約定，他卻時常讓自己的下屬們面對這樣的誘惑。**

在滙豐銀行的管理階層忙著擴大規模、提高獲利、吸收併購的企業、拓展所有業務、推行「銷售、銷售、銷售」守則、透過人事凍結降低成本、鼓勵「十億美元成本挑戰」等計畫時，墨西哥陷入了混亂。

從次貸成功撤退，宛如金融界敦克爾克

二〇〇六年十二月一日，正當滙豐銀行的主管們在日程表中塞滿了各種節慶派對和宴會，而史蒂芬這個虔誠的執行長，也準備面對基督教日曆中最繁忙的月分時，墨西哥國會的民選聯邦代表們正在地板上纏鬥，其中有許多政治人物都是墨西哥滙豐銀行的主管們所熟悉的。他們扭打互毆的照片傳遍了全世界。

他們的怒火來自剛結束的總統大選，獲勝的是右派的費利佩・卡德隆，但左派宣稱他們的候選人安德烈斯・曼努埃爾・羅培茲・歐布拉多（Andrés Manuel López Obrador）是因為黑箱作業才落敗。

宣誓就職當天，卡德隆的支持者圍繞著舞臺，為了防止被歐布拉多的支持者

搶占，阻礙典禮進行。出席的賓客包含了前美國總統老布希（George H. W. Bush）和加州州長阿諾·史瓦辛格（Arnold Schwarzenegger）。

老布希身邊圍繞著六名特務，而同行的記者約安·葛里洛（Ioan Grillo）詢問他對一切騷亂的看法：「我希望墨西哥人能化解他們的歧見。」阿諾沒有帶保鑣，而葛里洛問了「魔鬼終結者」相同的問題，他回答：「精彩的動作場面！」—非常符合角色個性的答案。事件本身已經是重大新聞，但阿諾的評論又增添了一些亮點，而墨西哥政治人物的鬥毆，占據了世界各地的新聞頭條。

精彩動作場面的發生，或許就該在滙豐塔中引發更多的警訊，但塔內的員工們太過忙碌，根本無暇注意帝國某個遙遠角落的事件。就職典禮的十天後，新任總統卡德隆也採取了自己的「精彩動作」：他正式對毒梟宣戰，並且在毒品交易的重點地區，布署了重裝軍隊和蒙面警察。

他們駕駛裝甲悍馬車，並且搭配直升機支援；他們放出了「絕不寬貸」的風聲，要收復失土和「奪回墨西哥人民的平靜生活」。全球媒體在短期內，都充滿了手持機槍的士兵和警察，湧入鄉村城鎮的照片。

卡德隆一共向邊界派出了五萬人，但古茲曼和他大多數的手下仍無影無蹤，只有一個例外：海克特・「白鬼」・帕瑪（Hector ‘Whitey’ Palma）被上銬展示在電視機前，而後遣送到美國。美國人歡欣鼓舞，這再次成為新聞頭條，在二〇〇七年初，小布希（George Walker Bush）總統向卡德隆道賀，並承諾他們會協助這場戰役。

後來兩位總統在墨西哥的梅里達市（Mérida）會面，通過了「梅里達倡議」（Mérida Initiative）：美國會在接下來的三年內，提供十六億美元的軍事訓練和裝備。墨西哥也會得到十三架貝爾直升機、八架黑鷹直升機、四臺運輸機，以及掃描和監聽電話的設備。

二〇〇七年八月又有了新的發展：錫納羅亞和洛斯哲塔斯集團協議停火。雙方在墨西哥北方的蒙特雷（Monterrey）會面，而古茲曼在三年的交火後同意讓步。協議的內容是：洛斯哲塔斯集團依然能控制，新拉雷多和東部的韋拉克魯斯州（Veracruz）；而古茲曼和集團則擁有西部，並且加上蒙特雷富裕的市郊聖佩德羅加薩（San Pedro Garza）。

然而，假如認為兩個幫派的和平協議能就此終結暴力，那未免太過樂觀了。風聲很快就傳出，古茲曼也和卡德隆總統達成協議，讓他能成為墨西哥毒品交易唯一的王者，交換條件是必須交出一些同夥，並提供其他幫派領導人的情報給執法單位。

不同幫派間開始內鬥，也開始和警方衝突，原本一個月兩百件的凶殺案，提高到五百件，屠殺屢見不鮮，槍擊和手榴彈攻擊頻率也大幅提高。新聞聚焦在大量殘殺事件的同時，墨西哥人也不再於夜間出門，但日常生活依然照舊。銀行儲匯方面的業務也是——就算黑鷹直升機從頭頂飛過，就算許多無頭的屍體被扔在街角，**滙豐銀行還是正常營業著**。

墨西哥政府向毒品宣戰，可能會直接影響到全國滙豐分行員工的性命安全，因為他們承受著綁票和各種威脅的夾擊。當地反洗錢部門的主管也擔心銀行觸犯法律。然而，**在金絲雀碼頭的滙豐銀行主管們心中，還有其他更重大的問題**。

因應投資人對總裁的批評和奈特的改革呼籲，杜紹基推動實驗性改變，但無疾而終，因為他並不相信滙豐銀行真心想成立優良的投資銀行。於是，他離職轉向私人股份公司黑石集團（Blackstone）。

這讓史蒂芬、紀勤和其他高級主管們陷入激烈爭執，他們仍希望說服業界，滙豐銀行保持著「壯大規模」的野心。無論內部或外部的傳言如何，他們都會信守承諾，要與高盛集團一較高低，也擁有適當的人力資源和結構來這麼做。

充滿個人魅力的杜紹基離開，代表他們還得額外花心思，說服他帶來的人不要隨他而去。然而，努力的成效不彰，許多新人還是走了，其中一位高級主管在離開時，只說他意識到：「要再創摩根史坦利是不會成功的，就到此為止吧。」

史蒂芬和同僚們在二〇〇三年評估各種可能性，追求擴張滙豐銀行的跨國王朝的願景，可以說開始分崩離析。

杜紹基離開後，歐智華（Stuart Gulliver）接手投資銀行的目標。他再次改變公司的營運模式，讓滙豐的認同問題雪上加霜。他們的角色從高薪的投資顧問，轉變為金融業者，發揮滙

▲執行長歐智華讓滙豐銀行從投資顧問轉變為「金融業者」。
圖片來源：World Economic Forum - Flickr: Stuart T. Gulliver - World Economic Forum on East Asia 2011, CC BY-SA 2.0

豐銀行身為大規模跨國銀行的優勢。他說，滙豐將成為「新興市場導向」，換句話說，他們會專注在墨西哥這類地區的發展潛能。

滙豐銀行征服世界的拼圖中，隨著豪斯霍德出狀況後，又缺了一塊。二〇〇七年初，金絲雀碼頭滙豐銀行的頂層主管們，注意到美國次級貸款違約狀況不斷上升。

當時美國的房貸危機還未成為頭條新聞，而大部分的人也還不了解「次級房貸」的意思，或是這對全球市場會造成什麼影響。不過在滙豐銀行，這類可量化的傷害，會反映在試算表或紀勤的監控螢幕上，**他們非常看重這類問題**。

滙豐倉促完成的內部審計報告，整理出以下計畫：「一、解決問題。二、保護滙豐的品牌。三、制定新的營運計畫。」恐慌程度之所以如此高，是因為美國利率升高，再加上房價下跌。所有美國的房貸供應者都受到影響，但以市場最底層的次級房貸為甚；而多虧了收購豪斯霍德，次級房貸成了高高在上的滙豐銀行如今的重點市場。

為了因應情勢，滙豐銀行將他們在美國的呆帳準備金，提高到一百零六億美元，而還未從奈特的批判中恢復過來的史蒂芬，充滿歉意的告訴投資人：「我們並未善盡監督的責任。」

紀勤也同樣坦承：「錯誤已經造成，比起品質，人們更注重成長。」這兩位銀行家和同僚們，對於此事的快速處理讓人讚賞。這顯然是他們比較了解，也屬於專業領域的問題。這才是他們習慣的激烈戰火，而不是在他們鮮少造訪的國家中，無情洗錢的殘暴毒梟集團。

他們徵召了許多顧問，檢視北美地區的營運策略，接著在二〇〇七年十一月對董事會彙報。當時，次級房貸已經是鋪天蓋地的全球性危機，而貝爾斯登公司（Bear Stearns）正在崩潰邊緣。

會報中推薦的解決方式相當激進，包含了裁撤部分分行，也就是以前屬於豪斯霍德的部分；專注在美國南方的大城市，也就是從加州到佛羅里達，再加上紐約、芝加哥和華盛頓；減少消費者貸款；從次級房貸中收手；整間公司再精簡。

會報意料之外的結果，就是二〇〇三年在萬眾期待下，以一百四十二億美元收購的豪斯霍德，此後正式成為回憶；而在二〇〇八年浴火重生的滙豐銀行，看起來似乎回到了以前的樣貌。

滙豐銀行透過豪斯霍德接觸了次級房貸，又因為會報的建議而快速撤出市場。隨著越來越多銀行在二〇〇八年倒閉，或被迫向政府尋求紓困，滙豐的行動看起來竟充滿了先見之明。

當一九二九年以來最大的金融危機，終於塵埃落定時，滙豐銀行似乎相對能全身而退。高層的低氣壓轉變為自滿和沾沾自喜。

紀勤表示，雖然銀行承受一些損失，但：「豪斯霍德的收購案，毫無疑問讓我們在面對危機時，有更完善的準備。和競爭對手相比，我們幾乎毫髮無傷。我們承認在美國看見的問題，所以能快速採取解決的行動。」

當時英國的財政大臣喬治．奧斯本（George Osborne）公開向滙豐銀行道賀，表示銀行是收穫了「審慎計畫」所帶來的甜美果實。艾比蓋爾．賀夫曼（Abigail Hoffman）在《歐洲貨幣》雜誌中宣稱：「滙豐銀行遇到了『好』危機」。

滙豐銀行的財務長范智廉說：「危機證明了，滙豐銀行不是大到不會倒，而是大到足以面對。」或許這些歌功頌德都不太讓人意外，畢竟英國人很擅長此道；他們能夠將敦克爾克的潰敗，描述為榮耀的勝利。滙豐銀行此次的危機處理，無疑是金融界的敦克爾克事件。

第 8 章

發現自己成為共犯？大概吧

他們知道墨西哥北部邊境有嚴重的血腥衝突，而這些就是「廉價」的收益來源。

班傑明．勒布朗（Benjamin LeBarón）和路易斯．威德瑪（Luis Widmar）是居住在墨西哥奇瓦瓦州的加列亞納（Galeana）的美國公民。勒布朗的一位家庭成員遭到綁架後，他開始在社群中為綁架和毒梟的受害者發聲。

後來，超過二十名錫納羅亞集團的武裝打手半夜闖入勒布朗家中，在妻子和五個尖叫的孩子面前，綁架了他和他的小舅子威德瑪。古茲曼的手下們在痛打兩人之後行刑，並將屍體扔在路邊，留下一張紙條，宣稱這是為了某個被逮捕的集團成員復仇。

錫納羅亞馬薩特蘭（Mazatlán）地方報紙的攝影師，羅德里格．赫南德斯（Rodriguez Hernandez）曾經拍攝到錫納羅亞成員和警察在一起的照片。他也在毒梟的報復行動中受害，當時正和妻小在餐廳用餐。

還有另一個例子，是科阿韋拉州（Coahuila）托雷翁（Torreón）的記者艾利西歐．巴倫．赫南德斯（Eliseo Barrón Hernandez）。他揭發了錫納羅亞集團和當地警察的關係，於是在兩個女兒面前遭到毒打和綁架。最後，他們一槍打穿赫南德斯的腦門，將屍體拋棄在水溝中。

赫南德斯死後，古茲曼的打手在托雷翁五個最明顯的地方掛起旗幟，寫著：

「記者們，我們來了。問赫南德斯就知道了。矮子古茲曼和毒梟絕不寬待。士兵和記者們，小心了。」

錫納羅亞集團的打手們洗劫了賽吉歐．沙斯多（Sergio Saucedo）的家，在妻小面前綁架他；他們折磨且殺害他，並砍下雙手，擺在他的胸口。

三十六歲的雨果．赫南德斯（Hugo Hernandez），從鄰近的塞諾拉州被綁架到錫納羅亞，他的身軀在一個星期後出現在洛斯莫奇斯（Los Mochis）的塑膠容器中，至於手臂、腳和頭顱則出現在其他地方的箱子裡。他的死亡過程被全程錄影，屍體總共被分割為七塊。

他的死是錫納羅亞發出的警告，為了讓人們感受更深刻，他們甚至把他的臉皮割下來，縫在一顆足球上。這顆人頭足球被裝進塑膠袋，放在市政府辦公室附近，還留了一張問候的紙條：「新年快樂，這也是你最後的新年了。」

這些只是幾年來，古茲曼和手下無數殺戮的冰山一隅罷了，卻清楚反映了他們的殘酷無情和明目張膽。

古茲曼和掌控華雷斯城的毒梟卡里略．富恩斯特，爆發了激烈的地盤戰爭。在某次和平談判中，古茲曼對卡里略伸出友誼之手，後者卻視而不見。不久後，武裝殺手伏擊卡里略和他毫無戒備的妻子，在他們離開庫利亞坎某間電影院時，將他們射殺。

「古茲曼說他會殺了他。」一位錫納羅亞成員簡單扼要的說道。

古茲曼的盟友胡立歐．貝傳．雷瓦（Julio Beltran Leyva）違背他的命令，不願從阿卡普科（Acapulco）輸出一批古柯鹼。所以，一支暗殺小隊襲擊胡立歐，發射了大量子彈，幾乎讓他的頸部斷裂。

某個被稱為拉菲塔（Rafita）的貪腐警察，為敵對的毒梟阿圖羅．貝傳．雷瓦（Arturo Beltrán Leyva）做事，於是在自家門前被害。古茲曼的手下假裝不小心開車撞傷拉菲塔年幼的兒子，將其引出屋外殺害。而男孩根本不知道發生了什麼事，繼續往學校走去。諸如此類的事件在古茲曼的指使下，一而再，再而三的發生在錫納羅亞。

這幾年來，墨西哥政府面對古茲曼的勢力倒也不是毫無作為。二〇〇八年，古茲曼逃亡第七年，墨西哥政府的批評聲浪越來越大，他們用軍隊和警察對抗毒梟的策略似乎不見成效。

於是，當局加強對銀行的施壓，因為他們相信**滙豐銀行才是古茲曼和錫納羅亞集團能持續運作的原因**。追蹤金錢流向才是解決之道。正如一位高級監管官員所說，他們已經觀察等待了太多年，期待著情況會有所改善，滙豐銀行能幡然悔悟，發動改革。

不扎根，只挖坑

然而，一切都沒有改變。相反的，毒梟集團持續成長和擴張，銀行扮演的角色牽扯得越來越深。經過這麼長的時間，他們肯定已經完全知悉**特製的紙鈔匣和開曼群島不存在的分行**；他們知道葉真理和外匯所。

早在收購案之前，他們就知道 Bital 銀行問題很多——「墨西哥的銀行體系的確管理不當，但 Bital 銀行尤其糟糕。不過，這個品牌夠強大，有許多分行和大量客戶，所以仍值得擁有。」

二〇〇八年，墨西哥當局終於受夠了挫敗和失望，決定強勢結束毒品戰爭，將矮子古茲曼關進監牢。在此之前，其實也曾有過一段新氣象，特別是當滙豐銀行進入墨西哥時，監管單位以為這個新的外國銀行，帶著漂亮的話術、悠久的歷史、良好的管理和新穎的技術，能排除 Bital 銀行的劣根。

「Bital 銀行不進行法遵方面的業務，這大家都知道，滙豐銀行也知道。我們以為他們會帶來新的資本和專業。」但當局失望了，並表示：「這是場災難。」

他們發現在滙豐銀行的高級主管和當地銀行之間，存在著巨大鴻溝；在滙豐銀行營造出的形象和現實間也是。滙豐所標榜的「環球金融，地方智慧」根本不是如此：

滙豐從不曾真的了解整個墨西哥的營運。他們的人來來去去，從未真的學習西班牙語，他們根本也不想說……他們給人的印象是不知道自己為何來此，也不希望待在這裡。

他們對打造團隊和流程毫無概念。你可以看出他們的人完全沒有頭緒，不了解到底發生什麼事；他們對現實的想像，和真正發生的事相去甚遠。他們無法掌握狀況，資訊技術薄弱，內部控制幾乎形同虛設。

Bital 銀行收購案一完成，墨西哥政府就注意到，從海外派來的滙豐銀行高級主管們都沒有在墨西哥城置產。一位監管單位的高層和滙豐主管共進晚餐後提到：「他有一棟公寓，是給許多滙豐的員工使用的，因為他們知道自己不會待太久。他們不去找房子，這挺可惜的，因為墨西哥城很適合居住。」

他又補充，滙豐銀行沒能成功在墨西哥扎根，也反映了他們對這個國家和當地人的態度，而這讓人難受：「他們的家具都從前一任房客接手，這告訴我們，**他們並不認為接手銀行後會成功**。他們派來的領導人，都把前來此地視為苦差事，待滿兩年就離開。從來沒有人好好面對這份工作，為銀行追求成功。」

隨著毒梟問題升溫惡化，墨西哥當局也更了解滙豐銀行的網絡，是如何妨礙他們的反毒戰爭，而不是成為助力。他們開始現場查訪各分行，並在二〇〇七年十月時，和墨西哥滙豐銀行主管杜爾史東召開會議。

然而，這並未帶來任何明顯的即時反應（主要影響只是激發了滙豐內部的爭執，抱怨資源缺乏；但墨西哥當局希望的是有意義的立即行動，來正式證明銀行洗錢的行為）。他們只好進一步施壓，更頻繁查訪銀行分行、觀察和監督、要求檢視帳冊、質詢員工，並記錄一切發現，使滙豐銀行罪證確鑿。

「我們花了很多時間和很多人相處。」墨西哥銀行監管單位高層表示：「我們會進入分行，檢視他們的檔案，進行隨機審查，結果頗令人擔憂。」

更不妙的是，滙豐銀行似乎未能做出反應：「我們做了這麼多查訪，不斷和他們對話，和他們的人會面，說他們需要管控和改變，好好掌握情況。但這些都於事無補。」

二〇〇八年二月，全世界看著倫敦金融中心和華爾街事件爆發。英國的北岩銀行（Northern Rock）國有化，而在摩根大通收購貝爾斯登公司的前一個月，一份報告的草案由墨西哥銀行與證券監督委員會，以及國家金融情報中心高層親手遞交給滙豐銀行，深切傳達了「對墨西哥滙豐銀行（洗錢行為）極高風險」的高度關切。

報告指出，墨西哥滙豐銀行內部的缺失不只沒有改善，反而更加惡化；監管人員取樣的檔案中，有五五%資料不完整；高風險客戶未受到適當監督；也缺乏對高風險客戶的「客戶盡職調查」近況追蹤；而滙豐銀行推遲了許多可疑帳戶的關閉。其中一個例子是，某個存有兩百八十五萬美元的帳戶，在理應關閉的一整年後，依然持續存在。

墨西哥監管機關持續要求滙豐銀行採取行動。在同一份報告中，他們指出在墨西哥經過洗錢的數十億販毒收益，都是以美元形式，存在滙豐銀行的個人金融帳戶中。**滙豐開立並維持著數萬個這類的美元帳戶**，而根據報告內容，並**沒有善盡監管的責任，甚至有時完全放任**。當局提出質問時，墨西哥滙豐銀行的高級主管不當一回事，只提到他們「銷售、銷售、銷售」的方針，提高損益表現，而**這些帳戶就是「廉價」的收益來源**。

滙豐銀行收到的報告顯示，在二〇〇四年到二〇〇八年間，墨西哥滙豐銀行在墨西哥接受了超過一百六十一億美元的現金存款。為了讓人們了解這個數字多麼驚人，當局指出，許多市占率比墨西哥滙豐銀行大好幾倍的金融機構，收到的美元儲蓄金額都相形見絀。

墨西哥當局已經對滙豐銀行嚴重不滿，並要求他們提出回應。他們指出，這些美元鈔票接著會透過內部的「紙幣計畫」（Banknotes）送到美國，由美國滙豐銀行處裡這些實體紙鈔。

解決提出問題的人

監管機關之所以知道這些，是因為他們觀察了數十億美元被搬上裝甲車隊，從墨西哥側的華雷斯城，通過格蘭德河上的美洲大橋，來到德州艾爾帕索的滙豐銀行。光是在錫納羅亞這一州，滙豐櫃臺人員就收到超過十一億元的美鈔。「顯然，這些錢絕不可能來自觀光業或合法購物。」一位墨西哥金融監管人員表示。更甚者，報告指控滙豐銀行沒能提供他們要求的資料，反而宣稱這些檔案或基本的帳戶文件下落不明。

金融情報機構的圖表，凸顯了滙豐銀行的內部管理遠不如其他的墨西哥銀行。當局舉了三起重大洗錢案——葉真理、普埃布拉外匯所和西格匯款公司——而許多匯款交易都透過滙豐銀行進行。

官員們清楚表示，他們**在調查中發現了許多證據確鑿的洗錢案例，但滙豐銀行都沒有上報**。調查的判決指證歷歷，滙豐面對堆積如山的指控。雖然他們宣稱有許多帳戶文件都不見了，但當局卻輕易就找到，揭穿了這個謊言。

其中一名調查人員說道：「最後這幾個案例，或許能證明滙豐銀行和員工的刑事責任——例如對行政當局作虛假的陳述或串供——執法單位和司法單位都必須加以調查。」

除了證券監督委員會和國家金融情報中心外，在二〇〇八年初，墨西哥中央銀行也開始關注滙豐，並要求對方解釋為何美元的滙出和市占率完全不成比例。二〇〇八年二月十八日，墨西哥滙豐銀行執行長杜爾史東，和墨西哥銀行與證券監督委員會、國家金融情報中心高層會談，當局再次提出對大量美元存款和輸出的憂慮。

這次，他們投下了震撼彈，揭露自己握有錄音檔，內容是墨西哥毒梟表示滙豐銀行是「洗錢的地方」。他們沒有說這個人是誰，此人的身分至今仍是個謎，或許是害怕讓錄音的人陷入危險。但當我詢問聽過這段音檔的人，都得到肯定的答案——他指的就是滙豐銀行。

你或許會以為，如此駭人聽聞的指控，或許會對金絲雀碼頭的滙豐大樓帶來一些騷亂。史蒂芬這位「上帝的銀行家」和他的高層團隊，或許會把征服世界計畫先放到一邊，全力解決墨西哥問題。

相反，團隊的第一反應和典型的當權者受傷時相同：他們非但沒有接受批評、立即反應，反而試圖消滅傳達警訊的人。一聽聞這份報告，總部連控告的虛實都未詢問，只問了「為何是現在？」

杜爾史東在二〇〇八年二月二十三日，回覆電子郵件給紀勤，也傳給史蒂芬和其他三位高級主管：「首先，關於為什麼這個問題在此刻被提出。根據我們得到的情資，卡德隆總統對毒品幫派、犯罪和貪腐宣戰時，其司法單位就提高了對金融相關調查的重視，並對銀行監管局施壓，因為他們認為銀行並沒有提供足夠支持。」

他接著表示：「滙豐銀行之所以首當其衝，是因為當局從統計資料看來，滙豐至今的紀錄都比其他同業更差，因此成了關注的焦點。新的國家金融情報中心告訴我們，他的下屬說在過去四年中，幾乎沒辦法從滙豐銀行得到精確或即時的數據。」

杜爾史東的信件暗示大家無須太過擔憂，因為事情並沒有表面上那麼糟——滙豐銀行被針對，似乎只是因為沒有好好遵守公務體系的繁瑣細節。事實上，為了安撫上司，杜爾史東表示墨西哥滙豐銀行採取的修正行動，已經比監管單位注意到的還更多。

監管機關提出的疑問，源自帳戶資料的相關文件，而解決方式就是新的集中式電子影像系統，將在同一個月於墨西哥全國啟用。除此之外，他們也會針對並未在開戶許可通過前，親自查證文件正確性的分行經理，採用更強力的紀律處分程序。

針對核心的大量現金存款問題，杜爾史東認為這些壓力來自美國，只是正常的疑慮，擔心來自墨西哥的美鈔，是否與毒品犯運活動有所關連，而「並非特別針對滙豐銀行」。顯然，**他沒有提到滙豐是洗錢銀行的指控，但也沒有反駁**。

這或許暫時足以弭平風波，但反對滙豐銀行的聲浪日益升高，讓墨西哥政府不能就這麼被搪塞。

五個月之後的二〇〇八年七月三十日，一位滙豐銀行法遵部門的高級主管，再次對墨西哥滙豐銀行的缺乏管控和貪腐提出警告。他對銀行法遵部門的全球主管提及，自己與墨西哥滙豐銀行反洗錢部一位資深副主管的面談。這位副主管回報，近期一共辨識出超過一千個高風險帳戶，而「高風險地區的銀行經理，即便知情接受可疑客戶，卻幾乎不用承擔任何責任」。

一年洗四十二億，CEO卻說不知情

滙豐銀行對其操守和反洗錢監控的宣稱，和真實情況間存在著讓人心驚的鴻溝，特別是在與美國相鄰的墨西哥州縣。法遵部門的主管接著警告：「副主管提到的錯誤必須機密處理，我不希望我的線人被開除或殺害。」（這並不是誇大，墨西哥北部毒品戰爭的死亡人數，超過伊朗或伊拉克戰爭。）

後續跡象都顯示，滙豐的高層並未理解到需要的改革規模，因此沒有認真看待。他們如今知道墨西哥北部邊境有嚴重的血腥衝突，卻未意識到**他們所扮演的共犯角色**。令墨西哥政府感到挫折的是，即便他們提出警告，滙豐銀行也承諾解決，但整個二〇〇八年，他們依然持續接受毒品交易的現金存款。

同樣的行為模式持續著，唯一的不同是，墨西哥監管機關開始密切注意銀行的活動。二〇〇八年十一月，一名法遵專員向主管報告，美墨邊境分行有許多帳戶出現洗錢行為，包含華雷斯城。

專員注意到反覆出現的模式是，客戶會稱宣帳戶每月只有約三百美元的金錢流動，實際上卻存入數百萬美元。這通常出現在離邊境較遠地區的分行，並且明顯違反了銀行承諾會對客戶實行的規範。員工會在未依照規定取得主管授權的情況下，接受遠超過墨西哥滙豐銀行規定：每名客戶十萬美元的現金存款。

事實上，該名法遵專員表示：「根據我迄今的調查，沒有任何人聽說過這個政策。」他進一步說，即便洗錢帳戶最終會被「關閉」，但在維持開放的幾個月裡，帳戶主人仍持續透過此管道洗乾淨數百萬元。他的結論是：「我認為我們並沒有『預防』任何事，反而讓組織犯罪進行洗錢。」

即便監管單位在二〇〇七年底和二〇〇八年二月提出警告，指出滙豐銀行是毒梟偏好的洗錢機構，而在這兩年間，銀行內部也一再對大規模洗錢活動和員工貪腐示警，不過墨西哥滙豐銀行在二〇〇八年，仍然接受了四十一億美元的現金存款。

這對墨西哥滙豐銀行來說是破紀錄的金額，比過去四年來累積的總儲匯及出口額度還要多出十億美元。這樣的金額甚至超過市占率遠高於滙豐的銀行。然而，滙豐銀行似乎終於醒悟，承認了眼前的問題的嚴重程度。

二〇〇八年十一月二十六日，滙豐銀行和墨西哥銀行與證券監督委員會進行會談。隔天，滙豐集團的法遵部門主管收到警告，監管單位的憂慮不變：「只要出現嚴重的洗錢行為，似乎總是會和滙豐銀行有關。」

機緣巧合下，紀勤在環球的旅程中，搭飛機到墨西哥城與財政部長和企業客戶會晤。這本來應該只是短暫停留，套套交情的拜訪。但是，他卻在毫無預警的情況下，被要求和墨西哥銀行監管當局的主管見面，其中包含了墨西哥全國金融及證券管理委員會會長吉勒莫．巴貝茲（Guillermo Babatz）、銀行監管主任帕特里西奧．巴斯塔曼特（Patricio Bustamante）、反洗錢部門主任帕布洛．戈梅茲（Pablo Gomez）及他們的下屬。

這三位主管和紀勤打開天窗說亮話，表達了當局所有的疑慮，因為紀勤是他們第一個得以親自會見的滙豐集團總部高層。他們「非常關切滙豐銀行墨西哥開曼分行」的美元帳戶，以及「墨西哥滙豐銀行流入美國的美鈔總額」。

他們告訴紀勤，光是在二〇〇八年一月到七月間，墨西哥滙豐銀行就輸送了三十億美元的鈔票到美國，占了市場的三六％，並且是墨西哥最大的花旗銀行的兩倍。紀勤當然無須提醒，就知道數字根本對不上，畢竟墨西哥滙豐銀行在墨西哥只排名第五。

這些機關最擔心的是，只要出現重大洗錢事件，滙豐銀行都會牽扯其中；他們又語帶不祥的補充：「連美國當局的最高層級也很關注」。

一位在場的與會者事後回憶道：「這場會議的感覺很糟。**紀勤看起來發自內心的震驚**。他沒有愉快的和金融部長或客戶見面，反而聽到了這些——並說：**『你們嚇到我了，這件事讓我非常震驚！』**」

驚魂未定的紀勤似乎直接把想法脫口而出：「我們在墨西哥的全部事業，對我們來說都不值得賠上滙豐集團的名聲。」他似乎漸漸領悟了。從內部的電子郵件看起來，紀勤應該要知道發生了什麼事，但從他的表情可以得知，事情似乎剛好相反。

整場會議最大的意義，或許就是提到美國高層的關切，其他墨西哥監管當局提出的細節，都沒有讓紀勤如此失措。墨西哥當局聽聞美方的風聲，特別是華盛頓越來越盛傳墨西哥已經失去控制，成為錫納羅亞集團的主要洗錢工具。只要讓紀勤知道這一點，他就無法再忽視問題了。

墨西哥政府、銀行家、華盛頓三方長期維持著有意義的關係，隨時互通著毒品戰爭情勢起伏的情報。早在一九八六年，美國探員奇奇·卡馬雷納死後，雷根總統就加強了對毒品的戰爭，其中包含與墨西哥更密切合作，以及提供對抗毒梟的資金；因此，這段關係雖然不平等，卻也見證了墨西哥與白宮之間溝通管道的發展。

讓滙豐驚慌的美國監管者：OCC

在對滙豐銀行的調查中，墨西哥方持續與美國聯繫，分享所有情資；在反洗錢方面，墨西哥其實遠不像某些媒體描繪的那樣懈怠鬆散。墨西哥當局已經受不了滙豐銀行，如何受到美方和錫納羅亞利用。

美方的關切來自最有權力的單位之一：美國貨幣總稽核辦公室（OCC）。簡單來說，這個機關的工作是「確保所有美國人，都能享有安全穩定的聯邦金融系統」。

它們是國家銀行的監管者和監督者，有很大的權力能處置美國內部，違反安全和穩定原則的本地和外資銀行。許多美國人從小受到的教育，就是要對美國貨幣總稽核辦公室懷抱敬意，**OCC和美國的國旗、國歌或美國總統山一樣，都是深具歷史意義的國家象徵。**

對於宣示培植商業的美國來說，OCC地位崇高——讓美國人和非美國人都能信任美國銀行的可靠和誠信。OCC的創立可以追溯到南北戰爭時期，林肯總統（Abraham Lincoln）和財政部長薩蒙・蔡斯（Salmon Chase）都相信，新成立的聯邦需要統一的銀行體系。這促成了一八六三年的《國民貨幣法案》，並建立OCC來管理這個新體系。

我們或許可以說，**假如沒有OCC，就不會有強勢且受到普遍認可的「美金」**。根據法案規定，銀行必須先向辦公室申請聯邦政府特許，才能購買美國的證券，並為美國政府帶來收入。

證券會存入美國國庫券，為銀行所發行的新紙幣提供保障——這些紙幣可以再兌換為黃金或白銀。這項新的貨幣就是美元，而由於有證券的支持，安全性和穩定性都很高。一九一三年，《聯邦儲備法》創造了新的美元管理體系，但OCC在名稱上仍保留了「貨幣」（currency）一詞。

OCC很清楚針對滙豐銀行而來的抱怨，在二〇〇三年和二〇〇六年，也曾經因為法遵問題和反洗錢程序與滙豐銀行交涉。其中一再出現的問題，是美國滙豐銀行在相關領域缺乏良好的管理。

五年內換了五個反洗錢部門主管

二〇〇七年，美國滙豐銀行雇用蕾斯利・米茲安（Lesley Midzain），來取代抱怨資源缺乏的法遵部門主管卡洛琳・溫德，但聯邦官員對於這個新來的主管並不滿意。在受雇成為銀行美國反洗錢計畫的負責人之前，米茲安沒有任何專業經驗，對美國的洗錢相關法律也不熟悉。

在日後的證詞中，美國的中央銀行體系美國聯準會（以下簡稱美聯準）提到：「米茲安並不具備繼續擔任反洗錢負責人的技術性知識或業界經驗……她曾接受另一個團隊的總查核專員面談，對方也認同米茲安對反洗錢風險的知識和經驗，與北美滙豐銀行的高風險層級並不相稱，特別是和其他大型全國性銀行相比。」

OCC在二〇〇九年也得到相同的結論。他們對滙豐銀行傳達了與美聯準相似的批判：「米茲安女士被拔擢為法遵部門主管，但她的專業資格和經驗，都不足以在如此規模的機構管理這樣的計畫……特別是考量到滙豐銀行較高的法遵風險。她是加拿大的律師（事務律師和訟務律師），也是滙豐集團高階主管發展計畫的成員。這個職位是此計畫下，她在加拿大以外的第一份職位……在二〇〇九年的法遵管理檢驗中，OCC也判定米茲安女士缺乏經驗和專業。」

然而，在滙豐銀行內部，卻認為米茲安是聰明又有能力的律師，在銀行中前景光明，可以輕鬆勝任反洗錢的業務——或是換句話說，這反映了滙豐典型的「同一套標準放諸四海皆可適用」的政策。

滙豐銀行相信，他們雇用的是一群精明幹練的主管，放在任何地方、任何情境都能發揮。相反的，美聯準的結論卻是：米茲安的人事任命，展現了滙豐對法規的不理解和不在乎。

他們感受到的，不只是對法遵業務所需能力不放在眼裡的傲慢，更認為對滙豐銀行來說，洗錢相關規定是個障礙，而不需要專業的知識或技術。或者更糟的是，由於還不到迫在眉睫的地步，也不會為銀行帶來收益，因此不會是優先處理的重點。

必須澄清，滙豐銀行不是唯一抱持這種態度的機構。大多數的銀行和大型企業都認為，無論是健康、安全、環境或金融規範的執行者，重要性都不及第一線的資金開創者。

以美國滙豐銀行的例子來說，他們以為可以空降一名加拿大人，而她會有辦法快速掌握當地的法規和程序，更別提更深入巧妙的細節了。面對從國外派遣來的主管，美方監管當局的反應，和墨西哥的情況很相似。滙豐銀行這個跨國的超大型企業，**又再次展現了對當地一切的輕視**。

為了回應美聯準和OCC的批判，滙豐銀行將米茲安調離反洗錢的位置，但這不代表什麼。她的新職位等級更高，成為美國滙豐銀行法遵部門的主管，意味著她仍是該項業務的主責者，持續管理著反洗錢團隊。

對滙豐銀行來說，米茲安屬於「高階主管發展計畫」，這讓她搭上了管理階層的直達車。他們的立場夠清楚了：美國的公務員們可以盡情的抱怨，但滙豐銀行說了算。

二〇〇九年，美國滙豐銀行雇用了新的反洗錢部門主管，前美國國稅局員工溫德漢・克拉克（Wyndham Clark）。他的上級是美國滙豐銀行主管柯特・康寧罕（Curt Cunningham），而康寧罕直接承認自己沒有任何反洗錢相關的經驗；而再上一級，就是已經由當局認證「缺乏反洗錢經驗」的米茲安了。

到任不久之後，克拉克就開始要求更多的資源。三十天後，克拉克傳了一份備忘錄給康寧罕，記述他的觀察，認為：「美國滙豐銀行的營運方式風險極高，相當容易違反洗錢法」；而反洗錢部門管理階層近來人事更替率高，身為主管的他卻沒有足夠權限來掌握全局。

銀行的回覆是給了他三個新的職缺，對此他表示：「明顯是個正面的跡象，但這個要求已經提出好一陣子了，我希望這不是公司正常的反應時間。」而一位同事答道：「相信我，這已經是急件了。通常的答案都是否決。」

為了克服人手不足的問題，克拉克試著啟用臨時和約聘人員，來回覆OCC的質詢，以及處理反洗錢業務的不足。當他終於在二〇一〇年八月離職時，已經雇用了將近一百名臨時和約聘人員，並提出新增五十名額外正式員工的要求。

人手不足再加上壓力龐大，法遵和反洗錢部門的員工，總是對抗著堆積如山的警示，並極力爭取更多資源。高層時常對他們的要求置之不理，或是頂多增加臨時員工的人數，等到累積的業務減少到可應付的範圍，就會終止聘雇。

隨著業務累積，壓力也跟著升高。甫上任幾個月的反洗錢部門主管克拉克寫道：「堆積如山的業務讓我們陷入困境，而決策者根本不了解背後的風險和後果！！！」他越來越擔心銀行未能有效處理贓款問題，在和北美滙豐銀行董事會審計委員會的會議中，他甚至表示**自己從未看過如此危險的銀行**。

克拉克也警告董事會，反洗錢的資源「以目前的風險程度來說相當不足」。他寫信給一位高層的同事說道：「隨著每一天過去，我的憂心與日俱增……情況還有可能更糟嗎？」

接任不到一年，克拉克就辭職了。他傳送電子郵件給集團的法遵部門負責人巴格力，說明請辭的理由：「銀行沒有給予我，符合這個職位責任與風險的適當權限或回報機制，因此妨害了我有效管理和領導反洗錢部門的能力。這使得許多關鍵的決定……都由極度缺乏法遵和反洗錢專業，也不了解本地環境規範的高層來進行決策。他們甚至對銀行風險最高的部分都不清楚。

「除非能指派具備足夠知識和能力的高層管理，減少對專業顧問的依賴，給予（反洗錢）主管適當的權限，否則永遠無法提升監管單位的信任。」

克拉克辭職後，滙豐銀行雇用了反洗錢顧問蓋瑞・彼得森（Gary Peterson）成為他的繼任者；此時，米茲安也跟著離開，空出了法遵部門主管的位置。這個職缺一直到美國滙豐銀行雇用了艾瑞克・拉森（Eric Larson）後才補上，但拉森也只待了十五個月就離職。

接著，滙豐又請求彼得森在擔任反洗錢部門主管的同時，也接任法遵部門主管，以及北美區的法遵專員。這代表在五年內，滙豐銀行換了四個法遵部門主管和五個反洗錢部門主管。

然而，儘管出現許多問題和不滿——有些來自員工，有些則是投資人和監管單位——史蒂芬和紀勤仍在二〇〇八年，達到他們六年前訂定的顛峰目標：**讓滙豐銀行成為世界最大的銀行。**

即便員工在法遵和反洗錢方面遭遇的困難重重，不斷抱怨資源不足，重要但不受重視的職位也一再人事異動，**但滙豐銀行還是成為世界第一**，年獲利高達一百九十一億三千萬美元。

《經濟學人》宣告滙豐是「世界上最大的金融集團」，《銀行家》則稱為「世界上最有價值的金融品牌」。美國銀行和花旗銀行都被超越，「管理帶來成長」

計畫大獲全勝。

在他們的戰國風雲中，包含日正當中計畫、「銷售、銷售、銷售」守則、進軍商業銀行和削減成本等等，都得到了好的結果；過程中難免有波折，豪斯霍德的事最好別再提起（雖然這代表滙豐銀行的洞燭先機）；投資銀行、雇用杜紹基及七百個行員，則是另一個小失誤。除此之外，滙豐銀行強壯而富有韌性，已經準備好繼續擴張。

然而，黑暗勢力在其他地方悄悄聚集。當OCC發現兩起獨立的聯邦調查，都指向罪犯可能透過滙豐銀行帳戶洗錢時，就強化了對滙豐銀行的關注。

第一起調查由美國國土安全部下的移民與海關執法局（ICE）執行，調查非法毒品交易收益的流向；第二起負責的則是西維吉尼亞州的聯邦檢察官，內容是聯邦醫療保險詐欺。

華盛頓的OCC高層與ICE代表，於二〇〇九年九月一日召開會議，與會者包含OCC副總顧問丹尼爾．史帝潘諾（Daniel Stipano）、負責大型銀行監管的副主計長葛蕾斯．黛莉（Grace Dailey）、反洗錢專業的資深顧問詹姆斯．維文奇歐（James Vivenzio）、OCC對滙豐銀行在美國的反洗錢檢查員，以及

ＩＣＥ的調查員。

會議結束，ＩＣＥ代表離開後，ＯＣＣ的人員留下來討論美國滙豐銀行的監管。負責監管反洗錢業務的官員表示，在他執勤期間，滙豐銀行一共收到八十三起警告通知，而他兩次建議對銀行發出重量級的「停止並終止」（Cease and Desist）命令。

ＯＣＣ第二號律師史帝潘諾要求在洗錢防制方面，徹底審查美國滙豐銀行，這讓事件的層級又向上提升了。許多對滙豐銀行的幕後調查，如火如荼的進行著。史帝潘諾介入後，ＯＣＣ加倍對調查滙豐銀行所投入的心力，並且雇用了額外人手來處理相關文件程序。

二〇一〇年三月，ＯＣＣ發出「監察建議書」，宣告滙豐銀行並未準時按照規定提出可疑活動報告，反而**累積了超過一萬七千件延遲的報告書**。還沉浸在前一年輝煌勝利中的滙豐銀行，第一次收到了正式的違法可能性通知。

ＯＣＣ繼續指出，九八%的可疑活動報告都屬於「極高風險」，其中又有一四%過期了超過六個月。ＯＣＣ給了滙豐銀行二〇一〇年六月三十日的期限，必須完成所有的一萬七千份報告。世界第一的滙豐銀行收到了警告。

送出「監察建議書」後，OCC主要負責監管滙豐銀行的莎莉・貝蕭（Sally Belshaw）、負責大型銀行監管的葛蕾斯，與紀勤和滙豐銀行北美洲負責人布蘭丹・麥多諾（Brendan McDonough）會面。華盛頓當局告訴兩位銀行家，他們在銀行上下都發現了嚴重的反洗錢缺失。貝蕭留下紀錄：「他（紀勤）問我認為問題是什麼時候出現的。」

時至今日，其他銀行的法遵部門主管仍然很驚訝，**身在其中的紀勤竟沒能察覺如此重大的危機**。

「有很多蛛絲馬跡應該被注意到，例如：現金存款總量和規模不成比例、不斷堆積延遲的可疑活動報告、開曼群島新開立的帳戶數量，以及相關文件紀錄的缺漏……這些都是系統可能遭到濫用，也正在遭到濫用的警訊。」美國某間投資銀行的前法遵部門主管如此表示。

貝蕭提到：「葛蕾斯和我描述了滙豐銀行和反洗錢規定相關歷史的起起落落。」他們告訴紀勤：「以往只要OCC提出問題，管理層級就會做出反應，採取修正行動；但近年來卻不再如此，滙豐銀行的態度明顯有了負面改變。「這漸漸累積成為系統性問題，我們認為可以歸類為管理不力……我們相信這幾年來，員工和經營計畫並沒有隨著風險與時俱進。有能力的人離開組織，取而代之的是缺乏專業能力的領導。法遵方面的傳承和儲備人力如今嚴重缺乏，逾期的文件堆積，正好反映了這些管理上的弱點……。」

此時，全世界滙豐銀行的執行長紀勤，同時也是董事長史蒂芬的副手，已經從墨西哥和美國當局，親自聽到了銀行內部的失職和錯誤：對於想擺脫贓款的人來說，滙豐銀行是天上掉下來的禮物。他也得知了這樣的情況為何會發生：**他們讓銀行的規模擴張到難以管理**；或者應該說，**在擴張的同時，他們並沒有思考管理上的問題**。

但不僅僅如此，貝蕭和葛蕾斯繼續強調：「我們在銀行『客戶盡職調查』部分發現許多缺失：現金、匯款活動、國內和國際客戶。我們近期有許多疑慮，主要是對管理階層是否有能力處理文件逾期問題（以及違規問題），畢竟我們在報告的數據完整性、警訊處置品質方面，都發現許多缺失，也察覺滙豐在過程中缺乏獨立審查／監督的機制。」

最後，他們給出了底線：「我方監察建議書要求，逾期文件必須在六月三十日前完全修正完畢。我們強調，要處理的不僅是數量問題，每一份文件都必須有效處置（由符合資格的審查者，遵循適當的政策／程序，並充分記錄適當、即時的可疑活動報告）。滙豐也必須建造持續的控管系統，以確保整個過程能永續運作。我們要求整個過程，必須包含符合標準的獨立驗證。」

滙豐銀行的最高層讀到這封信時，可以說是看到了世界末日。

第 3 部

哨聲響起，但沒人倒下

第9章

不是吹哨人的吹哨人

在金融業，不會有人公開說出真相；
吹哨不只反映了他的勇氣，還有他是局外人的本質。

艾弗略特．史塔恩（Everett Stern）一直都渴望加入中央情報局（CIA）。更準確來說，從青少年時期開始，他就夢想成為中情局國家機密行動處的間諜，蒐集國家敵人的情報。

史塔恩出生在紐約市，在佛羅里達州長大，於佛羅里達大西洋大學（Florida Atlantic University）取得文科學士學位。和交往對象分手後，他決定要實現報效國家的理想——到世界各地旅行，逮捕意圖傷害美國的人，於是申請成為間諜。

他雖然收到了面試邀請，但最終沒能錄取。這是個沉痛的打擊，讓他一生的夢想幻滅，他只得轉向史丹森大學（Stetson University），在二〇一〇年五月取得工商管理碩士。

▲艾弗略特．史塔恩，在滙豐銀行反洗錢部門擔任法遵專員，發現了銀行的可疑交易，於是蒐集資料，提報美國中情局、聯邦調查局。

圖片來源：Tactical Rabbit Inc., CC BY 4.0

在那之後，為了要找份工作，他在網路上看到一間銀行的招募廣告，**內容是推動反洗錢計畫**。蒐集情報、反洗錢……這兩者對他而言都相當有魅力且令他興奮。這間銀行也很吸引人：滙豐銀行；跨國的大型銀行，未來充滿發展性，讓他希望自己也能成為其中的一分子。史塔恩填了一些表格後便被找去面試，最終他也順利錄取了，以二十六歲的年紀在德拉瓦州（Delaware）[1]紐卡斯爾（New Castle）的銀行辦公室，加入推動反洗錢業務的行列。

滙豐銀行曾經徵詢顧問公司德勤（Deloitte），如何妥善處理越來越多洗錢相關的問題。美方當局向銀行施壓，要求讓外部「獨立」的專家來協助。而二〇一〇年收益兩百六十六億美元、員工人數十七萬人的德勤，雖然有著世界「四大會計事務所」的頭銜，但並不只是稽核員的角色而已。

德勤有數個業務部門，其中的理財顧問部門（FAS），即協助客戶處理法遵及反洗錢方面的檢核。滙豐銀行早該在數年前，就自行處理反洗錢的問題，如今卻因為美國和墨西哥政府的壓力，被迫尋求外界協助。兩國政府特別強調的，

1 編按：最早加入美國聯邦的州，因此又有「第一州」之稱。

便是外界專家應當秉持客觀立場，不該與滙豐銀行沆瀣一氣。

德勤的理財顧問部門之所以雀屏中選，是因為他們曾在反洗錢這個極易影響聲譽的領域，成功協助過許多銀行。二〇〇四年，紐約州銀行處和紐約美聯準，曾指出渣打銀行紐約分行反洗錢流程的疏失，於是它們便找來德勤。

本來德勤應該獨立於渣打銀行之外，但幾年之後發現事實並非如此。因此，德勤遭到紐約州金融服務廳主管班傑明．洛斯基（Benjamin Lawsky）罰款一千萬美元，甚至在震怒中禁止德勤在接下來十二個月內，接受他管轄內金融機構的諮詢委託。

洛斯基認為德勤「並未展現出諮詢和監管工作時，所要求的必要主體性」。按照渣打銀行的要求，德勤從最終報告中移除一點針對根除洗錢問題的建議。除此之外，洛斯基也表示，德勤違反了紐約銀行法規，對渣打銀行提供了其他銀行客戶的機密資訊。

後來發現，德勤的高級員工寄給渣打員工的電子郵件中，包含了兩份其他銀行客戶反洗錢問題的報告。「兩份報告都包含機密監管資訊，德勤的理財顧問依法不得向第三方揭露。」德勤理應保持距離，確保渣打銀行改革制度；相反，**他**

們卻依照銀行的指令辦事，並共享機密的監管資訊。

然而，有問題的並不只是渣打銀行。德勤與駿懋銀行（Lloyds Bank，音同「冒」，英國商業銀行），以及其支付保護保險（PPI）業務之間的關係，也顯然過度密切。

支付保護保險在英國的銀行，被大規模錯誤銷售給不想要或不需要的客戶。這項保險政策理論上要在客戶生重病無法工作，甚至是失業時，提供貸款償還。駿懋銀行是英國最大的支付保護保險銷售者，因為未能及時處理保險相關索賠，而遭到英國金融服務局罰款四百三十萬英鎊。

駿懋銀行承認，在處理保險相關抱怨上出了「問題」，並開除了負責相關營運的德勤。新聞爆發時，伴隨著一名臥底新聞記者的見證：他宣稱自己通過了駿懋銀行支付保護保險客訴中心的訓練，看見銀行**教導員工如何「玩弄體系」**，來對付客戶。這包含了**選擇忽視詐欺的風險**，並告訴員工大多數時候，只要客戶被拒絕一次，他們就會放棄客訴。

渣打銀行當時的情況，和德勤與滙豐銀行的關係相似。在聯邦壓力下，曾經和駿懋銀行合作的德勤，受邀協助滙豐銀行處理洗錢方面的法規問題。德勤給滙豐銀行的解決方式很簡單：對問題投入大量人力，疏通堆積的文件。

在二〇〇九年加入滙豐銀行的前美國國稅局員工克拉克，光是想要為部門增加三名正職員工就困難重重。當時，滙豐銀行在整個美國的法遵部門僅有一百三十名全職員工。在他離開的二〇一〇年八月，已經雇用了將近一百名臨時和約聘員工，並提出再增加五十名全職人手的要求。他離職的一個月內，這個數字又再次飆升——超過四百名全職員工。但面對如此複雜、處處陷阱的金錢世界，要及時充分訓練這麼大量人力是不可能的。

德拉瓦州，美國本土的開曼群島

紐卡斯爾是個迷人古典的小鎮，人口大約五千人，到處是寬闊的人行道和古老建築物。城鎮位在德拉瓦河畔，距離首府威明頓（Wilmington）僅十英里，開車約六分鐘。在城中走一圈，感覺就像回到殖民時期，畢竟紐卡斯爾保留的殖民時期建築物數量是全美國第二，僅次於維吉尼亞州的威廉斯堡。

然而，紐卡斯爾、威明頓和德拉瓦的與眾不同之處，在於銀行、金融和信託機構的數量，以及跨國企業總部的數量。這樣的對比很奇妙：城鎮的一方是安詳的鵝卵石路面、磚造宅第、港邊高大的船隻和古老的遺跡，另一方卻是莊嚴肅穆的現代商業大樓，有著大企業的招牌和不透明的窗戶。

企業之所以選擇此地，是因為**德拉瓦提供了完全的保密性**。二〇〇四年，滙豐銀行將法定的美國總部地址，從紐約水牛城改到紐卡斯爾，等於是轉移到**美國本土中的開曼群島**。

二〇〇九年，在 OCC 對滙豐發布「停止並終止」命令前，德拉瓦可以說是世界上最不透明的司法管轄區之一。並且被評選為能提供最佳「隱瞞實質受益人身分（beneficial owner）[2]」服務的地區。

也因此，**五〇％的美國上市公司和六十五萬間公司，至今依然將總部登記於此**。算起來，大約每一個德拉瓦居民就擁有一間公司。假如聽起來似曾相識，

---

2 編按：直接或間接持有公司股權或表決權超過二五％、有權直接或間接任免公司過半數董事、能絕對和無條件實際上控制公司，或對其施加重大影響之人。

是因為德拉瓦和開曼群島一樣，專精於設立空殼公司。

前述排名（世界上最不透明的司法管轄區）——好壞全憑你個人解讀——來自一份龐大的一千八百頁研究，「金融保密指數」（Financial Secrecy Index）報告。

這份報告由學者、會計師和租稅正義聯盟調查員，花了十八個月完成。他們對德拉瓦的判定是：「世界頂尖的守密司法管轄區，如果在此成立公司，根本不會有人知道。假如你有海外收入，也無須繳稅。」

德拉瓦州長久以來，都是第四十六位總統拜登（Joe Biden）的基地[3]，離華盛頓特區也不遠，看起來似乎無害，實際上卻販售給企業最高的隱密性，從不揭露信託、公司會計和實質受益人的相關細節。

德拉瓦也允許公司，在幾乎無須進行任何揭露的情況下，將總部訂定於此，或註冊於此處的地址。和開曼群島的阿格蘭屋一樣，德拉瓦也有一棟看似平凡，實際上卻註冊了二十八萬五千間公司的辦公大樓：威明頓北橙一二〇九號（1209 North Orange）。德拉瓦州政府的官員堅稱，吸引這麼多公司和個人在此登錄註冊的並非隱密性，而是他們公平又有效率的司法系統。

對於「金融保密指數」的名列前茅，開曼群島和盧森堡都公開表達遺憾（兩者皆排名前五）。開曼金融管理局抗議：「這份報告有著選擇性偏誤，而且毫無信用，不久之後金融世界的每個人都會這麼認為。」盧森堡銀行協會（ABBL）也提出：「ABBL並不認為盧森堡是『不透明的司法管轄區』。在刑事和財政方面，盧森堡早已參與全球性合作，程度勝過八〇％的國家。」

這份報告的共同作者、租稅正義聯盟主管約翰·克里斯坦森（John Christensen），並不認同他們的答覆：「保密性司法管轄區在北美、前大英帝國和歐洲地區都存在。這些區域驅動了新自由主義，貫串了整個金融市場，使之成為犯罪天堂。他們不問任何問題，於是能吸引大量資金。」

克里斯坦森的同僚，租稅正義聯盟高級顧問理查·莫菲（Richard Murphy）插話：「每年都有兩百萬間企業在美國成立，遠遠超越其他國家。而德拉瓦則是最大的匿名企業來源地。當你只要過個街就好時，誰還會想到開曼群島呢？」

二〇一三年《紐約時報》的約翰·卡薩拉（John Cassara）發表了一篇專欄，

3　編按：拜登在德拉瓦州長大、曾就讀德拉瓦大學，並在一九七二年當選德拉瓦州參議員。

標題是「德拉瓦淪為盜賊的巢穴？」他寫道：「除了激情之下的犯罪，犯罪行為最常見的動機是貪欲。身為國稅局的特殊調查員，我負責的是洗錢和金援恐怖主義等金融犯罪。我訓練外國警力來追蹤金錢流動，和跨國界的資金活動。在訓練過程中，我時常聽到這個說法：『我所屬的單位正在調查金融犯罪，追蹤到金流指向美國的德拉瓦州。我們無法取得任何資訊，不知道該怎麼繼續下去，只能被迫結案。你能幫忙嗎？』這類問題讓我羞愧不已，我什麼也做不了……。」

卡薩拉說，在他為金融犯罪執法局（FinCEN）效力時，收到許多正式的協助請求，都和德拉瓦有關：「德拉瓦的形象廉價……代表著地下金融、逃漏稅和其他空殼公司的惡意行為，或是隱瞞了實質受益人身分的公司。這意味著實際控制該企業的個人或集團，和名義上登記的人不同（名義毫無意義）。」這也呼應了歐巴馬對開曼群島的批判。

卡薩拉又說到：「我們各州的稅務機構，會定期檢視哪些國家可能成為金融犯罪的溫床。然而，不知是出於目光狹隘或偽善，我們總是忽視自己國內的金融犯罪……。」顯然，歐巴馬並不需要特別指出遙遠的開曼群島；只要沿著九十五號州際公路或美國二〇二號公路，就能找到更近的洗錢聖地了。

二〇一〇年十月，史塔恩加入德拉瓦的滙豐銀行前幾天，當他深信自己終於能實現夢想，對付壞人時，OCC發布了「停止並終止」命令，要求滙豐銀行強化反洗錢程序。

他們以前就曾警告過滙豐銀行，那是在二〇〇三年九一一事件後，聯邦開始加強打擊洗錢行為時。這次是第二次警告了，等於是在向他們說：「**解決問題，否則……**」——這裡的「否則」，指的是OCC有權進行更深入的調查，並強制關閉銀行在美國的分行。最終，則可能撤回銀行的許可狀，代表**滙豐銀行得完全撤出美國市場**，無異於一場慘劇。

有人認為，滙豐銀行太輕易就擺脫了OCC的警示。畢竟，這間企業在二〇〇三年的第一次警告後，又多次因為鬆散的法遵程序而受到告誡，也完全明白外界對其業務活動的各種疑慮——卻沒有做出任何止血行動。

無論看法如何，總長三十一頁的「停止並終止」命令看起來都很灰暗：有超共一萬七千份逾期的警示，內容提出可能的可疑活動，卻尚未通過審核；缺乏有效辨識可疑活動的方式；無法及時對美國執法單位提出可疑活動報告；無法善盡風險評估的責任，就為客戶開立帳戶；即便洗錢風險很高，但從二〇〇六年中到二〇〇九年中，卻未能對前述客戶高達一百五十億美元的現金儲匯，進行任何反洗錢調查；評估國家和客戶風險評等的過程充滿疏漏缺失；對於美國滙豐銀行風險評等較低國家的客戶，未能監控其每年超過六十兆美元的儲匯活動；（反洗錢部門）員工人數不足且資格不符；（反洗錢業務）資源不足；（反洗錢部門）領導問題……這就是年輕、聰敏、野心勃勃、渴望證明自己的史塔恩，即將要踏入的滙豐銀行。

「我甚至得到圖書館，借閱和洗錢有關的書籍」

史塔恩戴著眼鏡，說話速度很快，身材勻稱，髮型俐落，兩側都剃平，給人誠懇的感覺。他的態度自信，偏好傳統的西裝、白襯衫和素色領帶，皮鞋擦得光亮，領口還會別上愛國的國旗別針，帶給別人正式，甚至有些軍事化的感覺。

到職第一天，他依指示到滙豐銀行在某間購物中心附近的低樓層建築物報到。「辦公室隔間是折疊式的，甚至連牆壁也沒有上漆。」他這麼告訴《滾石雜誌》（*Rolling Stone Magazine*）的麥特・泰比（Matt Taibi）。這裡不像是銀行的辦公室，大部分的人都穿牛仔褲和短袖上衣——因為這裡主要的功能，是銀行信用卡業務的電話客服中心。

史塔恩的職位是「法遵專員」，年收入五萬四千美元，不需要接受任何職前訓練：「我甚至得到圖書館借閱和洗錢有關的書籍，情況就是這麼糟。」他時常提早完成每天的工作，而感到無聊透頂，只能和同事們到建築物後方對著附近的採石場扔石子。到職時他所看到的大房間，幾乎總是異常的空曠。大約只有十幾個人在那，對著螢幕工作，似乎沒有誰負責領導，也沒有絲毫緊迫的氣氛。「假如我們要求更多的工作，他們還會生氣。」

紐卡斯爾的反洗錢部門業務分成兩塊，一邊是正職滙豐銀行職員，監控當前的交易；另一邊則是約聘人員，負責的是「回顧」逾期未完成的警示報告，而史塔恩被分配在這一邊。

他很快就意識到，沒有人真正在乎他們做了什麼，**因為只要他提出調查潛在的問題，他的上司就會很惱火，似乎只希望他不要再惹事了**。會這樣其實也不意外，畢竟，史塔恩的團隊位於德拉瓦的銀行大樓裡；而德拉瓦是世界金融機密性最高的地方。

除此之外，他的工作是檢視數千筆透過同一個銀行進行的交易，但在滙豐銀行同僚的監控下，這些交易的設計目的就是保持隱密性。這一切的本質更是荒謬：身為協助滙豐銀行進行反洗錢，以及打破機密性業務的德勤事務所，雖然是跨國大型顧問公司，但本身的辦公室也登記在德拉瓦和開曼群島。

滙豐在紐卡斯爾的部門，完全不是嚴謹調查和分析的玻璃實驗室，而只是虛設的門面，用來說服相關當局，滙豐銀行已經認真面對洗錢問題。當然，對銀行形象來說最重要的，就是減少累積的逾期可疑交易案件量。

銀行必須讓龐大的警訊數量減少，但**只需要標記為已讀或已檢視即可，不一定需要追蹤每個調查**。史塔恩的工作完全不是他所想像的「幫忙逮捕壞人」；相反，紐卡斯爾只不過是個虛設的單位，希望讓監管機關不要太過介入。史塔恩表示：「累積的警示報告分量很多，我們的遊戲目標就是盡可能多看完幾份。」

史塔恩加入不久以後，就了解了辦公室真正的目的。他們的「目標監控團隊」，突然得到了豪斯霍德信用卡處理團隊年輕員工的增援。這些充滿「銷售、銷售、銷售」信念的年輕男女在豪斯霍德關閉後，被重新分配到反洗錢部門，但他們對詐欺並不感興趣，當然也不像史塔恩那樣在乎自己的新工作。

史塔恩事後宣稱，你可以走進他們的大樓，隨便找一個人問問，很高的機率對方根本不知道洗錢是什麼。他們重視的不是揪出罪犯的存款帳戶和資金，而是規畫自己的社交生活。

史塔恩在紐卡斯爾任職之初，他從德勤得到的指示是處理逾期案件，而非監控當前交易，訂下的目標是每星期清空七十二筆。很難說為何是如此精確的數字，平均算下來代表一天要處理十四筆，也就是一小時兩筆，並不是太有野心或太消極的目標。

至於史塔恩得到的另一個指令，就很直接易懂了：當某個帳號出現可疑動態時，就會引發系統的警示。可能是某個名字或地址不對勁，或是某人為了規避一萬美元的通知限制，而轉帳九千九百九十九美元。

假如警訊出現，銀行理應立刻展開調查，而史塔恩的任務就是進行調查，找出警訊的原因和真相（至少他是這麼認為的）。假如銀行未能排除警示，就會建立「可疑活動報告」，交給美國國稅局調查。因此，問題就是紐卡斯爾的員工，進行的調查到底有多深入？

「基本上，假如那間公司有設立網站，就可以排除警訊。」史塔恩表示。與此同時，他們上層的管理者，會傳送過度讚譽的電子郵件，其中一封是這麼寫的：「德拉瓦的專家們這個星期初表現亮眼！」郵件的標題是「六十＋團隊」，稱讚該週完成超過六十件可疑交易報告結案的團隊。

這代表銀行按照OCC的指令進行，並朝著「七十二」這個魔法數字努力。重點就是時間和數量：當團隊檢核完畢大量交易，超過特定的目標，就會得到一頓豐盛的午餐獎勵。

史塔恩比其他人更勤奮，但他的努力卻得不到感恩：「他們不喜歡我到處打聽。」某次，史塔恩靠著試算表來追蹤不同拼法的姓名，成功辨識出一起可疑交易。他發現銀行裡的人只要刻意微調拼音，就能騙過安全過濾系統；但當他回報時，不但沒有受到讚賞，一位上司還問他：「你在這份試算表的分析上花了多少時間？」

史塔恩電腦能力優秀，特別擅長試算表，以為能因此得到管理高層賞識，於是提議為公司設計一套模板，能生成統一的警訊報告。隔天早上，他的上司給他答覆：「我們很感激你的努力，也喜歡你的成品，但我得說：這代表你花了一整個早上在做這件事。我們現在唯一該努力的，就是清理逾期的警訊……。」在每週會報時，德勤會報告結案數量，並寫下未準時的完成案件。那些被認為工作不力的約聘人員，則會因此被開除。

與此同時，史塔恩覺得自己的立場越來越孤立，出色的表現也未受到珍惜，反而招來輕視。幾個月之內，他加入了對滙豐銀行感到挫敗的陣營，明白了銀行其實不願伸張正義，處理心術不正的客戶。

「我領悟到，他們因為我是個傻子才雇用我。一切都只是表面工夫而已。」他終於受夠了，不願再被敷衍搪塞，不願再看著上司反覆無視可疑的交易，對象可能包含了墨西哥毒梟，甚至是聖戰組織哈馬斯（Hamas）和真主黨。他做了自認正確負責的事：寄電子郵件給中情局的前招聘人員，告訴他們一切的情況。

「這是個痛苦的抉擇，在寄信之前，我輾轉反側。我知道自己得做對的事，得表明自己的立場。我想起父親以前告訴我愛默森[4]說過的話：『只要世上有一個人因你的存在而活得較好，那你就算成功了。』」他睡不著，無法下定決心，

4　編按：Ralph Emerson，美國文明之父、思想家、文學家。

也沒有人可以尋求建議。這是個重大的抉擇，不但可能毀了自己在金融業的前程，也可能帶來經濟困難。最後，他終於在凌晨兩點按下「送出」鍵。

這樣的行為極度罕見，因為吹哨人都很清楚，他們不可能繼續待在自己選擇的領域，特別是在封閉的金融業；吹哨人必須權衡這項重大決定，以及可能招致的後果。

來自外部的吹哨人

即便政治人物宣稱他們立法保護吹哨人，但假如被發現，這些人將失去朋友、遭到排擠，甚至面臨更可怕的下場。現實是，一旦他們吹響哨子，也等於在自己工作或居住的地方，被判了死刑。

二〇一一年十月，史塔恩在到職一年後選擇離開滙豐銀行：「我懷抱著滿滿的能量來這裡；現在我就像洩了氣的氣球。我曾經真心因為這份工作而感到興奮。」二〇一二年，史塔恩的行動曝了光，讓他淪落到只能睡在約十一坪公寓的窄床上：「人們不會看到這一點，也不會知道你吹哨之前經歷的掙扎。」

在金融業，緘默法則尤其被看重，**不會有人公開說出真相**。史塔恩的舉報，反映的不只是他的勇氣，也是他身為局外人的本質——他打破緘默法則，因為他並非出身銀行世家，根本不知道法則的存在。

銀行業建立在審慎和保密法則上——這涵蓋了銀行員工談論彼此或分享工作環境的情境。歷史上來說，男性之間的情誼就是在這樣的場合建立，而在極度陽剛的文化中，**說出真相無異於社會性的自我放逐**。

男性的「自己的事自己解決」口號，完全適用於交易所或銀行大廳的陽剛環境，並且深刻烙印在整個銀行組織中。即便要銀行員公開發表正面的議題，也會是種折磨，他們說的每一句話都經過嚴格管控。這可是我的切身體驗。

某次，光是要和一位銀行主管坐下來談話，我就先通過了五道關卡，對不同的公關部門解釋自己的目的，差一點就要寫血書證明自己絕無「敵意」，也不會問任何意料之外的問題。

即便如此，銀行主管對我說的內容還是乏味至極，幾乎沒有發表的價值。另一次，我輾轉通過了十一位不同的職員，才被引入企業的接待室與銀行總裁會面。這樣的文化寫在他們的基因中，刻印在每個新進員工腦海，並反覆強化；但凡要和媒體對話，絕對都必須事先得到許可，更別提中央情報局了！這就是為什麼史塔恩的揭發如此令人激賞。

但我們不該忘記的是，犯下雇用局外人這個致命錯誤的，是滙豐銀行。他們選擇讓外行人來處理苦差事，想用人海戰術解決洗錢的問題，誤以為這種簡單粗暴的方式就能讓問題消失。

在對銀行家族以外的人敞開大門的同時，他們也不可避免的招來了像史塔恩這樣，自詡為「顛覆者、倡議者和愛國者」的人。在一般的聘雇程序中，求職者都必須經過一關又一關的面試，被反覆審查和訊問，履歷也會被仔細深入檢視。銀行會分析他們的人格特質，而最終錄取的人，則必須向銀行回報以毫不動搖的忠誠——因為他們已經成為家族的一分子。

在這個例子裡，滙豐銀行透過德勤來處理這份工作，卻將所有的謹慎都拋到九霄雲外。為了盡速回應OCC的疑慮，避免未來再受到「停止與終止」命令的威脅，**滙豐甚至雇用了對他們不感興趣，也不將為全球最大銀行效力視為榮耀的人。**

這些人領的大都是鐘點費，執行的也是一次性任務。他們回報的對象甚至不是滙豐銀行的員工，而是德勤找來的中階經理，而後者對滙豐銀行也沒有太多情感認同。整體的氣氛就是漠不在乎和缺乏熱忱，紐卡斯爾死氣沉沉的工作環境，更是雪上加霜。員工們都感受到，上頭在乎的不是工作的品質，而是純粹的數量——像史塔恩這樣的人，目標就是用最短的時間處理最多的逾期案件。

史塔恩在職的短暫時期中，他得到了許多不知該如何處理的資訊，這才讓他在曾經被拒絕的情況下，仍寄了電子郵件給中央情報局：「我記得自己曾經申請加入國家祕密行動處，也就是現在的中情局行動部。很遺憾他們拒絕了我，才讓我轉而加入滙豐銀行。但我還是有機會為國效力，在銀行任職的一年中，向中情局傳遞了許多重要的國安情資。」

他和中情局分享的內容，顯示了滙豐銀行雖然確實挹注了資源，但增加的人手卻是信用卡業務職員——這些人原先被開除，但很清楚馬上會被重新錄用為違反洗錢部門的員工。

史塔恩說，他們每天做的事就是清除交易紀錄，通常根本不會多看一眼。親眼見識到龐大的洗錢金額，令他震驚不已，而銀行竟然未能加以防範。

史塔恩在紐卡斯爾的觀察和經歷並非個案；其他約聘人員在日後的調查中，對滙豐／德勤的運作也如此描述：「與其說具體確實，不如說虛偽作假。就像是一間工廠……總是被時間壓力追著跑。」一位約聘人員表示，**當調查者無法追蹤某一筆交易對象的資訊時，就算覺得可疑，還是會被要求結案**。另一個人則表示：「對處理事情的方式感到非常、非常失望。」還有人指出，許多可以解決的案件，就這麼被「掩埋」了。

在對滙豐銀行的調查報告中，特別提出了一個例子：一名約聘人員提出希望調查為何有十三個客戶，在同一天一共匯了一百三十萬美元，到某個香港的滙豐銀行帳戶。當他請求德勤的主管，要求香港方提供客戶資訊時，得到的回應卻是決定權在管理該帳戶的滙豐經理手中。對方沒有提供資訊，而該約聘人員不久後就因為結案數量不夠多，而遭到開除。

至於史塔恩，他則對「吹哨」這個動詞有點意見：「我不是吹哨人，吹哨代表吹完之後，你就停下來了。」

史塔恩並非如此，他繼續深入挖掘和提供資訊：「我是個鬥士，我想要改變文化，想對社會帶來正向的重大改變。」因此，他也遭遇強烈的批評。而後，他接受美國廣播公司（ABC）新聞的深度訪談，解釋自己的立場：「他們說兩個星期後會播出，實際上卻沒有。媒體必須報導這個事件，但他們卻表現得極度冷漠，缺乏報導者該有的道德操守。」

讓史塔恩繼續下去的動力是他的憤怒和使命感：「當我們減輕或排除道德責任時，就會造成問題。要解決問題，得從根本開始，每個人都必須負起個人的責任。這意味著如果事情不對勁，就必須回報，因為這才是對的事。」

他也無法苟同那些即便知道會助長非法的毒品、軍火交易和恐怖主義，卻仍輕忽金融詐欺、企業違法的人——「白領犯罪不該被洗白，而是鮮紅色的，是鮮血的顏色。有時候，敵人會是穿著西裝的高階總裁。」

私人版中央情報局

離開銀行之後，史塔恩的命運和許多立場相似的人一樣，被金融業拒於千里之外，只能在連鎖中國餐廳當服務生：「我淪落為服務生。我工作的地點從來自中國的銀行變成中國餐廳，我的工商管理碩士教育，現在就只值一小時二．一五美元加小費。」

然而，他所引發的事件，卻對滙豐銀行帶來了深遠影響，**這是墨西哥和美國當局，或是倫敦滙豐總部的人都沒能辦到的**。他對滙豐銀行的金融活動打下一道光，讓中情局的調查在二〇一二年擴大範圍，延伸到銀行在中東地區、伊朗、蘇丹和北韓的洗錢行為，當然墨西哥也在其中。

與此同時，史塔恩離開滙豐後的人生也出現了重大轉向。二〇一四年，他在居住地賓州創立了私人的情報機構「戰術兔子」（Tactical Rabbit）。他表示：「戰術兔子之所以成立，是因為我認為金融單位沒有能力妥善驗證客戶，避險基金的投資決策未考慮非傳統數據，而恐怖分子和組織犯罪越來越常利用金融體系來威脅社會安全。」

換句話說，這是私人版的中央情報局；他們提供的是可操作的商業、法律和國家安全情資。主要目標是追求正義和守護美國。史塔恩的公司「做到別人做不到的事，去別人去不了的地方，提供實質的情報蒐集和分析，以及世界級的諮詢顧問服務。」

「我們以這三點為基礎，設計並實施戰術性的長期策略方案，為尊貴的客戶量身打造通往成功的路徑。戰術兔子使用精巧獨特的調查工具和技術，能深度發掘，潛入正確的兔子洞裡。」史塔恩表示，他的團隊成員包含了前中央情報局外勤人員、聯邦調查局特別探員、緝毒局特別探員、特勤局特務、國家安全局特約人員和美國特種部隊成員。

史塔恩發起許多次行動，例如：反對強迫關閉西維吉尼亞的私立女子學院斯威特布萊爾（Sweet Briar College）、揭發棕櫚灘縣治安官辦公室成員的種族歧視行為，並指出聯邦醫療保險支付系統的瑕疵……。

在每個案子裡，他都仰賴內部的人提供資訊。他對中情局調查進度的停滯感到挫敗，於是在二〇一三年八月加入「占領華爾街」（Occupy Wall Street）運動的「替代性金融」（Alternative Banking）工作小組，公開宣傳他對滙豐銀行的指控；他宣稱直到二〇一一年離職時，滙豐銀行都違反著反洗錢的規定。

史塔恩表示：「金融機構也會有錯誤行為，但我在戰術兔子的菁英團隊會努力防範這一點。敵人利用金融系統和金錢來對付我們……在我的領導下，戰術兔子將會強迫華爾街遵從最高的道德標準。這場遊戲已經結束了。這不只是消防演習而已。」

二〇一五年四月，史塔恩宣布代表共和黨參選賓州參議員，在二〇一六年的共和黨初選中挑戰現任的帕特．圖米（Pat Toomey）。後來，史塔恩退選，說他在車禍中右腳受傷，因此無法負擔競選活動所需的長距離步行。

二〇二一年十月，史塔恩召開記者會，準備再次投入共和黨的賓州參議員初選。他的開場白如下：「我今天的身分並不是美國參議員候選人，而是真心關心國家的公民，真心想守護我們的民主。」他宣稱曾經有圖謀不軌的團體連絡他，希望利用他的公司取得數個州的官員情報，藉此對他們施壓，強迫他們舉行選票審計，支持川普關於二〇二〇大選舞弊的控訴。

史塔恩表示：「他們想要蒐集參議員、法官、國會議員和各州代表的情報，迫使對方支持審計。強迫這個詞是重點。以我看來，他們想要的不是傳統的對手研究，而是透過情報來加以勒索。」他說對方要他「即便得透過本土恐怖主義的手段，也要達成目標」。史塔恩為此聯繫了聯邦執法機構。

史塔恩的動機是：「為了更高的社會福祉而採取行動，承擔個人的風險。我毫無背景，而對方則在社會高層受盡保護。我知道失去一切的感覺，也知道要付出多少，才能重新站起來，開創自己的事業。

「我想要幫助的，是倒下後認為自己再也站不起來的人。假如我能從十一坪公寓的窄床和餐廳服務生的生活重新出發，甚至參選美國參議員，那每個人都有可能實現自己的任何夢想。」

當時，滙豐銀行並不知道他這席話有多麼真實。

第10章

大壩出現裂痕

我們是第一個發現滙豐銀行洗錢的機構，
然而，美國司法部和部長卻要我收手。

假如你想找人演出電影中紐約警探的角色，那麼大概不會有比聘請法蘭克・迪格雷戈里奧（Frank DiGregorio）本色演出更糟的選項了。警局的同僚們都稱呼迪格雷戈里奧探長為「法蘭奇・D」，而這位探長大概反映了你對紐約警局老鳥的一切想像。

他精力充沛、聲音沙啞、語速很快，並帶著紐約人的敏銳機智。他的臉因為長年釣鯊魚的興趣而飽經風霜。六十多歲的法蘭奇出身巡警，曾經踏遍布魯克林和皇后區。整個一九八〇年代，他都投身打擊控制廢棄物處理產業的犯罪組織。而後，他的專業則是大型洗錢行動，特別是毒品交易的收益。這為他贏來了位階上的提升，但也換得了性命威脅。

二〇〇五年，法蘭奇從皇后區被派任到國土安全調查局的「黃金國」（El Dorado）專案小組，在執法單位的術語裡縮寫為「HSIEDTF」，由移民和海關執法局管轄。「黃金國」之名源自南美洲神話傳說，而這個聯合單位在一九九二年成立，目標是「運用所有參與單位的工具和資源，打擊並摧毀紐約／紐澤西地區的洗錢和金融犯罪組織」。

他們從三十個聯邦、州級和地方機構，吸收了兩百五十名探員、研究員、情報分析師和檢察官。他們沒什麼特色的紅磚辦公室，位於曼哈頓市中心西側，鄰近切爾西碼頭，占據了一整個街區。這棟建築物在九一一事件後，曾是美國對世貿中心的應變中心，當時牆上掛起的各式機構標誌，看起來相當壯觀。

專案小組背後的概念是，**由不同單位組成統一的小組，就能避免執法時彼此干預或妨礙**；此外，也能避免他們逮捕彼此的臥底人員，或是破壞緝捕圈套，以致事倍功半。

當各單位都傾注資源後，每次逮捕沒收的成果都會互相分享，以利往後的打擊犯罪，以及修復海洛因或鴉片成癮等問題，對地方造成的傷害。從毒品、人口販運到詐欺、武器走私、網路犯罪和奴隸問題，他們打擊的目標毫無遺漏；從電腦駭客到電話監聽和傳統跟監，他們能運用的資源包山包海——法蘭奇也一度延後我們的會面，因為他得出動參與一名嫌犯的跟監任務。

法蘭奇是「黑市披索匯兌」洗錢法的專家，這種方法指的是毒梟透過看起來合法的日常商品交易，將美鈔轉換為墨西哥披索。他是專案小組的資深成員，也是團隊的主管。

二〇〇七年，當局注意到大量現金透過快遞公司，從邁阿密和休士頓的機場輸送。他們調查訂單，發現這些金錢來自紐約；在追蹤金錢流向後，則找到了墨西哥的滙豐銀行。

法蘭奇和兩名年輕探員葛拉罕．克萊恩（Graham Klein）及卡邁羅．拉納（Carmelo Lana）一起調查、追蹤金流。他們發現一名叫費南多．聖克萊門特（Fernando Sanclemente）的男子，會開車在紐約市四處蒐集毒品交易的收益。

某天晚上，他在皇后區的街角停下，和某人交談了大約三十秒，然後就帶著一個黃色塑膠袋離開；同一個晚上，他又去了皇后區拉瓜迪亞機場（LaGuardia Airport）的甜甜圈連鎖店。他們繼續跟蹤他到紐約的月桂谷（Laurel Hollow），才上前攔截。在費南多身上，他們搜到兩個袋子，裝了十五萬四千美元的現金。進一步搜索他的住處，又查獲許多帳戶和文件，都符合洗錢犯罪的跡象。

專案小組發現，費南多的上層是胡立歐．卡佩羅（Julio Chaparro），而針對卡佩羅深入調查後，他們意識到卡佩羅是個擁有雙重身分的關鍵人物。他一方面扮演受人敬重的胡立歐．卡佩羅：四十八歲、有四個小孩、在哥倫比亞經營三間玩具工廠；另一方面，他卻是毒品販運結構中重要的齒輪，擔任中間人，透過墨西哥在紐約和哥倫比亞之間，為毒品供應者輸送大量現鈔。滙豐銀行就是他犯罪網絡的中心。

「我們追查通過美國邊界進入墨西哥，而後流入墨西哥金融體系的現金。有些現金後來又會透過轉帳的方式回到美國。」法蘭奇說，這就是典型的洗錢。「滙豐銀行將輸出自南美洲的現金，歸入美國個人或企業的帳戶。傳輸鏈有六個環節，最底層是哥倫比亞的農民，中間是現金掮客，而頂端則是毒梟。費南多的服務對象，是掮客和美國的帳戶。」

其中涉及的金額，恐怕遠遠超過我們對玩具產業的想像：當局追蹤到五億美元的現金。當卡佩羅遭起訴時，受到的指控是在二〇〇八年十月六日到二〇〇九年四月十三日，短短六個多月間，他經手的轉帳金額就超過一百一十萬美元。

當局設下緝捕圈套和假的帳戶，且在過程中發現，只要涉及美國和墨西哥的滙豐銀行，必須依法訂定的監管系統——說好聽一點是太過鬆散，說難聽一點則是根本不存在，甚至被刻意迴避。

卡佩羅於二〇一〇年在哥倫比亞被捕，二〇一一年遣送美國。在向法庭提交的文件中，檢察官指出：「卡佩羅利用墨西哥滙豐銀行的多個帳戶來存放毒品交易的收入，接著再匯入美國境內和其他地點的企業。這些資金接著用來購買商品，外銷到南美再販售，轉換為『乾淨』的現金。」

根據檢方的指控，這一切基本上都由卡佩羅規畫，而調查人員認為他是「大量洗錢行動的大作曲家」。卡佩羅的律師艾弗拉姆・薩維特（Ephraim Savitt）承認他是中間人，但宣稱他只是「為指揮家翻動樂譜的人」。

卡佩羅對洗錢案的指控認罪，被判刑六年，必須繳出五十萬美元以及法蘭奇團隊查獲的十五萬四千美元。然而，偵查並未在逮捕了玩具工廠老闆後就停止。法蘭奇和同僚鎖定了更高的目標——他們從布魯克林開始，到皇后區和倫敦，瞄準了滙豐銀行在世界各地的分支總部。

與此同時，在某個與日夜繁忙擁擠的紐約市截然不同的地方，另一個美國執法單位也開始密切關注滙豐銀行。位於西維吉尼亞，深深以他們的奧格爾貝公園（Oglebay Park）為傲的惠靈市（Wheeling）。這座公園曾經是克里夫蘭工業家厄爾・奧格爾貝（Earl Oglebay）的地產，面積兩千英畝[1]，而後捐贈給惠靈市民作為「公眾娛樂」用途。

這片開放空間什麼都有：高爾夫球場地、滑雪場、騎馬場、戶外劇場、游泳池、網球場、景觀步道、藝術和手工藝空間、花園、天文館、購物中心、瀕危動物展示館、植物園、度假小屋、水療中心和會議中心；奧格爾貝的「冬日光祭」（Winter Festival of Lights），也是值得參觀的傳統活動。此公園在政府金融和公園管理的領域極富盛名，因為它是「美國唯一自給自足的公立縣市級公園」。公園的中心是威爾森飯店（Wilson Lodge hotel），其中的伊倫費爾德餐廳（Ihlenfeld Dining Room）有著大型觀景窗，面對著迷人的鄉間景色和湖泊。

查爾斯．伊倫費爾德（Charles Ihlenfeld）在家鄉惠靈市，擔任過檢察官和市長五十六年，直到一九八九年過世為止；他可以說是最有資格被稱為「惠靈」先生的人了。

伊倫費爾德參與了無數的公眾和社區機關團體，也是當地的民主黨領袖和大慈善家；一九八四年妻子過世時，他為奧格爾貝準備了一份禮物——資助公園擴建，並翻修了威爾森飯店的公共用餐區。伊倫費爾德本來是希望紀念他的妻子，但在他過世後，他的兒子威廉和查爾斯（William and Charles）希望餐廳能

---

1 編按：約兩百四十五萬坪。

共同紀念這對夫妻。

守護不幸之人的檢察官

威廉（以下稱比爾〔Bill〕）和他父親一樣是個律師，他也在惠靈出生長大，承襲了家族強烈的道德觀，發自內心的希望能回饋社區，照顧貧困的市民：

「我很關注父親和祖父在做的事。我記得他們時常在地方政府或州政府服務大眾，幫助人們。我知道自己想追隨他們的腳步，但還不確定具體該怎麼做。」

他的母親是語文老師，而當他被迫意識到自己無法實現童年的野心，成為職業冰球選手後，他選擇了新聞業。比爾在俄亥俄州大學主修新聞，得到西維吉尼亞WOWK電視臺的實習機會：

「當我在 WOWK 工作時，電視臺會從頭到尾仔細的報導重大案件的審判，其中包含了一起西維吉尼亞凱賓溪谷（Cabin Creek）的母女謀殺案，而我就坐在法庭的前排。整個過程使我著迷，我很快就體悟到檢察官的重要性。我對新聞的興趣，轉變為對司法正義體系的熱情，並且希望成為檢察官。

「我的教授們告訴我，他們覺得我可以表現得很好。但假如想在新聞業成功，還必須經歷漫漫長路。父親在此時提醒我，法學院也是個選項，於是我接受了他的建議。」

比爾本來能成為記者，但後來進入西維吉尼亞大學的法學院。法律專業就寫在他的基因裡：他成為競爭激烈的盧格模擬法庭協會（Lugar Trial Association）主席，參與活動的學生會在模擬法

▲從保險詐欺案揭發滙豐洗錢真相的檢察官，威廉．伊倫費爾德。

圖片來源：維基共享資源公有領域。

庭上彼此練習。

他也熱愛法學院教授查爾斯・迪薩沃（Charles DiSalvo）的法庭辯護課程。

「我們班上一共有七十五個學生，而他知道每個人的名字。學期剛開始某天，在民事訴訟課程中，他在教室四處走動，不需要座位表就認出了每個同學。這傳達的訊息是，他很在乎我們，知道我們是誰，而我們最好乖乖做功課，因為他隨時可以點我們的名字。」

迪薩沃不只是大學教授，也是職涯的導師，對比爾有著深刻影響：

「迪薩沃教授教我們，不要接下自己無法全心相信的案子。他也教導我們如何為開庭做準備。他的教導對於我擔任州檢察官和聯邦檢察官時，處理的上百個案件都有著相當的幫助。」

比爾在一九九七年取得法學學位，回到家鄉擔任西維吉尼亞州，俄亥俄郡的助理檢察官。二〇一〇年，他升格為西維吉尼亞州北區的聯邦檢察官。他的打扮俐落，身材削瘦但結實，和妻子蕾貝卡（Rebecca）結婚後育有年幼的孩子。

他每週都上教堂，並深深以自己的故鄉為傲，對家鄉的人來說，就像是小說家約翰．葛里遜（John Grisham）[2]筆下的英雄檢察官。他主要負責的是家庭暴力和性犯罪。

「我在這個領域待了三年，所以很能理解當受害者不願配合時，起訴會遇到的困難。少了重要的目擊證人，我只能研究證據相關法規。我反覆思考，特別是例外的狀況，花了大量的時間看書，甚至可以說晚上是抱著書睡覺了。」

一段時間後，他成為毒品案件的檢察官，面對的是毒品鏈最末端的參與者，有時是在販毒過程中被捕的青少年。

2 編按：美國暢銷法律驚悚小說作家，著作在全球賣出超過三十億本，代表作有：《黑色豪門企業》（*The Firm*）、《絕對機密》（*The Pelican Brief*）。

「處理青少年涉案的情況給我很大的啟發，也幫助我更了解修復式正義[3]的概念。我領悟到光是起訴和處罰一個犯錯的年輕人是不夠的。你必須更進一步，看到『幕後』的真相，並了解他們為何會犯罪，又該做什麼來幫助他們走上不同的、更好的道路。」

因此，身為聯邦檢察官的他，決心處理西維吉尼亞州北部，對鴉片和海洛因日益嚴重的成癮問題。他從各個角度著手，包含規畫了美國聯邦檢察官毒癮行動方案，以前所未有的方式結合了教育者、健康照護專業、企業領袖、神職人員、戒癮專家和執法人員。

「我很快就意識到，傳統的逮捕、定罪和監禁是不夠的。要達到目標並不容易，會需要很長的時間，但我們還可以做得更多，可以採取更快速的行動。」

比爾爭取資金來對抗嚴重的毒品問題，並推動「未來計畫」，致力教導年輕人毒品成癮背後的科學，以及做出正確決定的重要性。他也努力為被告爭取機會，假如能完成艱難的戒毒治療，就能免於牢獄之災，也無須留下案底。

他也志願協助無數社群組織，為犯罪的受害者和視覺障礙者提供支持和協助，其中包含俄亥俄谷性犯罪援助中心、西維吉尼亞州反家庭暴力聯盟、惠靈市基督教女青年會家庭暴力防治計畫、看見之手協會和馬丁斯堡倡議。

他帶領法學院學生團隊，到西維吉尼亞州南部支援水災紓困，幫助受害者修繕房屋，並提供生活必需品。他也志願協助西維吉尼亞州法律扶助，無償協助需要律師的弱勢者。

比爾表示：「我對於自己有熱忱的目標付出，也協助有需要的對象。我不只為這些團體提供經濟援助，也奉獻我的時間，因為社區服務是我的家族傳統，也因為上帝讓我如此蒙福，我覺得祂會希望我守護那些沒有那麼幸運的人。」

打從一開始，毒品就是比爾一再遭遇的問題，幾乎無可避免。

3 編按：透過受害者和加害人之間的會面、討論，使加害人在彌補過錯的過程中，了解被害人的傷痛；被害人也能透過與加害人的對話，了解對方的行為動機。

「我沒想過毒品問題會占據我這麼多的時間……在整個美國，毒品案件占據了聯邦檢察官辦公室三〇%的案件量。在西維吉尼亞州北部地區，六〇%的案件都和毒品有關。我一方面以此為傲，另一方面也希望數字能減少。我希望能把比例降到全國平均值。」

他一方面追緝毒品的提供者，一方面則嘗試協助毒癮者。

「當你不只是將單一個人定罪，而是破獲整個販毒組織，就能帶來改變……成癮者不會因為供應者消失就不再吸毒；相反的，他們會透過別的供應者得到毒品，而有太多人爭相成為供應者。」

比爾的另一項專業是健康保險詐騙案，他成立了一個小組，專門辨識和健康保險詐欺相關的聯邦犯罪案件。他就是這麼抓到巴頓・亞當斯（Barton Adams）醫生的（見後文）。

「我們採取數據導向的手段，來預防西維吉尼亞州的健康保險詐欺，進一步主動評估州內醫療照護單位的醫療保險理賠數據。透過先進的統計分析，我們能辨識出潛在的詐保行為模式，更有效率的揭發保險的浪費和濫用。」

從惠靈到同樣位於西維吉尼亞州的維也納（Vienna），距離大約一百多英里。維也納的「驕傲谷」（Pride of the Valley）位於俄亥俄河谷，在崇山峻嶺之間——西維吉尼亞大學的體育隊伍也因此取名「登山者」（Mountaineers）。這裡的鄉村崎嶇但寧靜，也是大中央商場（Grand Central Mall）的所在地。商場由八十五間商店組成，是該地區的購物首選。

然而，在這個充滿步道和公園，屋舍儼然、靜謐、以家庭和健康為中心，投入戶外活動的美好地區背後，卻潛伏著可怕的陰影。雖然難以置信，但維也納所在的**伍德郡**（Wood County），在二〇一七年一共出現三百六十三起吸毒過量的報警案件，**吸毒過量的死亡人數在全美國排名第一**。

當地治安官史蒂夫・斯蒂芬斯（Steve Stephens）表示：「可以說幾乎每天都有吸毒過量的案件。維也納會開沃爾瑪連鎖店是有原因的，因為市場夠大，而同樣的道理在毒品上也適用。只要還有毒癮者及願意購買毒品的人，我們的問題就不會消失。」

「登山者」，揭發洗錢真相

在鳥瞰城鎮的山丘上，是封閉的社區布蘭特伍德高地（Brentwood Heights），由兩層樓的整齊市郊建築組成。巴頓．亞當斯醫生就住在這裡，和妻子約瑟芬（Josephine）及孩子們在此租屋。

在「事件」發生後，鄰居表示亞當斯一家人舉止有些怪異，行事低調、無意融入社區，而醫生本人總是直接把車開進車庫，立刻關上大門。在這樣封閉的社區，人們總會注意到最微小的細節，並且大肆批判。

亞當斯是骨科醫生，在鎮上經營「介入性疼痛管理」私人診所。然而，他卻不像表面上看起來那樣單純——他不是關心病患，努力消除痛苦的醫生，而是個詐欺犯和騙子，致力於詐領聯邦醫療補助和聯邦醫療保險金。他的詐欺手段包含重複領取、不實申報超音波和止痛藥注射費用，以及讓病患在未接受的醫療服務單據上簽名。

最終，警方終於找上門來，而聯邦檢察官比爾揭發了亞當斯透過銀行洗錢的網絡，由許多帳戶和交易所構成，而這間銀行就是滙豐銀行。亞當斯和妻子一共透過帳戶和空殼公司的網絡處理了三百七十萬美元。

約瑟芬在英屬維京群島成立名為奇菲爾德股份有限公司（Keyfield Limited）的空殼公司，在香港滙豐銀行建立公司帳戶。透過這個系統，美元會先進入美國的數個帳戶，而後再轉到加拿大、中國和菲律賓的滙豐銀行帳戶。比爾說約瑟芬過著「奢侈的生活」，並且會「在世界各地旅行，住在高級飯店，並且在海外度過退休生活」，但他們的犯行終究遭到揭發。

二〇一三年，六十一歲的亞當斯醫生因為健康保險詐欺和逃稅，被判刑五十個月，進入聯邦監獄服刑。他也被勒令繳交三百七十萬美元給政府，並償還詐領的四百一十萬美元健康保險，對象包含聯邦醫療補助和聯邦醫療保險。在刑期宣判之前，他已經於二〇〇九年，就因為藐視法庭和妨礙調查而服刑四年。

比爾意識到，這個品行不好的醫生只是冰山一角，透過滙豐銀行流動的可疑金額遠比這大得多。讓比爾感到不安的，是亞當斯夫妻的手法竟如此赤裸粗糙。**這是最簡單粗暴的洗錢手段**，你會以為不可能疏忽不察，**但滙豐銀行顯然無動於衷**，絲毫沒有嘗試關閉可疑的帳戶。

他指控滙豐銀行的法遵部門出現系統性的缺失：「這種洗錢的手段，連喜劇電影裡的角色都會覺得太明顯，但滙豐銀行卻沒有察覺，也不在乎客戶的身分或是交易的地點。」

從根據地惠靈開始，西維吉尼亞州的聯邦檢察官決定更深入調查這間跨國銀行。比爾和他的助理麥克．史坦（Michael Stein），與財政部下兩個單位的探員合作：來自國稅局犯罪調查和金融犯罪執法網的萊恩．柯納（Ryan Korner）和傑森．甘迪（Jason Gandee）。

「他們是最先揭發滙豐銀行非法洗錢活動的人，揭露了這樣的行為對我們國家造成多大的危險。」比爾表示：「我們是頂尖的調查團隊，在其他執法單位之前就發現了整個事件。**雖然犯罪就發生在紐約的聯邦探員和檢察官眼皮下，卻是『登山者』的團隊釐清了一切**，揭發了世界最大銀行之一的罪行。」

讓他最感到憤怒的，是滙豐銀行助長了西維吉尼亞州的毒品問題。他的團隊一共投入五千五百四十三小時調查滙豐銀行，範圍遠超過西維吉尼亞州，進入美國的數個大都市，甚至擴及亞洲和拉丁美洲。一開始只是針對西維吉尼亞州醫生詐領健康保險的慣例調查，最後卻演變為偵破數十億元的重大洗錢案件……。

墨西哥政府不是不查，而是對手太恐怖

在遙遠南方的墨西哥城，對滙豐銀行的敵意與日俱增。反覆的會議和警告沒有帶來任何明顯結果，因此監管機構開始準備對滙豐銀行提起司法訴訟，最後導致了墨西哥歷史上最高額的罰金，一共兩千八百萬美元。

一位密切參與整個過程的墨西哥資深官員表示：「這是法律的上限了。」墨西哥國家銀行及證券委員會，選定控告的罪名是反洗錢系統和管理不法遵，並且在仔細檢視檔案後，聚焦在其中一千七百二十九筆異常交易，未能回報三十九筆不尋常交易，以及二十一項管理缺失。

雖然兩千八百萬美元，對獲利龐大的滙豐銀行來說只是九牛一毛，但他們當時還不知道的隱憂是，墨西哥當局將所取得的情資，全部都直接轉交給了美國司法部和OCC。

「二〇一〇年九月時，我們再次對墨西哥滙豐銀行視察，卻發現一切都沒有改變。我們把三次調查的結果都交給華盛頓當局；他們說會透過適當管道提出要

求，而我們就提供了。於是OCC便發出『停止並終止』命令。他們所知的所有細節都來自墨西哥，來自我們的調查——我們和OCC、司法部和聯邦單位共享情資。」墨西哥當局的說法反映了他們心中的痛，因為外界似乎認為他們深受洗錢所苦，卻沒有付出足夠的努力來打擊毒品販運。

這些問題在貪腐嚴重的墨西哥流竄，因此似乎是專屬的「墨西哥問題」。然而，事實是**他們每天必須面對的暴行、對報復的恐懼，都太過真實。**錫納羅亞和其他販毒集團的觸角到處可見，幾乎遍及社會的每個面向，從治理國家的政治人物到只求溫飽的貧困農夫，都無處可逃。

當然，部分政治人物、警察和官員的貪腐讓情況雪上加霜。有時候，他們表面上主動自願協助毒品販運，實際上卻承受了龐大的壓力——他們知道若不聽命行事，家人就會被幫派分子殺害。有時候，他們則會為了個人的財富而接受賄賂——很大部分墨西哥地區依然極度貧苦，公部門薪資很低，當他們看見企業和政治高層的人擁有的權力和財富，內心難免動搖。這不是要找藉口，而是解釋為什麼簡單將其批判為「墨西哥問題」，無法解決問題的核心。

無庸置疑的，公務員要挺身對抗世界最大的企業，需要很大的勇氣，尤其是在首都擁有玻璃摩天大樓，門口由一對石獅子守護的滙豐銀行；旗下無數精明昂貴的律師隨傳隨到，豐厚的資本難以估計，甚至掌控了許多政治領袖。

世事變化難料，想到二〇〇二年時，墨西哥張開雙臂歡迎滙豐銀行，總統親自出席剪綵典禮，為巨大油畫揭幕，而油畫內容乍看之下正是滙豐銀行這樣，能為墨西哥帶來助益的銀行。

如今，代表著相同政府的政治人物，卻隔著會議桌對銀行主管們怒目相向，準備用法律手段對付這個強大的企業。他們在二〇一〇年一將懲處告知滙豐，滙豐馬上就照慣例，聯絡了昂貴但老練的律師。雙方開始在法庭上對峙，而滙豐銀行暗中希望能讓罰款取消。

「我們和他們在法院對決，所以不能說我們只想處以罰金。」一位政府的資深主管表示。當年，滙豐銀行發行的年度報告中，完全沒有提到對墨西哥罰款的處置：「我們問他們：『為何不提？』他們說並不需要，因為這筆錢對集團來說微不足道，『不需要揭露。』」

主管又說：「即便金額很小，但牽涉的問題卻不小，這是很嚴重的事。」銀行針對罰款的態度，不只**反映了他們的傲慢，也顯示了大公司目空一切的心態**。

銀行想要魚與熊掌兼得——一方面，他們毫不在乎，指示昂貴的律師來幫助他們對抗罰金；過程中，他們也爭取時間，為墨西哥帶來沉重的官司費用，藉此向官員施壓，取消懲處。

然而，他們並不知道，在對抗墨西哥罰款的同時，美國「黃金國」專案小組的調查正如火如荼。史塔恩已經將情資交給中情局，而西維吉尼亞州的比爾在小型團隊的協助下，也將目標鎖定於滙豐銀行。

美國公務員也在內鬥

「黃金國」團隊可以仰賴位於華盛頓特區，司法部下財產沒收及洗錢部門的力量（該部門有權力否決任何起訴書或和解的提議）。緝毒局和國土安全部下的移民與海關執法局也都參與其中。

假如再加上OCC、金融監管機構、紐約郡地方檢察官賽拉斯．凡斯（Cyrus Vance）的辦公處，以及其他的聯邦團隊，那麼正在調查滙豐銀行的官員、執法者和調查員一共來自十個單位，大部分都在紐約曼哈頓和華盛頓特區。

和墨西哥相比，滙豐銀行對他們的世界就可以說十分尊重了。西維吉尼亞州的比爾在對抗全球金融巨人滙豐銀行時，可以說遠超越他的層級權限，但他卻堅持下去。他在司法部的上司並不贊同，要求他收手，引發了經典而荒謬的官僚衝突——是那種不遜於英國廣播公司政府喜劇《部長大人》（*Yes Minister*）[4]情節的爭吵。

當毒梟們繼續販售他們的商品，無辜的人繼續喪失生命，髒錢不斷透過銀行櫃臺和世界獲利最高銀行的網絡流動時，**美國的公務員們也堅定的內鬥著**。爭鬥的起因是檢察官比爾，這位充滿野心的律師來自傳統名門，從法學院教授身上學到要追逐自己真心相信的案件，要全面而徹底的準備自己的案件。

他在自己的轄區，每天都會親眼看見毒品造成的傷害，於是堅定直接的回答：「不！」他不會放棄自己鎖定的目標。對於上司要求收手，他的回應則是加倍努力，列出了對滙豐銀行和其管理高層，至少一百七十五起的洗錢犯罪指控。

4 編按：一九八〇年代的電視情境喜劇，以嘲諷當時英國政壇各種現象為主題。

司法部再次要求他停止，讓黃金國對付滙豐銀行就好，但他仍然拒絕了，甚至大膽請求由仲裁人進行裁定。

二〇一〇年底，他寫信給司法部副部長蓋瑞．葛林德勒（Gary Grindler），宣稱他的辦公室和華府之間的關係出現破裂：「我們多次釋出善意，希望能化解衝突，妥善區分調查的權責，才不會彼此干擾。」

他繼續解釋：「儘管付出最大的努力，我們的提案卻仍一一遭到拒絕。他們甚至沒有對任何一點，提出別的方案進一步討論。理論上來說，司法部不同的單位，沒有道理不能為了共同目標一起努力，而我們目前的情況也不該是例外。」

諷刺的是，黃金國專案小組的設置目的，就是要避免這樣的情況發生——但或許只適用在聯邦單位，或是位於紐約和紐澤西地區的單位——即便他們面對的毒品問題、毒品供應者和使用的銀行都是一樣的，但比爾的辦公室在西維吉尼亞州惠靈市，並不符合以上的條件……。

普通情況下，政府不同單位和劃分，只會凸顯出**資源不足又分散的公家機構，在彼此管轄權和利益衝突時，要挑戰有權有勢的大型企業有多麼困難。**然而，滙豐銀行或許金玉其外，內部卻充滿了對立的派系鬥爭，以及一層又一層的管理階層。

讓比爾最惱怒的，是他在滙豐銀行的調查上已經頗有進展，而黃金國團隊才剛起步而已。因此，縱使司法部有無限的預算，也不應該浪費在複製相同的發現和成果上。

黃金國在情資方面落後——在西維吉尼亞的檢察官和他們協商時，他們才知道滙豐銀行在自己的辦公室附近，經營了大型洗錢中心。然而，比爾最猛烈的炮火還是集中在滙豐銀行，控訴對方偽造「有系統性問題的虛假文件檔案，目的只是營造出符合《銀行保密法》，並且有能力偵查出洗錢問題的假象」。

他呼應史塔恩的說法，將重點放在滙豐銀行未能回報可疑活動上。一共有數千億美元是來自「高風險」帳戶，而有七三％的對象是國外銀行，被評等為「標準」或「中度」風險，因此完全未受監控。

在某個案例中，滙豐銀行將阿根廷的風險評等降低，「概括性移除了近五千起」與阿根廷客戶相關的內部可疑活動警訊。比爾也強調滙豐銀行後臺作業的缺失；他們的「遠程儲蓄」系統（能將電子支票傳送到世界各地）未能偵測、審查和回報大量來自非美國來源，序號連續的旅行支票。

幾個月下來，多虧了比爾的努力，滙豐銀行問題的嚴重性也越來越被大眾所知。顯然，滙豐銀行在三年間，透過**外國客戶帳戶的紙幣存款，讓超過一千零六十五億美元回流美國，而這些客戶大都來自墨西哥和南美洲**。

然而，從二〇〇五年開始，滙豐銀行只提出了十九起和大量現金活動相關的可疑活動報告。相對的，根據美國金融犯罪執法網的資料，其他銀行和儲蓄機構在二〇〇五年到二〇一〇年間，發布了超過三百八十萬起可疑活動報告。

不過，在調查獲得大幅進展後，政府單位間的管轄權之爭仍持續不休，而比爾繼續調查的請求依然無人聞問。上級要求這位小鎮的檢察官不要多事。

比爾受夠了紐約和華盛頓的官員都要他別再管滙豐銀行的事，決定最後一次出手，然後到此為止。

「我們是美國第一個發現滙豐銀行洗錢的機構。我們是『登山者』，我計畫起訴一間銀行和銀行的管理者們。我希望向華爾街傳達強烈的訊息。然而，司法部和部長埃里克·霍爾德卻要我收手。」

他留下的最後訊息，是將滙豐銀行與美國近代金融史另一個惡名昭彰的事件相提並論。這位西維吉尼亞州的檢察官，使用了華盛頓、紐約，以及金融管理社群都很熟悉的比喻，將滙豐銀行和里格斯銀行（Riggs Bank）相對照：「滙豐銀行之於里格斯，就彷彿核廢料囤放場之於地區性的垃圾掩埋場。」這是個正中要害的犀利攻擊。

里格斯銀行於一八三六年在華盛頓特區創辦，比滙豐銀行還早三十年。里格斯一開始被人們視為新穎的選擇，多年以後則成了白人盎格魯—撒克遜[5]新教徒，所使用的傳統富有者銀行。

一共有二十三位美國總統和家族都信任里格斯銀行，委託處理金融事務，其中包含了林肯、尤利西斯．格蘭特（Ulysses S. Grant）[6]、艾森豪（Dwight D. Eisenhower）[7]和尼克森。還有許多政治家、政要和華盛頓外國使館，都使用里

5 編按：在現代主要形容祖籍來自英格蘭、母語為英語的歐裔白人群體。
6 編按：第十八位美國總統，於一八六五年率聯邦軍贏得南北戰爭。
7 編按：第三十四位美國總統，二戰時擔任盟軍歐洲最高指揮官。

格斯銀行。

里格斯銀行有一句話和「謙虛」的滙豐銀行有異曲同工之妙，它自詡為「世界上最重要城市中，最重要的銀行」（the most important bank in the most important city in the world）。然而，**兩間銀行的相似之處不僅是自視甚高而已**。

二〇〇五年，里格斯銀行的認罪，讓所有的排場和悠久傳統都黯然失色。他們未能依規定回報可疑的帳戶交易，其中包含智利軍事獨裁者奧古斯圖・皮諾契特（Augusto Pinochet）、沙烏地阿拉伯大使館，以及赤道幾內亞共和國總統特奧多羅・恩格瑪（Teodoro Nguema）的帳戶——赤道幾內亞是世界上最貪腐和殘暴的政權之一。

最後里格斯因為上述案件和反洗錢管控鬆散，一共被罰款四千一百萬美元。他們與美國政府協議，「承擔全部行為的責任」，包含為皮諾契特設立兩間海外空殼公司，讓他隱藏自己的財富，並且在一九九四年到二〇〇二年間，以假名存入超過一千萬美元。里格斯也承認為赤道幾內亞的政府官員開立三十個帳戶，其中的存款和貸款加起來超過七億美元。

美國檢察官凱尼斯・衛恩斯坦（Kenneth L. Wainstein）指控：「如此長期和

系統性的不當行為，絕不只是盲目的忽視而已。這違反了銀行相關法律，而這些法律的目的，在於保護我們的金融體系。」

美國參議院常設調查委員會（US Senate Permanent Subcommittee on Investigations）嚴格審查里格斯銀行，發現在二〇〇〇年到二〇〇二年間，銀行員工至少造訪赤道幾內亞在華府的大使館兩次，取走裝有三百萬美元的行李箱，全都是塑膠袋包裹的百元鈔票。

行員將鈔票帶到里格斯銀行在華府市中心的分行，存入某間巴哈馬公司的帳戶，但實際掌控帳戶的人就是恩格瑪總統。在赤道幾內亞發現其領海有大量石油資源[8]後，又設立了新的帳戶來處理由美國的石油公司支付的大筆金額。在某個時間點，這個由恩格瑪、他手下官員和家庭所持有的「石油帳戶」，一共有七億美元；然而，整個赤道幾內亞依然深陷貧困的泥淖。

二〇〇五年，里格斯銀行與政府訂定協議，後來也導致他們被匹茲堡的PNC金融服務集團（PNC Financial Services）收購。這筆交易評估里格斯銀行的

---

8 編按：於一九九六年發現，在二〇〇四年成為撒哈拉以南非洲的第三大石油生產國。

市值七億七千九百萬美元——大約就是存在赤道幾內亞石油帳戶的金額。而購案一完成，里格斯的名字就被移除，由PNC取代。這起醜聞最後就這麼不光彩的落幕。

參議員常設調查委員會委員卡爾．列文（Carl Levin）將里格斯事件評為「尊貴銀行的汙穢行為，公然無恥的忽視了洗錢相關法律所規範的義務」。OCC的副總顧問丹尼史．史提潘諾（Daniel P. Stipano）當時也堅定表示：「里格斯犯下了無法接受的行為，絕對不能再重演。」

第 11 章

總裁・男爵・洗錢

我們要能看著鏡中的自己，用兩個問題反思：
我的作為如何促進人類福祉？我為什麼要做這些事？

當調查人員在二〇一二年對世界最大的銀行步步逼近時，墨西哥和美國的探員，也加緊了他們對世界第一毒梟古茲曼的緝捕。近幾年來，他們收到了許多線報，雖然大部分都是假的，但在那年二月，他們有了重大的突破。

探員們駭進古茲曼最親近手下的黑莓機，追蹤了幾則訊息，查到位於下加利福尼亞半島卡沃聖盧卡斯（Cabo San Lucas）的某支電話。而他們非常確定就是古茲曼的。

紐約FBI也攔截到數百通那支號碼的通話，但在實際拿到手機之前，他們並不知道電話的主人，就是錫納羅亞領導人古茲曼本人。二〇一二年三月，美國緝毒局和墨西哥警方組成了聯合行動來打擊古茲曼。

卡沃聖盧卡斯的度假海灘，是墨西哥最時髦的渡假勝地，也是許多好萊塢明星和美國觀光客鍾情的目的地，更是國際研討會的熱門場地。巧合的是，當團隊向古茲曼進逼時，美國國務卿希拉蕊．柯林頓（Hillary Clinton），剛好也在當地參加G20會議[1]。

當部長們在高級宴席和昂貴的紅酒之間談話時，三百位墨西哥城的緝毒警察也祕密進入此地。警方的目標是海邊的一排豪宅，因為他們確信古茲曼就在其中一間。一共有十五棟房子，每一棟都系統性的突破並搜索，但他們找到的就只有許多度假中的惱怒美國有錢人和退休人士，完全沒有世界最殘酷販毒集團領袖的影子。

這場聯合行動眼看就要成為最大的笑話，但他們追蹤的電話仍在不斷發出信號，因此他們再次攻堅。這次的目標是在海灘外圍的三棟住宅。警方進攻時，本來應該成為古茲曼的末日了，因為他身邊沒有平時的武裝人員，只有他最親近的保鑣「皮庫杜」（Picudo）、他的飛行員、廚師、園丁和女朋友。

然而，隨時保持警戒的古茲曼在道路盡頭第三棟房子裡，看見警察包圍了第一棟，接著是第二棟。當他們轉向第三棟時，古茲曼立刻採取行動，和皮庫杜一起跑過沙灘；也許是墨西哥警方運氣欠佳，他就這麼成功脫逃。

美聯社（Associated Press）如此報導：「墨西哥官方『幾乎』逮捕美國稱之為世界最大毒梟的男子，此人就像賓拉登一樣，能隱藏在眾目睽睽之下。三個星

1 編按：Group of Twenty，由七大工業國與金磚五國、七個重要經濟體，及歐盟組成的國際經濟合作論壇。

期前，墨西哥聯邦警察差一點就在卡沃的海邊豪宅，逮捕矮子古茲曼；同一時間，美國國務卿希拉蕊．柯林頓，則在下加利福尼亞半島同一個度假小鎮，參與外交會議。」

這起事件成了墨西哥的全國笑話——警方已經追到古茲曼家門口，卻沒有派人繞過去檢查房子的後面。毫不意外，新的毒梟民謠出現了——錫納羅亞的樂團「五〇口徑」（Calibre 50），錄製了新歌〈他們慢了三步〉（*Se Quedaron a Tres Pasos*），內容是縱使有一百位警察攻堅，古茲曼仍順利脫身：

他們落後古茲曼三步……
他們在卡沃找他，
但他已經在庫利亞坎了！

古茲曼的確回到他家鄉的山裡，持續經營著他的犯罪帝國。一直要到兩年過後，警方才有機會再次逼近他。

隔著大西洋，英國的滙豐銀行領導階層，出現了突如其來的人事變動。二〇一〇年九月，史蒂芬．葛霖預計在一年內退休，卻突然受到英國政府官員的祕密拜訪。

關於他離開的時間點，銀行內部早有猜測。毫無預兆的風聲傳出，他很可能成為英國貿易投資總署（UK Trade & Investment）的署長，並且取得上議院的議員席次和貴族頭銜。

這其中並沒有公開的派任過程，根據史蒂芬本人的說法：

我接到了一通出乎意料的電話，那頭說道：「你是否有考慮成為貿易署長的人選呢？」一開始我拒絕了。這個問題由內閣祕書傑里米．海伍德（Jeremy Heywood），代表首相提出。

對話之所以繼續下去，是因為我不小心說了：「不只我無意擔任，我也想不到任何商業界的人會真心想要擔任。」

而他問：「為何如此呢？」

我說：「因為有太多出差旅行和對外宣傳，真正的政治工作卻很少，或至少一般人的認知是如此——這些事背後的目的是什麼？」

這些話讓海伍德選擇繼續努力遊說，而後史蒂芬也和首相大衛・卡麥隆（David Cameron）談話。他們討論了提升貿易表現的策略，甚至模擬出工作內容，史蒂芬最後也就接下了這份任務——「這是我上任的原因，當然加入上議院也是為此。」

卡麥隆首相和其祕書，日後被揭發讓澳洲金融家萊克斯・格林西爾（Lex Greensill）——也就是倒閉的格林西爾資本公司老闆——進入唐寧街[2]內殿，給了他辦公桌和名片，擔任首相顧問。而史蒂芬也在他的幫助下，為自己安排了工作，得到了政府官位，以及可以終生保持的貴族身分。

對政治不感興趣的虔誠基督徒

自從二〇一〇年大選以後，英國聯合政府[3]已經花了四個月時間，祕密的尋找一位資深商業人士來擔任貿易署長，負責連接商業界和英國政府，協助在海外推銷英國。

前任貿易署長戴維思男爵（Lord Davies）表示他無意續任；有人提議勞斯萊斯的執行長約翰・羅斯（John Rose），但卡麥隆看中的是滙豐銀行總裁史蒂芬深厚的商業和全球經驗。

在卡麥隆眼中，史蒂芬帶領銀行成長為世界第一，超越美國銀行和花旗銀行等巨型企業。他見證史蒂芬進行了一系列收購案，謹慎處理豪斯霍德的收購，而後又轉向投資銀行——即便這兩者都以失敗收場。

重點是，**滙豐銀行不只大幅成長，也因為提早脫離美國次級房貸，而倖免於金融危機。**無論滙豐是否別無選擇，這都是聰明的一步。多虧了史蒂芬的領導，滙豐銀行的規模擴大了許多，而且還在持續成長，大步向前邁進。

對唐寧街的權力中心來說，**滙豐銀行是卡麥隆英國政府的榮耀勳章。**而聯合政府中工黨的自由民主派，也同樣欣賞史蒂芬對道德金融的信念，並希望企業都

2 編按：Downing Street，英國首相或首相辦公室的代名詞。

3 編按：保守黨的卡麥隆與自由民主黨的尼克・克萊格（Nick Clegg）組成聯合內閣，由卡麥隆擔任首相，克萊格則擔任副首相。這也是一九四五年自邱吉爾戰時內閣後，英國首次的聯合政府。

能更認真承擔社會責任。

唐寧街的風聲是，史蒂芬的工作將整合商業部和外交部，而他的派任反映了英國政府對國際關係的強烈重視，希望能開拓新的貿易連結，提升海外英國企業，並最大化英國的對內投資。

為聯合政府而非單一黨派效力的想法，似乎的確吸引到了史蒂芬這位總是充滿內在衝突、對政治不感興趣的虔誠基督徒銀行家：

「我記得在第一次和首相談話時，我告訴他：『在我們進一步下去前，有些事情你必須知道。第一，我並非保守黨員，也不屬於任何黨派；而且我是中間選民，過去曾經投給三個主要黨派。這樣可以嗎？』

「首相立刻回答：『當然沒問題，在聯合政府中特別是如此。』雖然我坐在議會中保守派的長椅上，但我並未加入任何政黨。我直截了當的告訴他，我會成為黨鞭。畢竟，你不能擔任政府官員卻不擔任黨鞭，而且是聯合政府的黨鞭。」

在這個過程中，顯然沒有任何人進行實質審查。假如有的話，假如官員和滙豐銀行某些業務地區（例如美國和墨西哥）的當局談過，或許就會出現意想不到的尷尬場面。

然而，滙豐銀行的總裁還是被拔擢為政府官員，並在二〇一一年冊封為赫斯特彼龐男爵，在銀行開始進入險惡水域時選擇跳船。赫斯特彼龐時常簡稱為「赫斯特」（Hurst），是薩塞克斯郡的村莊，鄰近史蒂芬成長的布萊頓。

不過，並非每個人都對史蒂芬的派任心悅誠服，有評論家認為，這份新工作「似乎不太符合史蒂芬的特質」。

史蒂芬在新書《美好價值：金錢、道德與世界不確定世界的省思》寫道：「我們要能看著鏡中的自己，用兩個問題反思自己在全球市場的角色：我的作為如何促進人類福祉？我為什麼要做這些事？」

評論家則表示：「很難想像他的部長同僚們，或是他的新往來對象，在匆忙緊湊的會議行程之間，會如何問自己這些問題……。」

史蒂芬進入政府高層，他將會和精明老練的政治人物共事，而他們都擅長面對媒體、塑造螢幕形象、迎合輿論，但他們在發表那些空洞的概括性宣言時，則大多粗心草率。史蒂芬注重細節，對於每個論點的正反方都會仔細研究。

他討厭民選政治人物透過聳動言論，吸引鎂光燈的謀生之道；他曾經說過自己討厭簡報，因為細緻的分析，不應該簡化為條列式的重點或斷章取義。然而，他即將踏入的就是裝腔作勢、充滿虛假演出的世界。

不過，史蒂芬對政府最內部的細微運作並不陌生，對於鎂光燈之外政策的實行面相當熟悉：「畢竟，我的職涯從公務員開始，所以英國政府對我來說並非完全難以理解。」

即便在海伍德和卡麥隆和他接觸之前，滙豐銀行就已經暗中尋找新的董事長，負責此事的是獨立董事西門・羅伯森。在接班計畫完善並施行前，史蒂芬仍在滙豐銀行度過二〇一〇年聖誕節。

根據傳統，這份最高職位應該自動轉移給執行長紀勤，而派迪鮑爾（Paddy Power）[4]的賭盤自然也把他放在第一位。然而，史蒂芬在二〇〇六年被拔擢為董事長的決策，仍出乎意料的影響著滙豐銀行高層，替他們帶來必須遵循新法則，向外探尋人選的壓力。

因此，亞洲專家、前高盛集團成員，同時也是滙豐銀行獨立董事（所以也不全然是外人）的約翰・桑頓（John Thornton）加入角逐。最終，這兩人都沒能登上大位。

滙豐銀行雖然未依循傳統，卻仍在內部選擇，於是決定由財務主管范智廉接下董事長的位置。任何公司的高層出現重大人事變化，一定都會引發反彈，在滙豐銀行也不例外。

和羅伯森會面後，紀勤傳送電子郵件向他請辭，但完美的隱藏了對於無法升遷的不滿：「您可以放心，我仍會是滙豐銀行最大的支持者。」他先這麼告訴羅伯森，而後才向范智廉道賀。

紀勤一生為滙豐銀行效力，在世界各地出差旅行，在大型員工會議上發表激勵人心的演說，為史蒂芬解釋策略，將史蒂芬的想法付諸實現，用他的指尖，在辦公室的智慧型螢幕上管理整間銀行。然而，這樣的他，卻與金融業的頂點失之交臂。

在升職之前，范智廉在滙豐銀行中就深受歡迎；和紀勤相比，他處事更圓滑也更沉穩持重，並且有著冷峻犀利的幽默感。重要的是，投資人喜歡范智廉，相

4 編按：愛爾蘭博彩公司，以在充滿爭議性的項目提供高賠率，吸引公眾關注而聞名。

信他會有話直說；而更關鍵的地方在於，**監管人員對他的評價很高，也願意信任他**。換句話說，滙豐是世界第一的銀行，卻仍受到近年的傷害打擊，需要像范智廉這樣的人，來重振銀行的士氣和名譽。

起訴我、擁抱我，都是同一批人

二〇一二年，當古茲曼逃過警方追捕時，史蒂芬安穩的當著政府高官。而在他迅速安排的貿易任務中，有一項就是讓卡麥隆首相在同年六月拜訪墨西哥城。這是英國首相超過十年來第一次訪問墨西哥，在史蒂芬的陪伴下，商貿代表團的成員都是英國跨國企業的高層主管，包含帝亞吉歐酒廠（Diageo）、維珍航空（Virgin Atlantic Airways）、勞斯萊斯，以及綠能供應商和陶瓷製造公司艾瑪橋水（Emma Bridgewater）。

他們與墨西哥總統卡德隆、墨西哥美洲電信執行長史林等商業領袖會面，並參觀了墨西哥的證券交易所。與會人員中，有些墨西哥政府的官員和代表，正是當史蒂芬擔任董事長時，試圖要讓滙豐銀行遵守規定的官員。

卡麥隆和卡德隆在總統官邸洛斯皮諾斯（Los Pinos）舉辦記者會，史蒂芬發表言論，提及英國必須將墨西哥放在巴西之前；他也表示，墨西哥在世界銀行「經商便利度指數」排名高於巴西，但巴西在英國民眾間得到的關注卻更多。

換句話說，墨西哥是值得投資的標的。為了要再次強調，他指出墨西哥當年國內生產毛額的成長超越巴西：

這不只是曇花一現，也不會只維持兩、三年。不，這會是下一個世代的趨勢。世界的中心正從西方轉向東方，從北方轉向南方。墨西哥的經濟多元成長，對英國企業的吸引力越來越大。

當史蒂芬爵士正在為墨西哥大肆宣傳的同時，墨西哥城的另一個區域，**金融管理人員正準備對滙豐銀行祭出最高額的罰金**。誰能想到**不久前，這位英國新任貿易部長還是滙豐銀行的董事長呢！**

當地金管局也穩定向美國調查人員，提供滙豐銀行協助並夥同錫納羅亞販毒集團洗錢的事證。其中一個參與調查的美國單位，是參議院常設調查委員會（縮寫為PSI）。

正當史蒂芬站在卡麥隆身邊，呼籲與墨西哥建立更好的貿易連結時，PSI也在忙碌的撰寫，史蒂芬任職滙豐銀行董事長期間的調查報告。委員會所仰賴的資訊，大多來自墨西哥當局的官員，**也就是正在接待英國首相和貿易局長的同一批官員**。

PSI是參議院的毒品調查單位，由監察人員的團隊組成，長期都以政治中立著稱，調查時不遺餘力，對付的是最大的企業財團。他們對滙豐銀行的調查，從OCC在二〇一〇年十月，發布「停止並終止」命令後即展開。

其獨立於紛亂的政黨政治之外，在美國精神中占有特殊地位。歷史學家小亞瑟．斯勒辛格（Arthur M. Schlesinger Jr.）如此描述：「傳統認為，立法體制的力量在於立法的力量，但另一個可敬思想則認為，更重要的是調查的力量。」

最初由時任參議員哈瑞．杜魯門（Harry S. Truman）[5]成立，名為「杜魯門委員會」，旨在調查二戰中的不當獲利。經過數起調查後，PSI得到了常設地位，專門面對棘手的對象，例如納粹戰犯、詐騙勒索案件或白領犯罪。

在卡爾・列文的領導下，ＰＳＩ的聲望又再度提高。這位密西根的參議員在一九九九年成為少數黨資深議員，在二〇〇一年到二〇〇三年間擔任主席，在二〇〇七年又再次擔任。

對他來說，沒有哪個目標人物太過位高權重；無論是逃漏稅的億萬富翁、貪腐的外國獨裁者、洗錢者、不當銷售信用卡的公司，以及蘋果電腦、花旗銀行、安隆、高盛集團等大型企業，都逃不過他和同僚們的調查。參議院常設調查委員會也因此得到一個綽號：「十分可怕的調查」（Pretty Scary Investigations，其縮寫同樣是ＰＳＩ）。

列文在一九三四年出生於底特律的猶太家庭，家中有兩

▲「十分可怕」的參議員卡爾・列文。
圖片來源：維基共享資源公有領域。

5 編按：後於一九五四年成為美國第三十三位總統。

個手足。他的家庭管教嚴格，教導對社會奉獻、幫助和尊重他人的重要性。他形容自己的父母和手足是「堅定的新政擁護者」，遵守政府規則、創造機會、為了公平正義而奮鬥。

他的岳父是第一代移民，在遺囑中將一萬美元留給聯邦政府：「他知道自己不必支付遺產稅——他雖然過得不錯，但並不富有——不過身為移民，他覺得自己對美國有所虧欠，希望能以某種方式來償還。我時常在四月十五日，聽到有錢人抱怨報稅時，說這個故事。」

列文在私立文理學院斯沃斯莫爾學院（Swarthmore College）主修政治學，接著進入哈佛法學院。他畢業後投入社會立法，先成為密西根州民權委員會的法律總顧問，接著則是密西根的特別助理檢察長和底特律的公設辯護人。列文也進入底特律市議會，成為議長。

他強烈的個性很早就展現出來。當底特律政府遲遲未解決房屋年久失修和都市衰退問題時，他就憤怒的直接採取行動，親自開著推土機「協助夷平一些房屋」。列文在一九七八年獲選為參議員，在二〇一五年退休時，是密西根歷史上任期最長的議員。

艾莉絲．比恩（Elise Bean）曾為列文和他的委員會工作。她如此形容列文：

「他符合每個人理想中的國會公務員形象。強硬、精明、正直、聰明而堅毅，足以應付任何對手。他的外表給人不修邊幅、普通長輩般的印象，銳利的藍色眼珠卻透過鼻梁上的細框眼鏡看穿一切，而且不輕易移開視線。他堅定的目光、中西部的風度，以及願意冒著艱辛和風險對抗邪惡的個性，都令人欽佩。」

比恩本來以檢察官身分加入委員會，後來也被列文拔擢為人事主管以及主任顧問：

「由於列文參議員的興趣是金融詐欺犯罪，我學到了太多關於洗錢、境外公司詐欺、逃漏稅、會計作假和衍生性金融商品二次販售等知識。我們的調查包山包海，可能是造成數十億損失或欺騙一般家戶的犯罪行為，也可能是導致了二〇〇八年大規模金融危機的不實行為。」

他們工作的「羅素參議院辦公大樓」在國會大廈旁，是一棟大理石、石灰岩和灰色花崗岩大樓。二〇〇四年，列文評論里格斯銀行事件是「尊貴銀行的汙穢行為，公然無恥的忽視了洗錢相關法律所規範的義務」。而ＯＣＣ也表示，里格斯事件絕不能重演。

兩兆五千億，和自由女神一樣重的現金

才不過五年多，二〇一〇年底，列文就發起了對滙豐銀行的調查，他們將發現遠比里格斯銀行事件更加重大的惡行。借用熱心公益的西維吉尼亞檢察官比爾的說法：真可謂里格斯的「地區垃圾掩埋場」對比滙豐銀行的「核廢料囤放場」。又或是如比恩所形容：滙豐銀行案揭發了「銀行的諸多惡行惡狀，即使是最憤世嫉俗的人都會感到震驚」。

滙豐銀行在先前的反洗錢調查，就曾經引起ＰＳＩ注意，而華府已經警覺到這間超大型銀行非常不對勁，淪為毒梟的洗錢機器，特別是錫納羅亞集團。

比恩和祕書處在看過ＯＣＣ二〇一〇年致滙豐銀行的信函，說道：「這是嚴重的指控，他們對銀行強烈抨擊。我們詢問列文參議員是否能調查指控的原因，他同意了。少數黨代表湯姆．科博恩（Tom Coburn）參議員也同樣支持。兩人面對世界上權勢最大的組織之一時，眼睛都不眨一下。」

這場調查的主持者血液中就流著倫理道德，而**受調查的對象，則宣稱自己抱持同樣的價值、擁有同樣優良的文化，而且直到不久之前，都還是由宣揚道德資本主義的董事長領導**。

ＰＳＩ連絡滙豐銀行和美國的兩大金融監管機關ＯＣＣ與美聯準。二〇一一年，監管單位幾乎分享了他們擁有的所有情資：審查報告、工作底稿、內部備忘錄，以及大家蒐集的滙豐銀行文件，也包含了調查團隊寄給滙豐銀行的電子郵件。ＰＳＩ的要求讓滙豐銀行面臨重大抉擇：繼續抵抗或是合作。而就在此時，滙豐銀行內部的風向改變，他們選擇了後者。

比恩表示：「這是因為滙豐銀行已經水深火熱，不能再給人妨礙國會的印象。」然而，為了確保萬無一失，委員會還是發出傳票，強迫滙豐銀行配合。比恩和她的調查員在二〇一一年間收到許多內部審計報告、分析備忘錄、銀行紀錄和電子郵件，也盡可能取得非美國的文件，從其他監管單位蒐集訴訟的證據。他們一共取得了一百四十萬頁的資料。

現任加州檢察總長手下的政策主任蘿拉．史都柏（Laura Stuber），當時在委員會擔任高級顧問，負責釐清事件的來龍去脈，她說道：「這差一點演變為文件轟炸，滙豐銀行希望用文件淹沒我們的人力。他們似乎覺得：『把他們想要的交出去，我們就能脫身了。』」

史都柏和其他調查員，訪問了反洗錢和金融領域的專家、對滙豐銀行有第一手了解的關係人，以及滙豐銀行的高階和中階經理，幫助他們了解手上文件代表的意義。事情遠比他們預期的更嚴重。史都柏總結道：「這很令人震驚。滙豐銀行幾乎每個人都選擇把臉埋進手裡。」而比恩的結論呢？「無比駭人。」

比恩表示，**很顯然銀行大部分都知情**；有許多下令關閉的帳戶卻沒有關閉，即便此事揭發，還是沒有任何強制行為。他們與開曼群島的帳戶往來的資金超過數十億美元，但當他們想要關閉帳戶時，卻辦不到，因為開曼群島根本沒有他們的人。

ＰＳＩ成員被提醒要用嚴謹的方式進行，史都柏回憶道：「列文參議員是個很棒的人，也是個好老闆。他很了解調查這件事，也知道不可能在一個月內就完成。他告訴我們：『花個一年或一年半來釐清一切。』他給了我們充裕的時間。他對我們所做的事和整個事件都很關注。他曾經是檢察官，所以很擅長詢問和後續追蹤。而這是現在很難得的。」

寫作報告本身就耗時兩個月，史都柏說：「過程非常艱難。大部分的調查都不會像我們拖得那麼久，也沒有這麼大量的文件和資料。我們的工作很獨特。一般的新聞研究週期都比我們更短——他們不會進行超過一年的調查。」

首先他們要掌握銀行的規模、遍及全世界的分行，以及員工與客戶的人數。滙豐銀行的資產高達**兩兆五千億美元**，這是個很難理解的數字。可以試著這麼想：葉真理住宅中一共找到兩億美元現金，總重量兩公噸。用兩兆五千億去除以一億，就可以算出兩萬五千噸的重量。

這個重量大約等於自由女神像（兩萬四千六百公噸），或是兩座布魯克林大橋（一萬三千三百二十噸），或是二．五座巴黎鐵塔（一萬零一百公噸）。這些錢**全部由同一個銀行、同一位董事長、同一個董事會、同一位執行長、同一個管理階層，以及同一個法遵部門所管理**。

這些人讓滙豐銀行達到前所未見的規模，這是他們的目標，也是他們達到的成果。然而，他們的戰國風雲策略和日正當中計畫，追求的是不斷擴張、插旗和「銷售、銷售、銷售」，卻也意味著必須付出大量成本。

假如他們沒有能力支付，社會大眾應該幫他們買單嗎？或是該讓他們為自己的野心負責？這是ＰＳＩ不斷思考的問題。

以滙豐銀行在美國的營運為例，他們首先在一九八〇年代進入其市場，收購數個中型美國銀行。比恩表示，截至二〇一一年，滙豐銀行在全美國有四百七十個分行，共四百萬名美國客戶。除此之外，美國滙豐銀行也成為滙豐銀行全球網絡的軸心。舉例來說，美國滙豐銀行每週處理超過六十萬筆線上交易，其中三分之二的美元匯兌，都包含滙豐銀行在其他國家的附屬事業。

就像是兩兆五千億美元資產一樣，這個數字超出了大部分人的理解，也幾乎不可能妥善監控。讓ＰＳＩ憤怒的是，**滙豐銀行一位主管告訴他們，滙豐銀行進入美國的原因不是搶占美國客戶，而是提供海外客戶進入美國金融體系的門路**。事實證明，海外客戶包含了矮子古茲曼和錫納羅亞販毒集團。

比恩說：「銀行的文件也顯示，滙豐銀行倫敦的法遵總部在十年中，都很清楚墨西哥滙豐銀行的嚴重（反洗錢）缺失，卻未能對美國滙豐銀行示警；而美國滙豐銀行，也讓墨西哥滙豐銀行能自由進入美國金融系統。這就是典型的美國附屬公司遭到母公司和非美國附屬公司濫用的案例。」

在主委堅定的領導下，PSI除了國會調查的官方準則外，也建立起自己的法則：「列文原則」。其中有一條「兩年原則」——「無論對方是否值得兩年的時間，我們都必須投入兩年，這是最短的有效投入時間了。」列文堅持他們得進行自己的調查；他並不希望只反芻已知的事實，他想要新的資訊。

他們收到的指示是聚焦於事實、好好善用案例研究、不讓證人「用空泛的說法或陳腔濫調敷衍」、保持全面視野、投入充分時間、傾聽每一方的說法、謹守保密原則（證人的面談總是祕密進行，這些會談的紀錄也不會公開）、產出縝密仔細的報告，並且「利用聽證會來實現變革」。聽證會在調查完成後召開，公布調查報告。

比恩表示：「我們很清楚人性使然，許多證人會利用時間，想出一些能在聽證會上發表的說詞。」PSI團隊受命「對付棘手的目標」。列文全心投入，對抗大型機構和總裁，以及其他沒有人敢面對的對手。他不允許自己的委員會輕率完成報告，舉辦一、兩場聽證會，對目標發表長篇大論後就此收手——這是國會的正常模式。

列文把調查報告視為「路線圖」，幫助他們推動立法和修法，強化執行層面，帶來真正的改變。「我們努力把不當行為人交給執法單位。」在列文的領導下，聲名遠播的PSI和旗下獵犬般勇敢無畏的調查員，已經準備好對滙豐銀行發動攻擊。

回頭來看，我們深感歉意……

二〇一二年七月十六日，PSI發布了三百三十四頁的報告：《美國對洗錢、毒品和恐怖主義融資的脆弱性：滙豐銀行個案史》。以這類型的文件來說，這份報告寫得毫不留情。

列文先給了前情提要，強調「在這個街頭毒品暴力氾濫的時代」，調查者必須追蹤金錢的流向；他繼續說道：「當局必須終止非法金流助長暴行。」最後，他一劍刺入滙豐銀行的紅心，再狠狠一轉，控告**滙豐銀行在輕率的玩弄美國金融法規**。

這位密西根參議員使用毒品交易的語言，將高貴的滙豐銀行描繪為「讓外人進入美國金融體系的門戶」、「由於管控鬆散缺失，美國滙豐銀行讓美國暴露於墨西哥的毒品黑錢中……。」

這間由史蒂芬男爵、英國貿易部長、基督徒銀行家和道德資本主義大師所經營的銀行，有著極嚴重的缺失，包含「失能的監控系統、無法容忍的警訊報告延誤、人力匱乏，以及不適當國家和客戶風險評等」。

列文表示，監管單位應當考慮：「若美國的銀行遭濫用助長非法黑錢，則撤銷其許可證」。而在滙豐銀行，法遵的文化已經遭到全面汙染。他對史蒂芬和紀勤發動猛烈攻擊，指出銀行近期的領導替換，反映了清理門戶的決心，但他也警告：「若想改變，光是文字語言是不夠的。」

這間銀行曾經驕傲的向世界宣揚自己的文化，誇耀自己與眾不同（優於其他銀行）。銀行當時的董事長史蒂芬熱情的談論：「所有員工的共通點，就是他們遵循相同的專業標準，以及職業道德和操守」；他堅持滙豐銀行「確實審慎思考自身的價值和文化，而這是近百年來的先人所流傳下來的」、「滙豐銀行誠心追尋成為道德銀行的目標……銀行的文化是最珍貴的資產。」

有時候，再多企業公關的圓滑、詭辯、偽裝和閃躲都無法隱藏真相。而現在正是這樣的時刻。滙豐銀行已經無法再掌控整個輿論和風向。按照標準流程，他們會在報告發布二十四小時前先收到一份，意味著他們沒有太多時間回應、批評或質疑報告的批判。

此外，報告內容屬於機密資訊，代表他們在法律上也動彈不得。在紀勤之後接任執行長的歐智華擁有牛津大學法學學位，曾經負責滙豐銀行磕磕絆絆的投資銀行業務。為了回應這份報告，他寫了一封預警信函給所有的員工：

「在二〇〇四年到二〇一〇年間，我們的反洗錢管控不夠嚴謹有效，因而未能察覺和處理無法接受的行為。不久之後就會召開聽證會，揭露我們如何達不到監管單位、客戶和投資人預期的標準……我們應當被究責，也應當負起更正錯誤的責任。」

聽證會預定在報告發布的隔天進行，也就是七月十七日早上九點半，地點則是華盛頓特區參議院德克森辦公大樓。

列文在開場時陳述了，墨西哥毒品販運者如何將毒品運入美國，又將美鈔走私回墨西哥，存入當地的滙豐銀行分行，再接著由銀行將所有現金以裝甲車或飛機運送過邊境，回到美國滙豐銀行，完成洗錢循環。

在二〇〇七年和二〇〇八年短短兩年間，墨西哥滙豐銀行將總值七十億的美元鈔票運輸到美國滙豐銀行。

「這遠超過墨西哥的其他銀行，甚至是規模比墨西哥滙豐銀行大兩倍的銀行。人們都知道銀行正在發生這樣的事。」面對參議員的憤怒，銀行的策略是正式承認過失，使用官僚體系遭到揭發時最常用的兩種辯護：「後見之明」和「學習教訓」。

六個銀行的證人出席，他們一再重複這兩個說法，似乎在按照劇本排練：「後見之明」和「學習教訓」。然而，這並不全然是對審查委員會卑躬屈膝。他們還藏有最後一手，準備要從訴訟程序的一開始，就對PSI先發制人，打擊對方氣勢。

滙豐銀行的第一位證人是法遵部門主管巴格力。為滙豐銀行效力二十年後，他選擇在此刻宣告自己即將離開：「我向集團提出諫言，應該在這樣的時刻選擇新的法遵部門負責人，對我或對銀行都比較好。」

滙豐銀行開始將脆弱的目標移出火線，意圖把不利的消息都掩蓋起來。事實上，巴格力根本沒有要離開——同年十一月，他成為滙豐銀行私人銀行部門的法遵主管，一直到調查報告公開滿一年後的二〇一三年四月才真的離職。而後，他成為合作金庫銀行的法規風險、詐欺和反洗錢部門主管。

滙豐銀行或許以為，讓巴格力離開前線，就足以安撫投資人和倫敦的金融中心，但列文強烈抨擊這樣的手段。列文轉向前墨西哥滙豐銀行管理者，現任香港滙豐銀行零售金融和財富管理部門主管的杜爾史東，質問他：「你們都提到後見之明，但這些都是最近的電子郵件，沒有什麼是後來才發現或學到的。人們都知道銀行正在發生這樣的事。為什麼還允許情況繼續下去？」

杜爾史東表示，更正錯誤需要一些時間，而且他們正遭遇許多問題。列文繼續點出：「這些問題已經發現好幾年了。這不是回顧才發現的，而是從二〇〇二年開始的無數年來，銀行都很清楚的事。」

北美滙豐銀行前負責人麥克．格力高同樣也推給後見之明：「但是從事後的角度來看，我們當初並未徹底明白銀行的風險，也不知道應該更快採取行動。」科博恩參議員無動於衷，表示：「我並不相信他的說法……簡直就像在說，你們完全不知道有這些事在發生？」

然而，最強而有力的證詞或許出自巴格力。上頭大概要求他必須負起責任，但他卻還是用最隱晦保守的言語，表達出真正該責怪的對象：「我們學到了許多寶貴的教訓……**其中之一和成長的管控相關**。」他的用字遣詞恰恰呼應了史蒂芬的偉大計畫「管理帶來成長」。

巴格力表示：「在事後調查報告的幫助下，我們現在可以清楚看出銀行的基礎建設，顯然跟不上事業和風險的成長速度。銀行在太短的時間內擴張太多，我們低估了無數的收購案所帶來的挑戰。即便我們已經努力面對這些挑戰，也很難面面俱到。」

滙豐銀行這個大型的怪物已然失控。渺小的中央管理系統在愉快的登陸其他國家後，根本不知道會發生哪些事。

「無數世界各地的附屬公司，在營運上都有相當程度的自主性」——這是一意孤行、不受管控比較委婉的說法。

身為滙豐銀行內部警察總長的巴格力則表示，他一點實質權力都沒有：「身為集團法遵部門的主管，我的職權卻僅限於諮詢、諫言和回報。我的工作並不是確保全球附屬公司都遵循集團的法遵標準，我也沒有那樣的權力、資源、支持或基礎設施。」

到底是哪裡出了錯？這一切又回歸戰國風雲的遊戲。

「滙豐銀行的擴張速度很快，有些新收購的公司在加入時並未符合滙豐銀行的法遵標準和期待……滙豐銀行的根源來自一間規模小得多的銀行，成立於迥異的全球金融環境中。回頭來看，這樣歷史悠久的模式或許跟不上時代的變化。」滙豐銀行擴張得太大、太快，因而無法遵循法律規定。歐智華代表滙豐銀行，表示他「深感歉意」。

第4部

這是銀行與政府的事，和我無關？

第12章

大到……不能倒？

「假如銀行倒閉，整個系統都會完蛋。
別他媽裝傻了！」

法蘭奇警探無法精確揭露，探訪滙豐銀行倫敦總部的詳細情形，他說：「這件事陪審團還在審理中。」然而，他對滙豐銀行醜聞的重視程度顯而易見；法蘭奇只說，自己和警方同僚見到不少銀行高層的人——很多人現在都不在那了。他們是否見到史蒂芬、紀勤、杜爾史東、霍嘉治和巴格力？他不回答，也不能回答。他只解釋道：「好的調查，就應該試著訪問每個關係人。」美國的警方和檢察官團隊風塵僕僕來到倫敦，和滙豐銀行的管理高層面談，也顯示了事件的嚴重程度，以及這些人所陷入的泥淖。

在西維吉尼亞州，聯邦檢察官比爾依然努力的對滙豐銀行窮追猛打。但令他挫折的是，他的上司要他收手，將調查成果打包給法蘭奇的黃金國專案小組。史塔恩面臨的情況也一樣，他送給中情局的報告，最終也交給了調查團隊。

如今，這些情報在完全保密的情況下，交給大陪審團「審理。執法單位和參議員列文委員會的調查各自獨立，雙軌進行。當PSI成員比恩和同僚們深入追查，向列文參議員回報時，華盛頓和紐約的警察與檢察官，也在蒐集控告銀行的證據。

二〇一二年夏天，聯邦機構已經向大陪審團報告，並確定對滙豐銀行提出控告。檔案如今來到司法部手中，其他單位機構則持續提供資訊。然而，司法部意識到，紐約金融服務廳的主管班傑明．洛斯基也在調查此案後，情勢就變得有些荒謬。

這成了政府單位間的地盤之爭，每一方都想最先打擊滙豐銀行：部會和部會之間，各自賭上一口氣。重點已經不再是讓指控和證據滴水不漏，而成了意氣用事。當然，這對滙豐銀行來說是天賜良機。先前，洛斯基已經因為違反制裁規定和法遵問題，對渣打銀行出擊，如今他的目標是規模更大的滙豐銀行。

八月二十四日，美國政府調查滙豐銀行的一位檢察官，在電子郵件中對同僚表達了他的憂慮：「近來有許多關於滙豐銀行調查的重大新聞，各檢察官和監管機關都努力完成他們的調查和執法行動，恐怕過於倉促，顯然是為了不要再次被紐約金融服務廳搶先一步。不幸的是，這很可能造成合作機構間時間安排的重大

1　編按：在美國刑事案件中，大陪審團用於決定是否對某一疑似犯罪的行為開啟偵查程序，以及偵查完成後決定是否起訴；小陪審團則用於審判中，認定犯罪事實有無（有罪／無罪）；判決中的法律論述和量刑，則通常由法官決定。

衝突……。」

正當對滙豐銀行布下的網羅越縮越小時，**司法部卻開始和滙豐銀行討論快速解決和認罪協商的可能性**。此舉的目的是為了**讓司法部在短時間內得到勝利**，而在另一封檢察官的郵件，這被稱為相當「瘋狂」的一件事，因為案件的全貌根本尚未徹底釐清，要談條件還太早了。

美國財政部的紀錄顯示，司法部負責執行反洗錢規定的「單位資產沒收及洗錢調查部」（AFMLS），傾向對滙豐銀行提起刑事訴訟，並進行認罪協商。在九月四日兩個部會間通話的紀錄中，財政部的官員被告知：「今天和滙豐銀行相關的跨部門協調有新的進展，有必要向你報告。司法部（由AFMLS主管珍恩·夏斯基〔Jen Shasky〕代表）第一次宣告，考慮要求滙豐銀行認罪協商。司法部正在審慎考慮這麼做的後續效應，預計在這週內做出最後決定。」

在同一次跨部門通話中，英國金融服務管理局（現英國金融行為監管局，FCA）官員們對最新進展感到不可思議。假如他們原本都被蒙在鼓底，此刻也昭然若揭了。司法部正在權衡，到底應該定罪滙豐銀行並尋求認罪協商，還是比較輕微的延緩起訴——繳交罰鍰，不提出刑事訴訟，但滙豐銀行必須承諾收拾爛攤子。

打擊大型銀行，你我都承擔不起

對於投入了數千個小時追蹤、蒐集訴訟資料的人來說，這實在令人憤慨；但諷刺的是，調查規模擴大至今，**已經不再只是因為銀行的行為而訴訟這麼簡單了**。換句話說，情況越來越棘手。

訴訟的進行方式不是個簡單的決定，不但必須思考無法協商的情況下——也就是假如滙豐銀行不願意吞下認罪協定——是否能順利定罪。假使如此，無疑會帶來漫長的訴訟過程，在冗長的審判後也不保證能勝訴。

他們必須提出合理懷疑以外的證據，而這將耗費大量時間和金錢，也得對抗許多最優秀（也最昂貴）的辯護律師。滙豐銀行的陣營，已經找來紐約頂尖的企業法律事務所蘇利文・克倫威爾（Sullivan & Cromwell），而後續肯定會有更多強大助力加入。

美國司法部長霍爾德和副部長藍尼・布爾（Lanny Breuer），只要想到自己和部門其他同僚的名聲就感到內心沉重。不難忘記，在二〇〇八年金融危機後，沒有任何一間銀行或其高階主管遭到定罪；然而，雖然對滙豐銀行提起訴訟，有機會修正大眾認知的錯誤行為，但此舉終究有失敗和自取其辱的風險。

和二〇〇八年相比，這次的事件並未牽扯到不動產等複雜的金融交易，因此比較容易理解和處理。**世界上最大的銀行之一，被控縱容頭號通緝犯領導的毒梟集團進行洗錢，再用數十億的非法所得繼續購買毒品和武器**，危害美國人民的性命和社會。

而對訴訟不利的因素，則和二〇〇八年未將任何銀行主管定罪的根本原因相同：**假如提出訴訟，恐怕會引發經濟崩盤**，被指控的銀行將受到致命打擊，連帶摧毀整個金融系統。換句話說，對大型銀行造成的打擊，是否會太過沉重？並導致全面混亂和無法修復的傷害？

然而，參與調查的人也心知肚明，人們普遍對於二〇〇八年的結果，都感到憤恨不平，希望滙豐銀行的案子會有所不同。二〇一二年時，世界的發展已然不同，市場已經恢復，不再如此脆弱，而滙豐銀行許多應該負責的高階主管，也都已經離職或調職，因此對銀行和市場的影響也不會如此嚴重。在他們的觀點裡，市場已經證實它可以承受對滙豐銀行的成功訴訟。

布爾採取謹慎的做法，先探詢了一番。不那麼意外的，倫敦金融中心和華爾街的專家都表示，這一定會造成大規模市場動盪。不過他仍繼續下去。一份美國財政部的紀錄提到：「滙豐銀行事件調查的完結時間點，似乎取決於司法部的意向。假如司法部只想要延緩起訴協議，那麼問題可以在兩週之內解決；假如司法部要的是認罪協商，或許結束時間就會接近九月底。截至目前為止，這些發展都只在當局內部，還沒傳到新聞媒體……。」

然而，布爾在司法部反洗錢部門的許多同事，已經看到了足夠的證據，並且下定決心：他們想要控告滙豐銀行。不過決定權限不在他們身上，而是由部門主管布爾或霍爾德來判斷。

司法部公布最後決定的日期已經確定，其他機關都會在二〇一二年九月十一日收到通知。財政部的官方電子郵件寫到：「我們將得知 AFMLS 提出的內部建議，也就是要求銀行認罪協議，是否得到司法部高層准許。」

財政部官員們也嘲諷的提到，英國監管單位突然的覺悟和關切：「他們參加了九月四日的通話。這就是為什麼珍恩．夏斯基的宣告如此令人震驚……埃德娜．楊恩（Edna Young，英國金融服務局金融犯罪的策略專員）和其他人對於認罪協議，以及當局提出的罰款金額和沒收的鉅款，還有這背後所代表的意義，都感到驚訝。這似乎是他們第一次拿出計算機。」

接著，布爾和霍爾德承受的壓力驟然升高——英國最大的銀行、歐洲最大貸款者滙豐銀行，即將面對美國的法律攻擊，這讓英國金融服務管理局感到恐慌，甚至一路蔓延到接近最高層（就在首相和女王之下）；監管單位回報聯絡的對象，已經是英國的財政部。

這即將變成美國控告英國

「滙豐銀行的九一一」前一天，重大決定即將揭曉，美國司法院即將宣布是否接受建議，對銀行提起訴訟。**英國財政大臣奧斯本**在擔任反對黨時，就曾經公開讚揚滙豐銀行面對金融危機，不仰賴政府紓困的表現，**如今也決定出手介入。**

在可能是整個世代最大型的金融訴訟的前一夜，奧斯本送了一封長達兩頁的私人信件，給美聯準會主席班・柏南克，寄件副本則給了美國財政部長提摩西・蓋特納。

信中奧斯本指出，當年紐約金融服務廳對渣打銀行的攻擊，造成銀行股價下跌三〇%；雖然如今股價已經恢復，但奧斯本說：「這給了我們反思的機會，我們該如何集體確保監管和執法的行動，不要引發意料之外的後果。」

他要求應該給予更多及時的示警：「幫助我們管理潛在的市場和穩定性風險，思考該如何集體努力管控。」

▲為了確保「世界經濟不會崩盤」，英國財政大臣喬治・奧斯本寄了私人信件給美聯準主席、美國財政部長，替滙豐銀行撐腰。

圖片來源：HM Treasury - hm-treasury.gov.uk: Chancellor of the Exchequer: Rt Hon George Osborne MP (george_osborne_hi.jpg), OGL v1.0,

奧斯本也警告，假如要對滙豐銀行這樣「對金融體系來說十分重要的機構提起訴訟」，可能會導致金融風暴。他得知的協議罰金數字是十九億美元——比至今為止的類似違規事件高出三倍。

一旦刑事定罪，美國也會取消滙豐銀行在當地的許可證照，並「威脅全球滙豐銀行的穩定性，對金融和經濟的穩定也會造成傷害，特別是在歐洲和亞洲。」奧斯本潛在的意思是，**美國的行動規模顯示了英國的銀行「遭到不公平對待」。**

奧斯本要求柏南克和蓋特納，「協助證明美國在處理這類事件上的公平性和一貫性」。最後，他直接表示：「誠心希望下次見面時，我們能針對這些主題進行討論。」

有趣的是，奧斯本刻意省略不提除了股價下跌之外，刑事訴訟另一項「意料之外的結果」：現任英國政府的某位官員，在滙豐銀行發生問題的期間，先後擔任了執行長和執行董事。**這將使他們的政府顏面掃地。**

以前就曾經有人提過，英國的銀行遭到不公平對待。二〇一〇年八月，美國財政部的報告表示：「英國政府一名官員聯絡美方，抱怨美國監管單位『為了降低英國銀行的商業吸引力，而刻意採取攻擊性行動』。」

這個指控甚至傳到白宮，讓美國國家安全會議（National Security Council）主席羅瑞．麥克法夸爾（Rory MacFarquhar），在八月十三日聯繫美國財政部，要求他們提出「說法」。財政部官員請他向英國保證：「關於執法單位為了削弱倫敦作為全球金融中心的地位，而採取行動對付英國銀行的說法，完全不是事實。」

英國財政大臣採取的戲劇性個人行動，達到了期望中的效果。雖然隔天，也就是九月十一日，預定的通話會談仍如期進行，但美方的立場卻毫無預警的出現了變化。許多與會者當時並不清楚，為何會議的暗潮洶湧似乎消失無蹤。

一位財政部官員觀察到：「夏斯基回報，司法部的高層尚未決定目標是定罪或是延緩起訴。她指出司法部強烈傾向訴訟，但領導高層希望在採取極端行動之前，先深入理解定罪協商可能會帶來的連帶性後果。司法部特別希望聽取美聯準、OCC 和英國金融服務管理局的意見。」

在同一場電話會議中，OCC 表示，假如滙豐銀行認罪或遭到定罪，他們就會決定「是否舉行聽證會，來撤銷銀行在美國的許可」。這會讓美國的滙豐銀行關門，讓英國最大的銀行、歐洲最大的銀行、以「蘇格蘭法則」為根基的銀行、

曾經由傳道者和英國現任部長所管理的銀行，從世界最大的金融市場中撤出。

在滙豐銀行總部旁的倫敦金絲雀碼頭，金融服務管理局的團隊由大衛・魯爾（David Rule）領導；他們強勢介入，表示任何認罪協商都必須經過謹慎的計畫和協調。

他們表示，必須做好應變措施，強調滙豐銀行對體系的重要性，並說：「即便是撤銷許可證的威脅，都可能造成全球性的金融災難。」總體來看，這樣的宣言有些極端；有兩件事能反駁這種說法：二〇〇八年的金融危機，在規模上遠大於滙豐銀行這起獨立事件；過去也曾經有許多銀行出現不當行為，但都沒有造成任何稱得上「全球性金融災難」的影響。

末日論激起情緒，金融界很適用

如此誇大說法的目的，目的是引起情緒而非理性的反應。許多角度看來，這都是個極度偏激的說法。

除此之外，這也提出了更多無法回答的問題；舉例來說：這樣的行動，代表的是極大型銀行才適用的「圍欄」[2]措施嗎？那不同類型的金融服務公司呢？這如何成為英國政府的策略，是誰下的決定？官方是否有過正式公告，像滙豐銀行這樣的大型銀行能享有特殊待遇？

這些問題都無人提起，當然也不會有令人滿意的答覆。這讓投入數千個小時處理滙豐案件的調查人員們，都感到格外憤怒。

對倫敦金融中心的監管者來說，這樣的末日宣言記憶猶新，面對二〇〇八年金融危機時，金融服務管理局的前身「金融監理總署」就有過類似的說法。

當時，我以倫敦《旗幟晚報》（*Evening Standard*）財經新聞編輯的身分，每天追蹤報導災情。我記得接到一通銀行紓困行動密切關係人的電話，希望我能發表意見，支持駿懋銀行和崩潰的蘇格蘭哈里法克斯銀行（Halifax）合併，並建議政府向其挹注納稅人的稅金。

他告訴我：「假如蘇格蘭哈里法克斯銀行倒閉，整個系統都會完蛋，我們都將大難臨頭。」我請他提出證據，他回答他沒有，但這是常識，金融海嘯一定會

2 編按：ring-fence，確保資金受到保護用於專門用途；保證資金不會被挪作他用。

發生。我問他怎麼能確定，他的證據為何？他只告訴我「別他媽裝傻了」，然後就掛上電話。

當奧斯本上前線救火時，美方和英國金融服務局的拉鋸仍然持續進行著。美國財政部發送的電子郵件寫道：「雖然金融服務管理局方面並未特別反對訴訟，但顯而易見的，他們很擔心此舉可能對金融體系的影響，並要求緊急與司法部高層對話。」

九月十一日，財政部官員丹尼斯·伍德（Dennis Wood）以電子郵件通知同僚跨部會討論後，對滙豐銀行認罪協議的不同可能性說道：「我們必須對高層彙報，關於滙豐銀行認罪協議的各種可能發展，因為這和英國與全球市場都息息相關。英國金融服務管理局的主管大衛·魯爾在今早的跨部會通話中，對此議題發表長篇大論。我們必須盡快通知蓋特納部長本人……。」

隔天又有另一封郵件：「對於滙豐銀行的洗錢活動，司法部認真考慮認罪協商或定罪。根據美國及英國監管單位的聲明，我們了解認罪協商或定罪，可能會對銀行帶來嚴重的連帶影響，包含撤銷其在美國的營業許可。這項訊息的敏感性無庸置疑。」

接著是一片靜默。關於滙豐銀行處置的電話會議和討論戛然而止。司法部閉門不出，缺席了定期的跨局處討論，正在思索是否該無視奧斯本和英國的請求。然而，奧斯本的遊說行動還沒有結束。

世界銀行、國際貨幣基金組織的年度會議，聚集了世界重要的銀行家、金融官員、發展專家和學者，即將在十月九日到十四日於東京舉辦，而奧斯本也預計在東京，和柏南克及蓋特納再次討論此事。

二〇一二年十月八日星期一，奧斯本以財政大臣的身分，在伯明罕的反對黨大會中發表演說，而後則趕往機場，搭上前往東京的飛機。在演說中，他提到政府必須持續緊縮政策，迎來熱烈掌聲。

緊縮政策始於二〇〇八年的金融危機和政府的援助，目標是進一步降低政府的預算赤字。他的演講主題是「我們同舟共濟」，在其中一個段落，他特別點出了銀行主管。他強調自己對打擊他們不當行為的決心：「我們從不允許資本主義不受控制的肆意妄為。讓銀行失控的不是保守黨，而是工黨的政治人物，因為他們並不了解，假如希望一切運作順利，市場就必須有所規範。」

亢奮的奧斯本繼續呼應他的主題：「我身為財政大臣，所屬的政府和先前的政府相比，付出了更多的努力來改革金融和銀行體系。我們正在改革銀行金融，以利我國的經濟，支持人民的家庭和事業。這是我們企業政策的一部分。」

他也提到這次東京行的意義：「與一九七〇年代向國際貨幣基金乞求時相比，如今英國的財政赤字甚至還要更高，這也告訴我們問題有多大。這個星期三，我將出席國際貨幣基金的會議。但別擔心，由於英國人民的努力，我代表的國家並不是國際問題的一部分，而是解決方式！之所以如此，全是因為我們的政策和計畫贏得了許多信任。」

然而，他沒有告訴與會者的是，在私人層面他也將努力爭取，不讓滙豐銀行因為世界最危險毒梟的濫用，而面臨刑事訴訟。

奧斯本在伯明罕時，華府的財政部官員正在為蓋特納和柏南克的私人會議準備資料。一份給蓋特納的備忘錄表示：「奧斯本大臣要求與您和柏南克主席進行會議，討論他在二〇一二年九月十日信件中所提及，對待定執法問題的關切。」

這封備忘錄繼續解釋，奧斯本似乎覺得對滙豐銀行的行動「比針對其他外國銀行的執法更為嚴苛，讓人質疑**美國是否對倫敦金融中心的地位懷抱敵意**。奧斯本一方面承認監管執法的重要性，另一方面也尋求柏南克的協助，確保未來針對英國銀行的行動都是先告知，並且秉持公平的原則。」

官員告訴蓋特納，倫敦的金融服務管理局執法方面頗有問題，對於要求採取輕度管制……除此之外，也為財政部附上了背景資料簡報：美國政府看到了族繁不及備載的犯罪行為，因此沒有通融的餘地。

蓋特納得知，美國即將面對一起案件，可能在十月底或十一月初進行，內容涉及洗錢監控的「大規模系統性」缺失；對於許多國家、客戶和產品「不充分」的風險評等；未能監管大量高風險交易；未經審查就清除大量警示；以及未能執行客戶盡職調查。

以上的行為，因為滙豐銀行網絡資訊流通的管道狹窄，而更加惡化。因此，結果是：「三年間，每年在美國都有六十兆美元的轉帳交易未受到監控，有十五億美元從國外未經管控流入美國」，並且有數千筆未能提出的可疑活動報告。當局有足夠的證據顯示，八．八一億美元毒品交易的黑錢流經滙豐銀行，但他們很確定，實際的數字還要高得多。

英國財政大臣、美國財政部長和美聯準會主席等三人抵達東京，他們在會議的空閒時間對滙豐銀行的討論內容，至今仍是機密。蓋特納陳述了手下官員告訴他的事；奧斯本強調滙豐銀行的重要性和規模，**這樣的行為可能會被視為反英國的表現，並且引發全球性的金融災難**。

在美國本土，司法部的布爾持續諮詢了解金融業相關知識的專家，其中一位是華爾街的大律師亨利·羅金·柯恩（Henry Rodgin Cohen）。

柯翰出生於一九四四年，畢業於哈佛大學，精明幹練的他時常被稱為華爾街頭號金融律師，《紐約時報》更將他譽為「華爾街的外科醫生」。他在蘇利文·克倫威爾事務所服務五十年，如今擔任執行長。身為頂尖的金融合夥人，他的其中一個客戶就是滙豐銀行。

為了尋求滙豐銀行訴訟的建議，布爾找到了滙豐銀行的律師。在會議中，布爾將柯翰拉到一邊，提出了一個問題：「有哪一間銀行的規模大到告不了嗎？」

柯翰則回答：「法律肯定沒有這樣寫。」

所以沒有任何一間銀行大到不能告。

在這令人有些意外的前提下，柯翰又給了一些建議。他說，如果是他，會詢問這間銀行過去是否就注意到問題，也承諾會改善。該負起責任的高階主管們是否還在職？以滙豐銀行來說，第一題的答案是肯定的，第二題則是否定的。

柯翰在布爾心中深植的想法，是**起訴滙豐銀行只會帶來麻煩**——滙豐銀行已經道歉，也可以展開改革，那為何還要將它拖入泥淖，甚至冒上金融危機的風險？然而，布爾在會面結束時仍然表示，他相信銀行和銀行家不會遭到司法部起訴的時代已經結束了。

陷入深思的柯翰回到辦公室，而他的下一步簡直是出自西洋棋大師的戰術手冊。他決定相信布爾所說的話，要求他的團隊針對滙豐銀行遭到定罪的情況，擬定一份記者聲明稿——換句話說，他認為布爾的那段話只是在虛張聲勢。

銀行出事政府撐腰，第幾次了？

司法部接著注意到，滙豐銀行已經準備好發布聲明稿，也明白了聲明稿毀滅性的內容：滙豐銀行會遭到其他金融機構捨棄，將無法再進行任何交易；滙豐銀行必須離開某些市場，讓那些市場削弱凋零；全球金融市場會如奧斯本和金融服務管理局所預測的，全面崩盤⋯⋯。而布爾所面臨的挑戰是：這真的是他期望的結果嗎？

一九三三年，前任美國總統富蘭克林．羅斯福（Franklin D. Roosevelt）說過一句名言：「我們唯一需要恐懼的，是恐懼本身。」在一九二九年的金融危機後，他這句話的目的在於讓市場冷靜下來，恢復人民對系統的信任。

然而，這樣的公開發言卻可能帶來反效果。對於一觸即發的市場發表這樣的說法，很可能會造成實質傷害。而柯翰想要表達的是，假如布爾繼續訴訟，就可能付出龐大的成本。

十一月五日，美國司法部通知財政部，滙豐銀行的高階主管將在兩天之內，飛往華盛頓與司法部官員會面協商，避免走上定罪的道路。在一陣往來拉鋸、數百封備忘錄、電話、奧斯本的信件、東京的會談和柯翰的討論後，一切都歸結於此：美國司法部即將與滙豐銀行對質，通知他們最後的決定。

這是高層間的對決，就像電影《日正當中》（*High Noon*）西部牛仔拔槍的場景般刺激。司法部長霍爾德親自和布爾一起出席。兩位來自美國司法部的神槍手走進會場，然後妥協了。他們同意了「要不要隨你」的延緩起訴協議——不會有指控、不會有晚間頭條、不會有股價下跌、不會有金融動盪、不會有全球災難的可能性。

奧斯本的訴求、他在世界另一端的遊說、他強烈施壓讓滙豐銀行逃避刑責、金融服務管理局的悲觀預測，這一切手段都生效了。在倫敦英國政府的辦公桌前，奧斯本的同事、前滙豐銀行老闆史蒂芬男爵，終於可以鬆了一口氣，因為不會再有人追究他和他的前同僚們。

驚人的是，這是**滙豐銀行歷史上第二次有英國政府撐腰**，為了維護其利益和生意而介入插手。

後續的電子郵件向美國財政部確認：「司法部指出，他們不會堅持滙豐銀行必須認罪作為協商的一部分，而願意透過全面性的緩起訴協議來解決。如你所知，認罪協議或定罪，可能會對銀行帶來嚴重的連帶性後果，包含聽證會決議是否撤銷銀行在美國的經營許可。目前所有形式的罰款，再加上沒收的財務，大約是二十億美元。」

美國政府至少有一部分，包含司法部反洗錢部門，希望起訴滙豐銀行。他們在其他部門也有支持者。事實上，一直到奧斯本寫信之後，風向才出現轉變，而真正有影響力的，也只是信件的部分內容而已。

奧斯本有兩個論點，第一是美國試圖打擊倫敦金融中心的地位，這並沒有什麼效果。第二則是警告系統性的風險，再加上英國監管單位所謂的**「全球性金融災難」，確實讓美國官員心生警覺**。

無庸置疑，奧斯本願意用這樣的方式出手，對英國的貿易部長史蒂芬男爵和他在滙豐銀行的前同事來說，都是天大的好運。他們有太多理由對奧斯本充滿感恩；假如有高層的人能有效提出滙豐銀行大到不能倒的論點，非奧斯本莫屬了。

霍爾德在「要不要隨你」的協議中再加上一項附帶條件，就是緩起訴協議必須在十一月十四日前完成。然而，事後滙豐銀行也比司法部長的期限，還晚了將近一個月才完成此事。在定罪危機消失後，滙豐銀行就不受控制，進入自然的商業協商模式，對於協議的逐字逐句都極力抗爭。

光是滙豐銀行得到協商的餘地，其實就反映了情勢的反轉。訴訟不會發生，代表權力結構出現變化。簡單舉紅利作為例子，就足以顯示奧斯本的介入後，權力如何改變。

美國方不再堅持，滙豐銀行必須收回支付給涉案高層主管的紅利獎金，而是讓滙豐銀行的律師將用字改成「得」——「得收回」。這個改變看似微不足道，實際上卻影響深遠，傳達出完全不同的意義，而司法部也允許了。

最終，十二月十一日，他們準備好公開了。布爾在紐約東區檢察官洛麗泰・林奇（Loretta Lynch）、美國移民和海關執法局局長約翰・莫頓（John Morton）的陪伴下，宣告滙豐銀行承認違反了反洗錢規定，即將支付十九億兩千萬美元的民事罰鍰。

延緩起訴協議也要求，銀行必須致力提升反洗錢行動和其他改革，以預防同樣的事再次發生。司法部的聲明表示：「滙豐銀行已經更換大部分的高階主管，『收回』反洗錢和法遵部門高階延後支付的獎金，並同意在延緩起訴協議的五年間，部分延後最高階主管——集團總經理和集團執行董事——的獎金。除此之外，滙豐銀行在管理架構和反洗錢部門上，也做了大幅改變，提高最高階管理者對於違規事件的問責。」

這樣的處置聽起來嚴苛又有說服力，也代表滙豐銀行已經對管理階層進行清算。然而，在最高層的部分，史蒂芬早已預訂退休，而紀勤也因為沒有得到大位而離開。或許滙豐銀行覺得已經受夠了紀勤，而且和內部的競爭對手范智廉相比，紀勤和銀行監管單位的關係確實較差。

從二〇〇二年到二〇〇七年管理墨西哥滙豐銀行，而後成為整個南美洲主管的霍嘉治，早在六個月前就辭職離開。霍嘉治在滙豐銀行將近四十年，是重要董事，也曾經是潛在的董事長人選。他在七月三十一日離職，也就是PSI報告公布的隔天。他的名字在報告中被提到二十五次，並聲稱他早已注意到Bital銀行在法遵方面幾乎毫無作為。

假如要挑選出替罪羊，那霍嘉治肯定是不二人選。雖然根據同事的說法，他之所以離職是罹患癌症，但他日後又與蘇格蘭銀行的前執行長彼得·伯特（Peter Burt）在私募股權公司普羅米修斯投資（Promethean Investments）中合作。幾年後，霍嘉治成為銀行及客戶（Bank and Clients）董事長——這間英國銀行誕生於企業放貸機構「海洋資本」（Ocean Capital），從維珍集團銀行（Virgin Money）旗下收購教堂信託（Church House Trust）。為了表達對他的歡迎，海洋資本和銀行及客戶的主要股東兼策略長愛德華·布萊德（Edouard Bridel）強調，霍嘉治「並未遭到任何控告或定罪」。

本書寫作時，霍嘉治的接班人杜爾史東仍在滙豐銀行就職，但已經不在墨西哥，而是換了半個地球之遙的不同職位。提供當局證據的北美滙豐銀行前負責人格力高已經離職，另一位PSI華裔證人克里斯多夫・駱克（Christopher Lok）也是。其他沒有被點名的人也離開了。

假如滙豐銀行高層曾經擔心，自己會因為替錫納羅亞集團洗錢而損失慘重，其實大可鬆一口氣。獎金收回一直是銀行面對醜聞時最常見的反應——他們會收回讓高階主管真的感到痛苦的金額。

滙豐銀行從未明確說明每個人被收回的獎金有多少，這是保密協議之一。然而在二〇一二年，滙豐銀行在三百一十四位高階員工，總額六億零八百萬美元的延遲付款中，僅收回了七十萬美元，相當於〇・一％，甚至低於二〇一一年收回的八十萬美元。這七十萬美元包含了許多不當行為，不只是墨西哥而已，例如在英國不當銷售保險和儲蓄產品，以及年長客戶理財諮詢部門的不當管理。

在宣判公布結果當天，美國當局對滙豐銀行的處置還是說了一口漂亮話。財政部表示：「滙豐銀行在反洗錢方面的法遵失能極其嚴重，因為這些缺失讓墨西哥毒梟的數億元非法所得，流經美國帳戶。雖然滙豐銀行的營運遍及全球，擁有的資源應足以管理交易風險，卻未能確實保護美國的金融邊界，留下了危險的缺口讓毒梟和其他罪犯濫用。」

布爾也說：「滙豐銀行許多年來營運失當的普及程度，實在是怵目驚心。如今，滙豐銀行為其行為付出沉重的代價，而在今日協議的條款下，假如銀行未能遵守任何一項，我們仍保留提出控告的所有權力。」

檢察官洛麗泰則說道：「今日的歷史性協議，清楚對所有企業傳達了，無論規模多大，都必須為自身的行為負責。」

最後司法部表示，他們希望向西維吉尼亞州北區的檢察官威廉．伊倫費爾德二世致謝。

從滙豐銀行離職後失業至今的史塔恩，也為了這次宣判特別趕到紐約。他滿心期盼的坐在旅館房間裡，等待新聞報導滙豐的定罪後，記者立刻打電話訪問他。相反，得知延緩起訴而非刑事訴訟的決議後，他大受打擊。

「我想著，自己付出這麼多最終都毫無意義？我簡直不敢相信。」或許能讓史塔恩稍微欣慰的是，伴隨布爾緩起訴協議宣告的「事實陳述」（Statement of Facts）文件總長三十頁，言詞強烈而犀利。其中提到的所有內容都是事實，滙豐銀行也承認了。

銀行表示，假如進入審判流程，司法部將能在「排除合理懷疑後，證實滙豐銀行的犯行」：滙豐銀行忽視了洗錢的風險，允許至少八．八一億美元的毒品收益透過銀行清洗；滙豐銀行並未執行盡職調查，未能在二〇〇六年七月到二〇〇九年七月間，監控超過兩百兆美元的轉帳交易，以及數十億元的實體美鈔；銀行未能提供足夠的人力和資源，有效執行反洗錢業務。

他們揭露了開曼群島的真相，證實「墨西哥滙豐銀行的帳號存在於開曼群島，但只有名義上在海外。**墨西哥滙豐銀行在開曼群島上並沒有實體據點，而是在墨西哥本地的分行。為這些帳戶提供前後臺服務。**持有這些帳戶的客戶在墨西哥的分行處理所有金融業務，包含存入實體美鈔。」滙豐銀行也同意，有些透過這個管道處理的金錢，被用來購買運毒的飛機。

還有許多本來早應該被關閉的帳戶，卻一直存在——即便墨西哥滙豐銀行決定終止客戶關係，卻得花好幾年帳戶才會真正關閉。二〇〇八年十二月，一共有六百七十五個帳戶因為洗錢疑慮，而被標注待關閉，其中有十六個終止在二〇〇五年通過，一百三十個在二〇〇六年，一百七十二個在二〇〇七年，三百零九個在二〇〇八年。截至二〇〇九年，這六百七十五個帳戶依然開放且活躍運作。

滙豐銀行證實，他們收到通知：「墨西哥執法單位曾取得一段墨西哥毒梟的錄音檔，表示**墨西哥滙豐銀行是洗錢聖地**」。在二〇〇四年和二〇〇七年間，墨西哥每年會向美國輸出超過三十億的美鈔。他們也承認墨西哥銀行曾經示警，因為他們輸出的美鈔量遠遠超過他們的市占率。

在滙豐銀行的墨西哥客戶中，極小的一部分就進行了絕大多數的實體美鈔存款：「舉例來說，二〇〇八年一月，三百一十二名客戶進行了大約三二％的實體美鈔存款。」從二〇〇六年到二〇〇八年，墨西哥滙豐銀行從錫納羅亞州，向美國滙豐銀行輸出超過十一億美元。

滙豐銀行承認：「毒品販運者每天都將數萬美元存入墨西哥滙豐銀行帳戶。為了有效率的讓錢通過分行的櫃臺窗口，他們設計了特殊尺寸的盒子。毒品販運者將無數裝滿紙鈔的盒子送進窗口，存入墨西哥滙豐銀行的帳戶。」

「事實陳述」中提到迴避美國制裁的部分。一共累積了六年的違反制裁，總共六億六千萬美元，包含了違反對緬甸、伊朗、蘇丹、古巴和利比亞的禁運令。這些已經很糟了，但至少這麼做的不只有滙豐銀行，也曾有過其他銀行在同一次跨國逮捕中落網，包含荷蘭銀行、巴克萊銀行、荷蘭國際集團（ＩＮＧ）、瑞士信貸、渣打銀行、摩根大通、美聯銀行和花旗。不過在墨西哥，成為錫納羅亞集團和古茲曼的首選銀行一事，滙豐銀行就沒有其他共犯了。

滙豐銀行高層重申他們的遺憾，而英國的商業、創新及技能部，也就是史蒂芬如今主管的部門表示：「美國PSI的報告公布了詳細的證據，以及史蒂芬爵士擔任集團董事長時，所採取來確保銀行依循美國規定的行動。在報告公開時，滙豐銀行對規定執行不利表達遺憾，史蒂芬爵士也表示深有同感。」

就這樣，關於集團如何陷入危機，如何差一點遭到起訴，為何收到美國史上最高額的罰金等問題，**史蒂芬都沒有提供任何解釋。沒有任何深刻的悲痛，沒有任何道歉，只有遺憾而已**。

史蒂芬遺憾的是「執行不當」，如此刻意模糊、明目張膽的說法。他也沒有提到為何自己能繼續擔任英國政府的部長。

奧斯本曾經擔憂滙豐的股價會暴跌。股價最能正確反映投資人的想法——無論滙豐銀行是否真的如同霍爾德和布爾等人聲明，受到延緩起訴協議的重罰，或是被高舉輕放——市場都做出了判決。而滙豐銀行的股價上漲了。

第13章

我們存的錢，曾幫恐怖分子買武器

銀行僅對毒品販運者提供「正常的商業銀行服務」；這些行為並不暴力，對人類性命也無危險。

在記者會後幾天，司法部官員們試著故作鎮定的面對自己的讓步：「整起案件的輪廓不夠清晰，滙豐銀行對錫納羅亞集團的協助為時已久，也幾乎不可能在銀行中挑出特定的人員定罪。」墨西哥的每間分行從櫃員到經理，有一層又一層的管理，該停在哪裡呢？

司法部的這些辯詞聽起來沒什麼道理，因為背後的邏輯是：**罪行發生的時間太長，沒有人可以被控告**。至於逐級管理的論點，非但沒有如他們預期的將責任歸屬確定，反而有了相反效果，如篩網般讓毒素留在底層，致使最上層的人都不會被怪罪。

無論你覺得這樣的論點是犀利或是荒謬，美國政府之所以如此行動，選擇不起訴滙豐銀行，不讓任何高層面對牢獄之災，背後都有明確的理由。協議公布前幾天，布爾在一次受訪時暗示了最後的決議和理由，表示：「假如我對A機構提出訴訟，因而導致嚴重的經濟效應，會影響到與犯行無關的公司員工……假如造成漣漪效應，也可能使無關的交易對象或其他公司受到負面傷害。這些都是我們必須得知和了解的因素。」

二〇一三年三月，司法部長霍爾德又再次重申這個說法，告訴美國參議院司法委員會：「我很擔心，某些金融機構的規模已經太大，讓司法無法處置。我們得到的消息是，假如開始調查審理，提出刑事訴訟，就會對全國經濟，甚至世界經濟帶來負面影響。我想，這或許就是某些機構擴大規模的原因……我覺得這會造成抑制效果，使我們沒有能力提出更為適當的處理方式。」

他們承認了。滙豐銀行和其他銀行規模太大，沒辦法處置；連司法部長都這麼說了。接著，霍爾德開始焦慮不安，猛然拉起手剎車，來了個急轉彎。

霍爾德在參議院司法委員會前發表演說的隔天，二○一三年三月七日，聯邦參議員伊莉莎白．華倫（Elizabeth Warren）發怒了。她當年一月初才加入參議院，但在短時間內就已經證明，自己是大銀行最直言不諱的抨擊者。

她的立場最初偏向共和黨，但後來因為共和黨處處受到大企業和金融機構掣肘，而未能和美國百姓站在同一邊，於是改變了陣營。法學教授出身的她挑戰嚴苛的破產法，為消費者爭取權力。

華倫是國會監督委員會（Congressional Oversight Panel）主席，負責評估二○○八年政府銀行紓困的效能；她也是消費者金融保護局（Consumer Financial Protection Bureau）成立的幕後推手，並參與第一屆主席的競選，但受到共和黨和華爾街阻撓。

持有古柯鹼得坐牢，替毒梟洗錢沒事

二〇一二年，華倫贏得民主黨提名，參與麻州議員競選。《紐約時報》的評論是：「她的確有可能在沒有華爾街金援的情況下，戰勝大型銀行。」當選後，她成為麻州第一位女性參議員，且一分鐘也不浪費的展開攻勢。

華倫加入參議院銀行委員會，在二〇一三年二月的第一次聽證會，強勢要求銀行監管者，提出上次控告大型銀行的詳細資訊。她說：「我真的很擔心『大到不能倒』會變成『大到不能審』。」

接下來一個月，在同樣的委員會，華倫痛批財政部官員：「要為毒梟多洗幾十億美元，又要違背多少經濟制裁規定，才會有人考慮關閉這樣的金融機構？」她質詢的對象是美國財政部恐怖主義及金融情報部門的次長大衛·科恩（David Cohen）。科恩反覆拒絕回答，表示自己的部門沒有權限關閉銀行，除非不在場的司法部將其刑事定罪。

他說財政部已經盡全力打擊滙豐銀行，但儘管華倫反覆質問，他仍沒有回答究竟「做出什麼行為的銀行」，才應當被關閉？最後，華倫憤怒的說道：「你待在財政部，你就要試著實行這些法律。我已經讀了你們全部的證詞，而你們告訴我，你們很想全力執法，但對於怎樣的銀行必須因為洗錢而關門，你們卻沒有看法？連看法也沒有？」

另一位監管者，美聯準的傑洛姆．鮑爾（Jerome Powell）同意，當銀行被定罪時，就應該將其關閉；然而，他強調只有司法部有權力起訴銀行的罪行。華倫回道：「假如你被抓到持有一盎司的古柯鹼，你很可能得坐牢。假如這樣的犯行反覆發生，你很可能面臨終身監禁。但很顯然，假如你為毒梟洗錢將近十億美元……你的公司會支付罰款，你可以回家在自己的床上安睡——每個當事人都是如此。而我覺得這從根本上就錯了。」

兩個月後，二〇一三年五月，霍爾德的態度做了大轉變，他得到重新陳述案件的機會。國會議員約翰．柯尼爾斯（John Conyers）在質詢時說道：「我們的經濟體系是否讓銀行擴張太大，導致司法機構無法起訴？我的意思是，司法部必須很小心的面對這一點。」

霍爾德回答：「讓我立刻澄清一件事，我曾經在聽證會上做出聲明，而我覺得遭到誤解。我說，有時候很難控告大型金融機構，因為可能對金融體系造成影響……當我們在考慮起訴的對象時，也必須思考許多因素。無辜的人可能因為我們對金融機構或任何企業的控告，而受到影響。」

但他強調：「我要說得非常、非常清楚，銀行不會大到無法處罰。假如我們發現銀行或金融機構出現不當行為，如果我們能排除合理懷疑的證明，那這些案子就會審理下去。」

霍爾德第一次其實就說得夠清楚了。如今，他在說的是，他們的確擔心經濟崩盤、影響無辜人民，於是必須權衡排除懷疑、成功定罪的可能性。在滙豐銀行的例子裡，最後一點其實無須擔心，因為財政部的文件顯示，司法部反洗錢部門堅持應當起訴滙豐銀行，而銀行本身也承認違法。**直到英國財政部長奧斯本介入，以及金融服務管理局提及「全球性金融災難」前，一切都朝刑事定罪前進。**

時至今日，共和黨仍要求司法部把話說清楚。共和黨在國會財政委員會的核心小組表示：「法治國家不應該有雙重標準司法體系——其中一套給大型銀行，另一套則給其他人。因此，如果司法部持續相信，某些金融機構的規模會大到無法有效審理，那麼就應該立即告知國會此事，讓國會透過立法功能來解決『大到不能罰』的問題。美國人民和他們在國會的代表都有權力了解，當大型金融機構或員工涉入嚴重犯罪事件時，審理上可能遭遇的問題，才能夠妥善解決。」

最佳公關處理：表現懺悔、學到教訓、馬上再出發

滙豐銀行的股價，在罰款和延緩起訴協議宣布時不跌反升，這反映了一個事實：對於奧斯本和英國金融服務管理局非常擔心的市場來說，滙豐銀行「脫身」了。這或許會是美國歷史上最高額的罰款，銀行或許也在法庭上承認了，他們的確犯下各種罪行。但投資者的社群並不在乎。

對他們來說，唯一重要的就是史蒂芬曾經提過的損益問題，也就是數字。在他們眼中，即便十九億兩千萬美元很多，但稍微計算一下：**大概只等於五個星期的獲利而已。**

滙豐銀行歷史上尷尬的一章結束，相關單位得到滿足，而除了銀行承諾改善的一些程序問題，其他部分都已告終。銀行傳遞出的訊息正向、鼓舞人心而充滿前瞻性。

如同先前律師柯翰對布爾的回答，只需要說：「我們很抱歉，不會再發生，我們已經在改變了。」這就是企業、組織和政府面對問題的標準反應。**表現出懺悔，反覆表達已經學到教訓，然後快速再出發。**

因此，美國滙豐銀行的發言人羅伯．夏曼（Rob Sherman）向投資人保證：「銀行已經採取全面行動，實施最高標準，預防當前和潛在的金融犯罪威脅。」

滙豐銀行會持續擴張並壓低成本，但歐智華表示，從現在起，他們會更注意加強監管的力道：「我們會持續實施『全球標準』計畫，相信能因此提升集團的獲利品質。我們在整個集團和各地區的風險及法遵方面，都投入了相當多資源，以強化對於金融犯罪持續威脅的反應，也會持續努力下去。這是對的事，也符合我們的道德價值，而我們也相信，這會成為競爭優勢之一。」

這樣包裝成教訓的虛晃一招，在提升公共關係方面可以說是高招。他們的策略是**不正面回應，只提出空泛不具體的說法，將聽者和讀者的注意力引導向未**

來，而不要回顧過去。

銀行導入了所謂的「全球標準」：他們不只會加強對付金融犯罪的力道，也會讓這成為他們的「競爭優勢」；這個詞讓銀行的管理階層和追隨者，聽起來都特別順耳。滙豐銀行依然處在戰國風雲的遊戲當中，並且將他們駭人聽聞的行為轉換成新的機會。

對此，也不是每個人都買帳，其中一位反對者就在司法部。雖然理查・艾利亞斯（Richard Elias）並未直接參與滙豐銀行案，但他對事件密切關注。和檢察官比爾一樣，他曾經主修新聞，也投身新聞業——艾利亞斯就讀的學校是密蘇里大學哥倫比亞分校，前東家則是美國全國廣播公司（NBC）的附屬企業KOMU-TV。而後，他才成為律師和檢察官。

艾利亞斯在密蘇里法學院時取得許多成就，包含進入美國法學院優等生協會和大律師協會，獲得國際庭審律師協會傑出辯護獎項；他也同時是《密蘇里法律評論》（*Missouri Law Review*）期刊的審查人。

艾利亞斯的職涯從為企業辯護開始，但「親眼看見企業如何利用金錢、權勢和影響力，來威脅恫嚇勢單力薄的原告」後，他轉而追查企業的不當行為。這意味著離開大型公司合夥人的安穩及舒適，搬家到佛雷斯諾（Fresno），成為加州東部地區的聯邦助理檢察官。

洗錢辦不了，改用「反恐法」

身為聯邦檢察官，理查和吹哨人密切合作，阻止企業詐欺行為。在二〇〇八年的環球金融危機後，他和一位頗具盛名的相關人士牽上線。愛蘭恩・弗萊舒曼（Alayne Fleischmann）[1]是艾利亞斯調查摩根大通的關鍵證人。他們成功揭發：摩根大通即便知道「房貸中最低等級的次級房貸毫無價值」，卻依然將其加入投資組合中投入市場。

艾利亞斯之所以對摩根大通在次級房貸市場的角色感到好奇，是因為二〇一二年他一邊照顧年幼的兒子，一邊翻閱文件時，注意到一封弗萊舒曼向上司示警的郵件，表示不該轉售這麼劣質的貸款。

身為證券律師的弗萊舒曼被下達封口令，不久之後就離開摩根大通，回到家鄉加拿大中西部卡加利（Calgary）的一間法律事務所。艾利亞斯持續追蹤弗萊舒曼的下落，雖然她已經準備好如實坦承，但也習慣了銀行律師對公務員的敷衍回應。直到艾利亞斯和他的同事們來敲她的門。

弗萊舒曼說：艾利亞斯和以前的公家律師都不同。聽起來像是有十年經驗的證券律師。而且他看起來似乎很享受，等不及要處理這個案子——最後，他們攜手強迫摩根大通接受了高額的補償金協議。

除了調查摩根大通之外，艾利亞斯也曾追查公用事業公司和伐木公司，引發野火摧毀數千畝國有林地的案件。他的森林大火案為大眾爭取到兩億美元的重建金，包含從伐木業巨人「山脈太平洋工業」（Sierra Pacific Industries）取得的一億兩千兩百五十萬美元。

和求學時一樣，艾利亞斯在司法部也贏得許多獎項：二〇一四年司法部長傑出服務獎、二〇一三年的局長獎和二〇一二年的年度檢察官獎。《華爾街日報》

1 編按：她是曾受雇於摩根大通的律師，其提供的證據，導致摩根大通向美國聯邦政府支付了九十億美元和解金。

在摩根大通案的報導中，將艾利亞斯的照片放在首頁。

二〇一四年，他離開司法部，在密蘇里州的聖路易斯（St. Louis），成立自己的五人法律事務所。他們形容公司為「緊密的團隊」，而公司的專長是吹哨者的案件。

艾利亞斯說：「我們在面對大型企業的官司時機智、無畏、不懈，以具攻擊性且針對性的策略，打敗他們的法律團隊，為我們的客戶收回數千萬美元。滙豐銀行延緩起訴生效時，我在司法部工作；這個協議在部會內很不受歡迎。雖然我並未參與，但對案件很清楚。滙豐銀行的行為令我震怒，而且這反映了許多大型銀行的通病。這個案件一直讓我無法釋懷。」

艾利亞斯轉入私人事務所後，賦予自己的任務就是在重大案件中，爭取公眾利益。因此，他對滙豐銀行案的看法是：墨西哥的毒梟犯下「極度凶殘的暴力行為」，而為他們洗錢的滙豐銀行卻只受到「相對輕微的懲罰」——這也是這項決議在司法部內部不得民心的原因。」

艾利亞斯說：「無庸置疑的，滙豐銀行持續縱容數十億美元不法所得流入他們的分行。他們的所作所為罪大惡極——接受高額美元現鈔，一次二十萬美元，裝在剛好可以放進銀行櫃臺窗口的特製文件袋、盒子裡。任何有眼睛的人都看得出來發生了什麼事。」

越是分析，她就越相信：「美國反恐法案不應該只問責於犯下恐怖行動的人，知情或提供協助者也難辭其咎。**透過協助洗錢，滙豐銀行實質上援助了毒品販運和殘忍的恐怖行為**」。

銀行和毒梟的牽扯，涉及到的是未有前例的法律領域。然而，艾利亞斯決定試試看，在二〇一六年二月宣布**以反恐法案起訴滙豐銀行**。

從英國的角度來看，似乎是欲加之罪；但我的確希望我們英國的司法體系，也能培育出這麼多積極主動又勇敢的調查官，站在公眾陣營，為社會而努力。看看英國的法律和政治體系，也只能深感遺憾了。

我們並沒有足夠的人才，準備好挑戰最強大且不可一世的對手，堅持不懈、絕不放棄。我們的比爾·伊倫費爾德、理查·艾利亞斯和卡爾·列文呢？我和他們一樣研讀法律，但我的大學同儕中，沒有人選擇刑法，因為從第一天開始，老師們就反覆灌輸我們，應該往錢多的地方去，例如商法或企業事務所。

艾利亞斯和同僚們埋首於文件中，閱讀了延緩起訴書、「事實陳述」宣告和

ＰＳＩ報告，也搜尋文件記載期間，錫納羅亞暴力事件的美國受害者。畢竟，假如希望訴訟勝利，艾利亞斯就需要有具美國公民身分的受害者。

其中一位遭到錫納羅亞殺害的受害者，是小拉菲爾．莫洛斯（Rafael Morales Jr.）。二〇一〇年，拉菲爾和家人在他妻子的家鄉、墨西哥華雷斯的慈悲之主天主教堂，舉行婚禮。當與會者離開教堂時，大約十六名錫納羅亞的殺手帶著突擊步槍在院子裡等待。

不遠處，貪腐的墨西哥聯邦警察為毒梟集團封住了通往教堂的路。矮子古茲曼手下們收到的命令，其實是綁架新郎的叔叔瓜達露佩．莫洛斯（Guadalupe Morales），但當人們試圖說服主使者厄文．安立奎茲（Irvin Enriquez）自己是無辜的，安立奎茲卻無視他們的懇求，勒令包含幼童在內的每個人趴在地上。

在恐慌中，一名男子試圖逃跑，卻被從背後射殺。憤怒的古茲曼手下開始在眾目睽睽下毆打瓜達露佩。小拉菲爾的弟弟即伴郎傑米（Jaime），大喊請求他們停止，而對方立刻抓住他、小拉菲爾和他們的叔叔，逼他們上了兩輛車離開。貪腐的墨西哥警察接著把院子的門鎖上，將驚恐的賓客們關在裡頭。叔姪三人被運送到兩棟不同的安全藏身處，開始嚴刑拷打。

當天晚上，安立奎茲出現在新墨西哥桑蘭公園市（Sunland Park）的集會中，當他正在吹噓這起婚禮綁架事件時，接到了錫納羅亞殺手的無線電通話；他讓三位莫洛斯在通話中說出自己的身分。這場集會的參與者，同樣要求安立奎茲放了他們，說他們只是無辜的人，不是目標。然而，安立奎茲卻下令殺人滅口。

在墨西哥罄竹難書的殘暴殺人案件中，這起事件可說分外令人髮指。無辜的婚禮賓客，頭部被膠帶一圈又一圈纏繞綑綁，最後窒息而死。他們的屍體被丟在某輛卡車車廂，棄置在華雷斯的某個住宅區，被發現時頭部依然纏著膠帶。

許多錫納羅亞集團成員都因為莫洛斯的謀殺案，而在德州西區的美國聯邦法院遭到定罪，包含安立奎茲、集團高層荷西．馬羅夫（José Marrufo），以及古茲曼本人。

聯邦調查局表示，這起案件源自先前的衝突，受害者是敵對幫派利尼亞集團（Linea cartel）的成員，而瓜達露佩．莫洛斯效忠的對象，就是害死安立奎茲父親的凶手。這場殘暴的屠殺是報復行為。

安立奎茲和一名同夥後來被逮捕，承認在美國（德州和新墨西哥州）密謀，並於境外殺害小拉菲爾．莫洛斯、傑米．莫洛斯和瓜達露佩．莫洛斯。這算是聯邦調查局的小小勝利。

在死亡時，拉菲爾是美國公民，和父母、妹妹及外甥居住在新墨西哥州的拉梅薩（La Mesa）。讀到新聞報導後，艾利亞斯鼓勵深愛著莫洛斯的父母親，加入提告行列；他們的女兒莫蕾瑪（Moraima）也加入了，此外還有莫蕾瑪的兒子，也就是拉菲爾的外甥，美國公民胡安・克魯茲（Juan Cruz）。

除了莫洛斯一家之外，艾利亞斯也設法說服了其他哀痛的親人們加入陣營，一共有五組原告，代表了五名被殺害的美國公民。

艾利亞斯說：「我們坐下來對話——這並不容易，因為他們經歷了太多痛苦。我們打算用從未嘗試過的方式，讓滙豐銀行負起責任。對局外人來說，或許會以為罰款已經很重了，但滙豐銀行仍然擁有一百七十億美元的獲利，去年則是兩百二十億美元。

「罰款並不能阻止他們的行為。我們決定扮演好自己的角色——反恐法案為國際恐怖主義的受害者，打開了美國法院的大門，能對抗為恐怖分子提供實質支持的幫凶。此外，法案也包含『三倍損害賠償』[2]這項懲罰性元素。」

九一一事件後，一九九六年的反恐法案修法，**讓受害者能從提供實質協助給**

恐怖組織的機構取得賠償。

艾利亞斯正是援引這個法案向滙豐銀行提告，表示：「我們有充分的證據顯示，銀行內部有人員不只是輕忽職守而已。有些員工非常清楚非法洗錢的金額有多麼龐大，在許多案例中，員工甚至成為共犯，加入洗錢的行列，但這些人都尚未遭到究責。

「在罰款和延緩起訴協議後，我們僅剩的工具就是受害者所受到的傷害。我希望能看到刑事訴訟，讓個人負起應有的責任。司法部似乎有個無形文化，即使是嚴重的金融犯罪，也不會對金融單位的個人究責。」

他也呼應了參議員華倫的說法：「假如你在街頭銷售一公克的古柯鹼，你會進監獄；假如你是數十億元洗錢案的幫凶，你的機構會支付一筆罰款，而身為監督一切的主管，很可能就是共犯的你，卻不必接受個人調查，也無須繳回犯行發生時期所得到的分紅獎金。」

2 編按：triple damages，在美國法律中，某些法規具有強制性三倍損害賠償，允許法院將判給勝訴原告的賠償金額增加三倍。此類賠償金背後構想是，它們將鼓勵公民就對社會有害的違法行為提起訴訟，並阻止違法者在未來實施違法行為。

二〇一六年，艾利亞斯在墨西哥邊境城市布朗斯維爾（Brownsville）南德州聯邦地區法院，提出民事訴訟。他刻意選擇這個城市，因為和紐約等地區相比，**這個城市知道什麼是毒梟，也很清楚毒梟野蠻殘暴的手段。**

雖然當時已經有許多毒品走私的暴力組織，被美國國務院標明為恐怖組織，例如哥倫比亞革命武裝力量（Revolutionary Armed Forces of Colombia），但像錫納羅亞這樣的幫派集團則還沒有前例。因此，無法預測訴訟案是否能成功。

然而，艾利亞斯和受害者家人們決心放手一試。艾利亞斯表示：「雖然這個方式史無前例，但法案的定義是：『任何從事旨在脅迫、恐嚇平民和政府的行為，並危及人命的人。』」

有時候，生命中總會出現美好的巧合。接受此案的法官剛好有個法學院的女兒，其論文主題就是：「毒梟集團應該被分類為恐怖組織」。艾利亞斯的團隊，在薩帕塔訴滙豐控股集團案（Zapata v HSBC Holdings Inc）[3]中指出：

> 由於滙豐銀行對販運毒品者「實質上的協助」，導致包含原告在內的無數生命遭到摧毀……假如少了存放並整合非法收入，將之投入全球金融系統的能力，

毒梟賄賂執法人員，以及取得人力、武器和彈藥、車輛和飛機、通訊器材、毒品原料和其他必要設施的能力都會大幅減弱。因此，滙豐銀行讓數十億美元的毒品收益透過其體系洗淨時，也就是實質的支持了恐怖行動。

毫不意外，滙豐銀行誓言要強烈抵制此訴訟，並且在初期時也贏得了驚喜的勝利。即便女兒的研究內容和反恐有關，法官仍然因為缺乏管轄權而駁回部分訴訟。當下艾利亞斯立刻主動停止，表示他會在紐約東區的法庭重新提出。

當時，滙豐銀行請來了世界最大法律事務所之一——孖士打律師行（Mayer Brown）。該事務所在紐約、倫敦和香港的金融中心，都至少派駐兩百位律師；其總部位於芝加哥，客戶包含了大部分全球最大型的知名企業，以及超過一半的大型銀行。滙豐銀行找上門來，也代表了他們多麼希望勝訴。

之所以選擇孖士打，是因為他們的其中一項專長，就是幫助銀行打贏金援恐怖分子的官司。孖士打偏好的策略是，試圖提出缺乏管轄權或程序不適當，讓案

3 編按：即此案，薩帕塔為原告代表。

子及早被駁回。假如策略失敗，他們通常會選擇和解，但他們也宣稱自己態度強硬。對重視形象的滙豐銀行來說，**孖士打對於公關的謹慎也是吸引力之一；他們會盡全力將負面風評降到最低。**

為了得到更多火力增援，艾利亞斯轉向紐約的科翰．麥史坦事務所（Cohen Milstein）。《內部顧問》（*Inside Counsel*）雜誌將這間事務所評為：「在政治和社會相關的案件方面，是全美國最有效的法律事務所。」科翰．麥史坦精力充沛的領導人麥克．艾森卡拉夫（Michael Eisenkraft）加入了艾利亞斯的陣營。

艾森卡拉夫的強項是「創新案件」——意思是他喜歡挑戰法律的極限。「法律三六〇」（Law360）網站稱他為：「證券領域中，專業成就遠超越同齡者的六名檢察官之一」，而法律推薦指南《法律五百強》（*The Legal 500*），則將他譽為「新一代最強律師」。然而，即便兩人齊心協力，還是於二〇二〇年在紐約輸了第一輪，必須再提出上訴。

滙豐銀行在孖士打的另一位合作者是安德魯．平克斯（Andrew Pincus）。平克斯畢業於耶魯大學，在耶魯大學擔任客座講師，是貨真價實的法律強棒，打擊率很高，是每個人趨之若鶩的隊友。

他在美國最高法院為三十個案子辯護過，兩次被「法律三六〇」評選為「最有價值上訴」。根據「美國錢伯斯」（Chambers USA）網站的說法，他是「美國最佳上訴律師之一」，也是「口頭論述大師、高超策略家及頂尖作家」。

平克斯也進入了《法律五百強》的名人堂。媒體時常在最高法院的案件上，引述他的專家意見。平克斯以華盛頓為根據地，曾經擔任美國商務部的法律總顧問。他是許多法案的主要律師，包含《數位千禧年著作權法》和《全球及國家商業電子簽章法》，也協助智慧藏產權、隱私權、網域名稱、電子商務課稅、出口管制、國際貿易和消費者保護等方面的政策制定。

恐怖主義因果鏈

上訴法院位於曼哈頓下城的弗利廣場（Foley Square）。法庭上，原告律師指出，下級法院因為他們未能證明「恐怖行為意圖」和「主力近因」[4]而駁回，這樣的裁決是錯的。他們聲稱滙豐銀行提供了數十億美元的洗錢服務，因此「合理的推論得以成立」——意思是滙豐銀行是有意而為。

洗錢行為幫助錫納羅亞集團持續恐怖活動，這樣的協助已經十分充分，足以構成主力近因。他們主張國會推動《反恐法案》的目標，**不只是逮捕真正的殺人者和施暴者，也應包含「恐怖主義因果鏈」中的人**，才能截斷或至少妨礙金錢的流動。

向恐怖組織索取損害賠償，基本上被認為是不可能的任務，但他們表示，如果能**成功控告恐怖主義的金援者，就能切斷恐怖分子的命脈**。滙豐銀行或許堅稱他們「無意」幫助毒品販運或恐怖主義，但：

「原告並非指控滙豐銀行暗中提供例行性金融服務，而是錫納羅亞集團例行性走進當地滙豐銀行分行，帶著大筆染血的現金（有時高達數百萬美元），而滙豐銀行也公開接受存款，不曾過問。在無數的案例中，滙豐銀行的經理都與毒梟恐怖分子共謀洗錢行為……。」

銀行並不只是提供洗錢服務，也很清楚錫納羅亞集團犯下的暴行。

原告律師引用滙豐銀行法遵部門高層主管的警告，他並不希望自己的線人遭到開除或殺害，甚至與阿富汗和伊拉克的情況相提並論。艾利亞斯和艾森卡拉夫表示：「我們可以預見，大筆的洗錢所得將用以執行恐怖行動。」

在下級法院，原告律師指控滙豐銀行的動機是貪婪，而法官認為這代表他們追求的是利益，而未共享「恐怖分子的意圖」——銀行要的是錢。艾利亞斯和艾森卡拉夫並不同意，提出：「或許滙豐銀行的主觀動機是貪婪，但問題並不在於他們的主觀動機。」問題在於「外觀而非主觀意圖」。因此，滙豐銀行「明目張膽」協助錫納羅亞集團，可以創造合理推論，他們行為的意圖就是威脅平民或影響政府。

艾利亞斯和艾森卡拉夫清楚的表達，他們並不能追蹤黑錢到每一起凶殘的謀殺案。由於洗錢的規模太大，不可能精確將特定的金流，連結到特定的謀殺案。他們堅持的是，洗錢行為是毒梟的「血脈」，讓他們能購買器具、車輛和槍枝，並且支付酬金，對象包含了貪腐的官員。**因為滙豐銀行的幫助，錫納羅亞集**

4 編按：「近因」指在法律上對損害後果有足夠相關性的事件，足以構成損害後果的原因。

團從單純的幫派成長為準軍事勢力。

兩位律師引述了美國總統組織犯罪委員會及其報告「金錢連結：組織犯罪、金融機構和洗錢」（The Cash Connection: Organized Crime, Financial Institutions and Money Laundering）：「近年來，金融機構提供現代化、精密且跨國的服務，成為組織犯罪驚人金融獲利的原因，特別是在毒品貿易方面。」報告也提到：「**假如沒有洗錢的方法**，亦即賦予犯罪的非法收入合法來源的方法，**犯罪組織的發展就不會像今日般興旺。**」

原告方堅持，他們已經證明洗錢是錫納羅亞集團暴力統治的「必要元素」，假如沒有洗錢的門路，集團就不會有當今的規模和勢力，也不可能無差別的屠殺像莫洛斯這樣的無辜者，發動恐怖攻擊。他們認為滙豐銀行是錫納羅亞主要的洗錢工具，並贏得了古茲曼首選金融機構的稱呼。

平克斯立刻反擊，認為艾利亞斯和團隊未能證明滙豐銀行本身犯下「跨國恐怖主義」的行為，進而造成原告的傷害。他們指出：「銀行僅是對毒品販運者提供正常的商業銀行服務。這些行為並不暴力，對人類性命也無危險，就像地方法院的觀點。在客觀上，也未顯示出被告達到恐怖主義結果的意圖。」

換句話說，即便滙豐銀行的行為很糟糕，但本來卻還有可能更糟。而對於滙豐銀行恐怖行動的指控，也只能說太過牽強。他提到先前和荷蘭銀行有關的案例，也就是荷蘭銀行被冠上國際恐怖主義的罪名，因為他們處理了往來於伊朗銀行和組織的交易，而這些銀行和組織受到美國制裁。

在該起案件中，美國法院宣判：「荷蘭銀行的行為……外表應無意恫嚇或脅迫平民或政府。對客觀觀察者來說，銀行與伊朗單位的互動是基於經濟動機，而非『恫嚇或脅迫』。」

平克斯表示，原告指稱滙豐銀行一方面用洗錢手法，處理了數十億美元的毒品收益，另一方面又主張錫納羅亞集團執行暴行。而其中缺乏的是直接的連結，也就是滙豐銀行和實際殺人行為間的連接橋梁。

對平克斯來說，毒梟和哥倫比亞革命武裝力量不同，後者會利用毒品的收益來追求政治目標；古茲曼只是想要金錢而已。有趣的是，平克斯在這麼說的同時，有意無意的將滙豐銀行和古茲曼，以前所未有的方式相提並論。平克斯承認了在追求金錢這一點上，滙豐銀行和古茲曼完全相符，他們因為貪婪而團結。

原告自己也提出，墨西哥滙豐銀行「受引誘而實際對美元帳戶實施不充分的管控」，因為這些帳戶「根據墨西哥滙豐銀行高層主管的說法，是『廉價』的收益來源」。

他們提到墨西哥滙豐銀行的「不計代價追求利益和目標」文化，並描述墨西哥滙豐銀行，持續將商業考量置於反洗錢問題之前。由於缺乏反洗錢政策和執行的資源，美國滙豐銀行獲得了「數十億美元的廉價收益」。

平克斯表示：「對於客觀的觀察者來說，滙豐銀行的行為似乎是以經濟為動機，而非恫嚇或脅迫的欲望。」艾利亞斯和艾森卡拉夫並不能說明，他們對滙豐銀行利益導向行為的指控，如何與最後的恐怖主義意圖結論連結。然後當平克斯為更嚴重的恐怖主義意圖罪狀辯護時，似乎就願意接受他的客戶，與逃亡毒梟間的相近之處。

上訴法院的裁判長是巴靈頓．帕克（Barrington Parker）。一九九四年，帕克由柯林頓（Bill Clinton）總統任命為法官。如今，七十六歲的他，即將決定滙豐銀行訴訟案的命運。

雖然任命他為法官的是民主黨總統，但共和黨的小布希總統在二〇〇一年將他選入上訴法院。美國律師協會將帕克的提名評為「一致好評」，而後的指派在參議院也得到一〇〇：〇的全體同意票。

帕克聲譽卓著，有著公平而均衡的政治中立形象——他在二〇一九年擔任裁判長，決議「透過推特治國的總統，不得封鎖推特上的批評者」。帕克和同僚的論點是，既然川普總統用推特來發表政府的公告，那麼憲法第一修正案就應該維護推特上攻擊者的權利。

二〇二〇年十月十六日，上訴法院審理薩帕塔訴滙豐控股集團案。當時的世界籠罩在新冠病毒陰影中，疫情在美國肆虐；而兩份新的研究發現，美國政府疫情紓困計畫的現金即將枯竭，國內的貧窮人口飆升。

川普和拜登在競選時激烈交鋒，川普拒絕否認極端陰謀論者「匿名者Q」（QAnon）的言論[5]，而拜登則喚起公眾健康意識，呼籲提高企業稅率。**幾乎沒有人注意到，艾利亞斯、艾森卡拉夫、莫洛斯一家和其他原告家庭遭受了粗暴的打壓。**

---

5 編按：其認為美國政府內部，存在一個反對川普和其支持者的「深層政府」（指在美國聯邦政府背後，真正的掌權機構）。

帕克和其他法官認為，原告控訴滙豐銀行「實質支持恐怖主義」、違反《反恐法案》，但在他們的觀點中，提供「實質協助」並不等於犯下跨國恐怖主義。他們贊同地區法院的判決。這場彷彿《聖經》中大衛對抗巨人歌利亞的戰爭，但最後卻由歌利亞獲勝了。[6]

事實上，這起案件對艾利亞斯來說一直都非常困難。毒梟的作為和恐怖分子相似，但他們在官方定義上並不是恐怖分子。他必須證明毒梟就是恐怖分子。接著，要將洗錢和單一的暴行連結也很棘手。滙豐銀行很清楚這些，因此他們的律師從一開始就信心滿滿。

這起案件的確有可能造成名譽損害，但新冠病毒帶來了最壞的影響，淹沒了一切。這凸顯了政府缺乏改革的動力，不願實施安全措施，預防銀行再次成為犯罪或恐怖活動的洗錢工具。洗錢對古茲曼的成功來說不可或缺。然而，滙豐銀行又再次撇得一乾二淨。

6 編按：此故事原為劣勢者大衛以弱勝強，打敗巨人歌利亞的勵志奇蹟故事。

第14章

矮子落網！滙豐還在抵抗

「我們正在推動文化改變，整合價值觀與績效管理，因為這兩者都會影響名聲和股價。」

二〇一四年二月二十二日，雖然經歷了墨西哥警方一連串假線索和徒勞無功的嘗試，以及古茲曼本人無數次展現狡詐和組織能力，他終究還是被逼得束手就擒。根據過往的經驗，當局縮小了他可能出現的範圍，鎖定他位於庫利亞坎的五個藏身處。

二〇一四年二月十七日凌晨，美國緝毒局和墨西哥海軍一一破門攻堅，發現五個地方都以地道相通，並且有監視器覆蓋每個前後門。古茲曼一如以往的消失無蹤。不久後，他們收到通知，古茲曼的兒子出現在庫利亞坎一處賓士車商外，於是立刻趕到。不過古茲曼依然逃脫成功，進一步檢查停車場的車輛後，發現十四輛裝甲車、六輛名車和一輛杜卡迪摩托車，都登記在錫納羅亞相關人士的名下。整個車隊價值數百萬美元。

賓士車行的攻堅讓古茲曼了解到，他鍾愛的庫利亞坎已經落入官方控制。在失去車輛和城市後，他安靜的離開了這個地區。然而，古茲曼的好運已經用盡，警方在兩天後逮捕他長年的保鑣皮庫杜，代表著情勢開始逆轉。

在失敗的攻堅行動後，皮庫杜和其他保鑣留在後方，藏身於庫利亞坎的另一棟房子，然後才和古茲曼聯絡，渾然不知道自己已經遭到追蹤。墨西哥海軍發動突襲，在凌晨兩點突破前門，搶在他們衝進廚房拿槍之前就壓制成功。

搜索皮庫杜的隨身物品時，他們驚訝的發現一本，仔細記錄緝毒局內部運作和墨西哥活動的手冊。這個發現反映了古茲曼的守則之一：「了解你的敵人」。

接受調查時，皮庫杜表示在近期攻堅中，他都是透過通往下水道的排水孔營救古茲曼，抵達藏身處的地道網路後，再開車帶他到太平洋海岸，讓他前往馬薩特蘭（Mazatlán）的海灘和飯店。

這樣的情報雖然可貴，但墨西哥的軍方和檢察官越來越失去耐心，不只是因為他們以前就有過類似的進展，最終卻死路一條——他們會稍有斬獲，抓到一、兩個古茲曼集團的高層，得到一些情報，但循線追查到後來，卻發現古茲曼又消失了。這樣的模式一再重複。

政府的經費和時間都即將耗盡，他們只想要把地道填起來，並將古茲曼藏身的房屋法拍來籌措經費——葉真理的豪宅也有著相同的命運。攻堅進行的同時，一個德州的團隊正在爭取許可，強化電訊攔截設備和行動，這個時間的安排可說是最完美的巧合。

領導古茲曼逮捕行動的緝毒局探員是安德魯．霍根（Andrew Hogan），他表示：「我們的電網終於撈到寶了！」他們辨識出一支黑莓機屬於古茲曼身邊的親信，甚至可能是古茲曼本人。庫利亞坎的區域號碼是六六七，而這支手機是馬薩特蘭的六六九。

當他們鎖定手機的位置時，發現是馬薩特蘭的美麗華（Miramar）酒店。他們希望能發動緊急行動，就像美國海豹部隊突襲賓拉登那樣。然而，考量先前發生的一切，上司要求他們必須看到「更確切的證據」才能行動，也不令人意外了。

這次，霍根指出有兩個人都會使用這支手機傳訊息，其中一位擅長拼字，另一位則否。根據他們目前對古茲曼的一切了解，他們很肯定後者是古茲曼本人。監控手機的過程中，警報響起，有人正在使用它傳訊息：「*Sy pero no tyene pura kosyna mannan en la mana le pone mynysply.*」霍根翻譯：「是的，但那邊沒有完善的廚房。明天早上他會安裝一組迷你……供給？」

霍根接著說道：「迷你的某種東西，誰知道他到底想打什麼？」應該是有人在討論他們想搬進去的房子。西文中廚房的拼法應該是 cocina 而不是 kosyna，kosyna 是直接拼出該字的讀音，也就是教育程度低落的古茲曼拼字的方式。

他們中大獎了，使用手機的是古茲曼本人。隔天凌晨五點，行動通過核准，緝毒局發動攻堅，一名探員站在飯店游泳池旁的陰影處，用掃描裝置監控旅館的客房。當攻堅小組逼近時，機器探測到古茲曼手機的強烈訊號，來自四樓最遠端的房間，四〇一號房。海軍部隊湧入大廳、衝上樓梯，也堵住所有的出入口。

即使如此，他們仍不放心，擔心古茲曼又在這裡建造了地道，或是已經規畫好逃生路線。四〇一號房有兩間臥室，第一間是古茲曼的廚師露西亞、他子女的保母薇若，以及他兩歲的雙胞胎女兒（古茲曼是個愛家的毒梟，總是把孩子放在身邊）。第二間臥室則是他的妻子艾瑪，但還是不見古茲曼本人。他們後來才發現，古茲曼躲在浴室裡，手持突襲步槍，但在逮捕者的強大武裝面前顯得毫無用武之地。

古茲曼舉手投降，充滿雜訊的無線電傳來：「他投降了！」歷經超過十三年的逃亡，他們的目標終於遭到關押。在任何事情可能出差錯之前，他們就將古茲曼送上黑鷹直升機，飛往馬薩特蘭機場，接著換噴射機，在士兵的戒護下前往墨西哥城。

同一天，霍根也自行返回墨西哥城，與自己的妻小團聚。隔天是星期天，一大早他就和家人一起出門騎車。和許多當地人一樣，他們來到星期天禁止汽車通行的改革大道，到處都是滑板客、自行車騎士、慢跑者和散步的人。當他的家人繼續前進時，他停下來向當地的攤位買了一份報紙，而在每個報架每一份報紙的頭版上，古茲曼的照片都凝視著路人：「逮捕矮子古茲曼！矮子垮臺了！」他買下每一份報紙——《改革報》（*Reforma*）、《環球日報》（*El Universal*）和《千禧日報》（*Milenio*）。

與墨西哥海軍共度的前幾個星期就像是上輩子的事。沒有任何一個拿起報紙的人會認為，這位留著金色鬍子，穿著V領棉襯衫、短褲和人字拖、騎著單車的人，就是搜捕行動的核心成員。

「幾個小時之前，我還是領導團隊逮捕最危險罪犯的探員。」這位緝毒局的探員站在雄偉的滙豐塔前，讀著逮捕成功的新聞，並想著：滙豐銀行和高層的人們，曾經給了這位販毒組織領袖太多的協助。

滙豐銀行在和司法部的協議中，同意若不進行改革，就必須面對刑事訴訟。「待辦清單」包含：美國滙豐銀行立即提高反洗錢預算，該部門的成本飆升，比前一年增加了九倍；滙豐集團必須簡化管控結構；採行更一貫的全球風險控制；承諾在各地的滙豐銀行，都引入較佳的反洗錢措施和標準。

執行長歐智華也寫信給所有員工：「我們正在推動文化的改變，讓我們的行為與價值觀相符。我們將價值觀與績效管理整合，用成就和達成的方式來評判領導高層，因為這兩者都會影響我們的名聲和股價。」

這樣的內容看起來過於曲折又不和諧，而且完全沒有提到最簡單的「我們在做對的事」。至於提到股價就更是畫蛇添足了，在有意無意間呼應了財政大臣奧斯本為滙豐銀行遊說時的執著。

歐智華最後說：「雖然我們無法抹滅過去的錯誤，將來的人卻會以我們應對問題的方式來評判我們。我們必須展現出已經學習到教訓。」

誰來監管滙豐改革？

根據協議，滙豐銀行同意接受法院指派的監管者，確保他們持續改善。這個人是六十三歲的麥克．切克斯基（Mike Cherkasky），曾擔任金融犯罪檢察官，後來成為華爾街出名的企業家。

切克斯基生長於紐約布朗克斯區，就讀頂尖的私立菲爾斯頓學校（Ethical Culture Fieldston School）。這間學校在一八七八年，由一位猶太教拉比[1]的兒子所創立，旨在追求社會正義、種族平等和學術自由。

他的職涯橫跨法律和商業領域：擔任曼哈頓檢察官十五年，期間嘗試打擊甘比諾犯罪家族[2]的領袖約翰·高蒂（John Gotti），起訴他下令射殺工會領導人，但以失敗告終。至今，人們依然相信切克斯基沒能成功將高蒂送進監獄，是因為陪審團受到這位黑手黨領袖的強烈影響。

和法蘭奇警探一樣，切克斯基也參與了對掌控市區廢棄物產業犯罪組織的打擊行動，並同樣屬於打倒貪腐洗錢銀行的團隊。

在私部門的部分，他加入企業情報公司克羅爾（Kroll），負責在一九九三年首次恐怖攻擊後，協助強化世貿中心的保安。經營克羅爾一段時間後，公司被大型保險經紀公司達信保險（Marsh McLennan）收購，他便轉而為其效力。而後，切克斯基又加入收購了克羅爾的誠信風險（Altegrity Risk）公司。

菸酒不沾的切克斯基承認自己是個「無趣」而「認真熱切」的人。他和青梅竹馬的太太貝西（Betsy）住在溫徹斯特郡——他們十二歲時在學校認識，二十歲就成婚。

切克斯基曾代表民主黨競逐溫徹斯特郡地區檢察官失敗，在那之後就加入克羅爾公司。二〇〇三年，他與別人合著了《預先警告：政府為何無法保護人民，人民又該如何自保》（*Why the Government is Failing to Protect Us and What We Must Do to Protect Ourselves*），提出強烈警告：「做好準備，除非美國全面改革其國家安全機構並採取新措施，否則將會有更多類似九一一的恐怖攻擊。」他們提出的措施包含：以更有彈性的新情報單位，取代不再適合的聯邦調查局，對抗恐怖分子，以及給予所有六歲以上的公民「美國身分證」。

溫徹斯特郡的居民，同時也是前紐約組織犯罪專案小組負責人榮恩・歌德史塔克（Ron Goldstock），曾經是切克斯基的執法同事和鄰居，他如此評論：「切克斯基是正直且循規蹈矩的人。」

1 編按：指精通其重要經典《希伯來聖經》的精神領袖、宗教導師。
2 編按：Gambino，紐約黑手黨「五大家族」之一。電影《教父》（*The Godfather*）就是以此為原型。

只接受祕密監督、祕密報告

二〇一三年七月，切克斯基開始監督滙豐銀行的善後工作，他有兩個頂頭上司——美國司法部和英國金融服務管理局——使他無法對外談論相關的細節。但從第一天開始，他就意識到這不是自己一個人能負擔的任務。於是他成立團隊，基地就在鳥瞰曼哈頓布萊恩公園的大樓中，團隊成員則包含未來的英國嚴重欺詐辦公室主任麗莎・歐索夫斯基（Lisa Osofsky）。

滙豐銀行一度認真面對他們的責任，提供必要的資源來妥善完成任務。切克斯基則將這份任務轉化為他長期的商業利益，成立自己的顧問公司 Exiger，收費協助公司遠離法律相關問題。他一方面受到當局雇用，與深陷麻煩的銀行合作，另一方面卻又提供諮詢服務給其他公司，協助他們避免同樣的困境。

憤世嫉俗者或許會認為，雇用切克斯基只不過是虛應故事，讓有他這種背景的人檢視銀行的法遵程序只是為了表面上好看罷了。畢竟，人是滙豐銀行挑選的——他們給了司法部三個名字，而司法部選中切克斯基。

然而，即便這可能是滙豐銀行內部某些人的意思，但結果卻肯定不如他們預期。事實證明，切克斯基可不是個容易呼攏、任人擺布的人。不過，他也沒有真正的權力——他的角色是觀察並且回報。切克斯基必須私底下進行，因為即便他的任務是為了公眾目的，源自使用大量稅金所進行的調查，包含了英國及美國無數的政府機構，但他的任務細節卻被下令嚴格保密。**滙豐銀行也努力爭取保密性，希望把能量都投入重建受損的名譽。**

二〇二〇年七月，為了回應網路新聞媒體公司 Buzzfeed 記者傑森．利奧波（Jason Leopold）提出的《資訊自由法》要求，滙豐銀行另一間法律事務所瑞生國際律師事務所（Latham & Watkins）的律師，班傑明．納菲塔利斯（Benjamin Naftalis）對司法部提出了五頁的信件，反對公布切克斯基長達一千頁的最終報告。納菲塔利斯表示：「這份報告是代表政府，為供政府單位使用所撰寫，對象是美國國內和其他國家的銀行監管單位……報告長度很長，內容涉及細節，公布後可能會（一）造成滙豐銀行和其他第三方顯著的競爭弱勢，以及（二）對未來政府取得此類資訊的過程造成阻礙。」

他也宣稱：「這份一千頁的報告書，記錄了監督者的全面調查發現，內容與世界各地滙豐銀行的反洗錢及制裁法遵程序相關。撇除其他方面不提，報告內容包含了監督者對機密客戶資料的分析。」

以上這些辯詞都很直接易懂，但也令人挫折。不過，接下來的內容就有鑾多討論空間了：「出於公共政策的強烈疑慮，也應當反對公開報告。舉例來說，報告的內容可能會提供罪犯，攻擊滙豐銀行法遵程序破綻的指引，甚至危及其他金融機構。」

這樣的邏輯很難讓人苟同，畢竟本質上來說，這就是在說報告內容不能分享的原因，是客戶的行為太過失當，假如昭告天下他們有多糟，就可能成為「其他罪犯的指引」。但至少納菲塔利斯很誠實——滙豐銀行的確淪落到如此境地。瑞生國際律師事務所的聲明即便矯揉造作，但達到了預期的效果：切克斯基的最終報告依然嚴格保密。

感到挫折的並不只有好奇的新聞記者。許多跡象都顯示，切克斯基在將近五年的任務期間，對於自己和團隊目睹的一切並不滿意，**滙豐銀行的改革進展緩慢且毫無說服力。**

每一季，切克斯基和團隊都必須向司法部彙報進度，包含他們的所見所行，以及滙豐銀行的最新變化。每一年，他們也會製作一份報告，並將報告大綱繳交給法庭。

二〇一五年，第一次審查結束時，據傳切克斯基發現美國滙豐銀行的高層，刻意阻礙二〇一四年銀行審計和法遵部門，對於「實名認證」程序的審查報告。這樣的阻礙導致最終審計報告通過時，明顯扭曲改動了部分內容，更偏袒維護公司這邊。

切克斯基的報告寫到：「從我們和內部審計及法遵人員的互動，可以感受到明顯的敵意、對於事實性錯誤的大量抱怨，以及根本上的不配合。」

他最後的結論是：「企業展現出匱乏的文化，並未完全接受內部審計和管控部門的合法性和重要性。」諷刺的是，總是喜歡誇耀企業文化的滙豐銀行，卻被評為「匱乏文化」。

一年過後，司法部在二〇一六年於布魯克林的聯邦法庭，發布了切克斯基前十二個月的工作內容報告。這位監督者仍然無法認可，滙豐銀行的法遵計畫已經妥善設計和施行，能偵測並預防對反洗錢和制裁規定相關的違規行為。

美國檢察官羅伯特．卡柏斯（Robert Capers）也寫道：「雖然滙豐銀行在去年有了顯著進步，但監督者仍相信銀行持續面對重大的挑戰。」

切克斯基發現滙豐銀行在二〇一五年的進步值得讚揚，投入超過六億八千萬美元改善監督，並增加兩千五百八十四名法遵人員，而更重要的是，「上層的論調」也有所改變。

然而，他也認為滙豐銀行監控和檢測的能力尚不成熟，某些國家的分行仍無法順利在開戶或更新帳戶資料時，取得正確的用戶資訊；最後，在科技改善方面「仍有許多努力空間」。

二〇一七年，切克斯基讓英國的監管者介入，迫使滙豐銀行執行長歐智華公開承認，英國金融行為監管局正在調查：「滙豐銀行是否符合英國洗錢規範、金融犯罪體制和監管的規定」。

歐智華不帶諷刺意味的表示，這般檢視的原因，是切克斯基在銀行內部上上下下的仔細調查。因此，提高了內部管控品質的滙豐銀行發現越來越多問題，並且在三千七百萬的客戶群中，辨識出更多可疑者。

當滙豐銀行同意緩起訴協議中額外監督的部分，等於是迎接了一群決心滴水不漏，找出所有違規項目的人。歐智華說：「我們的監督者提出了一些疑慮，但我們持續努力，決心毫不動搖。到今年底時，我們就會準備好讓反洗錢和制裁政策的框架上軌道，並且在整個集團引入主要的法遵資訊管理系統。」

切克斯基一再提及銀行電腦系統的不足，因為他們真的沒有能力掃描每個月產生的六億九千萬筆交易。紀勤曾經向我展示驚人的互動式螢幕，切克斯基也了解某些閃爍的數字或文字，可能代表犯罪洗錢的過程，但沒有人能查證。

讓事情更複雜的是，他發現滙豐銀行採用的資訊管理系統，似乎會在某個國家批准一筆交易，卻在另一個國家標記為可疑活動，使系統缺乏一致性及可靠性。為了修正這難看的情況，滙豐銀行找來顧問幫忙更新軟體。一共來了超過一千位顧問，有些人在倫敦的日收費超過一千英鎊。

和先前在德拉瓦州紐卡斯爾「反洗錢」辦公室情況類似的是，這些外來者對銀行並沒有太大的忠誠度或向心力。有吹哨者抱怨，這些顧問太喜歡派對，甚至發明了自己的節日：「瘋狂星期一」和「怪誕星期三」。有些人喜歡造訪馬金戈斯（Majingos），這是間位於金絲雀碼頭的脫衣舞酒吧，在市中心和港區之間；他們會開心的「定期在一夜之間一擲千金」。吹哨人甚至說：「其中一名顧問在徹夜狂歡後宿醉嚴重，隔天在公司的廁所昏倒，另一位則在電話會議中睡著。」

與此同時，切克斯基開始注意並強調滙豐銀行改變的速度緩慢，而刻意拖時間的批評，也在銀行高層引發風波，並傷害了歐智華的荷包——他的薪資有部分是根據金融犯罪相關法律的法遵程度來評定。

滙豐銀行的法遵部門在二〇一六年，收到董事會薪資報酬委員會六五％的評價，低於前一年的七五％——這代表減薪二・五％。委員會主席是非執行董事山姆・雷德洛（Sam Laidlaw），他表示評分降低的原因是：「從監督者那裡收到回饋，風險和法遵事件引起的問題，以及數次差強人意的反洗錢及制裁相關內部審計。」然而，歐智華倒也不是真的很在乎——他的整體薪水實際上從七百三十萬英鎊提高到七百七十萬英鎊。

還有些人你不能查

雖然上層要求銀行員工要溫暖歡迎切克斯基和其他監督者，並全力配合，但許多人似乎置若罔聞。在瑞士這個不以金融事務開放性聞名的地方，當地滙豐銀行的經理告訴切克斯基團隊，他們不能在客戶的帳戶中「到處挖掘」。

最終，切克斯基必須請英國金融行為監管局，和滙豐銀行「談談」瑞士的態度。在另一個國家，滙豐銀行員工直接告訴監督者他什麼都不能說，因為有人威脅他，即便洩漏一絲一毫的證據，都將惹來殺身之禍。

監督者**在某些國家必須保證避開當地政治人物的帳戶，否則甚至連簽證都拿不到**。在中國，一位監督者在北京的旅館房中睡著，又被敲門聲吵醒。門外有兩位不願自報姓名的執法人員，訊問他此行的目的和內容，但顯然對他的回答不感興趣，只是想要脅迫他知難而退。

也有許多預訂訪談的員工在最後一刻臨時取消，因為受訪者會被神祕的理由給支開。其中一位監督者到香港滙豐銀行檢查反洗錢程序，卻被晾在門外一小時乾等。員工暗示他，倒不如把時間花在城市的觀光和購物上：「基本上，他們就是要我滾蛋，去路上逛街算了。」

這段時期，美國財政部金融犯罪執法網收到許多份報告，都顯示香港滙豐銀行有超過二十億美元的轉帳交易，很可能涉及犯罪行為。二〇二一年七月，滙豐銀行證實他們已經察覺，有「完整的洗錢網絡」透過香港分行運作。調查員在二

○一六年也開始追蹤古普塔家族（Gupta family，橫跨媒體、採礦、能源的商業帝國）的金流和南非政府的關聯。

三間擁有滙豐銀行帳戶的企業，被標註與古普塔家族有關。不過，調查最後發現的廣大洗錢網絡和他們沒有關係，其中包含了四年間透過九十二個帳戶交易，總共四十二億美元的金流。

銀行將內部報告與南非的宗多委員會（Zondo Commission）共享，調查國家高層的貪腐行為。二〇二二年七月公布的報告經過修飾處理，減少了古普塔家族的直接參與，卻提到「完整的洗錢網絡」。

我們並不清楚切克斯基團隊是否得知這個洗錢網的存在。銀行也拒絕發表評論，重申和監督者之間的討論都屬於機密。此事件發生在切克斯基的監督任務期間，但司法部選擇什麼都不做。他們的心態是，這是切克斯基的事了，所有困難和問題都是他個人的。

司法部曾經有許多官員希望能起訴並定罪滙豐銀行，如今卻撒手不管。監督者領的是銀行而非政府的錢，切克斯基沒有任何權力，無法要求銀行做任何事，而銀行的員工也心知肚明；他沒辦法施壓執法機構介入。

委員會成員比恩說道：「我以為加諸高額罰金、指派監督者，並給予銀行改變的機會，就能產生效果。但當司法部在法院的支持下，對監督者在滙豐銀行的發現嚴格保密，就猶如敲響了喪鐘。祕密監督和祕密報告，絕對不會帶來有意義的改變。」

絕不放棄任何（能賺錢的）客戶！

「菲爾博士」（Dr. Phil）——徐明——以加州天普市（Temple）為基地，在美國東西岸和香港，推銷他的投資會員事業「萬通奇蹟」（WCM777）[3]。他的目標集中於經常上教堂的亞裔和非裔社群。

風度迷人又有救世主氣質的菲爾博士，在潛在投資者的聚會上演說時，喜歡穿全白的亞麻西裝和白襯衫，並引用《聖經》的段落。他鍾愛《箴言》二九章一

3 作者按：WCM是世界雲端媒體（World Cloud Media），而777則是三位一體的神聖數字。

八節：「沒有異象，民就放肆。惟遵守律法的、便為有福。」

二〇一三年，他對影音產業的新創公司銷售電腦雲端服務，並承諾投資人在前一百天內，可以得到一〇〇％的誘人回饋。投資人若投入金錢，或是帶來新的投資人，就能得到積分獎賞，再用積分換取萬通奇蹟支持的公司股票。他又加上另一種肉眼無法看見的誘因：這些人將得以「榮耀上帝」。

投資者大排長龍雙手奉上他們的錢，但正如所有類似的承諾，太美好的往往都不是真的。徐明不但沒有投資雲端服務，反而用這筆基金買了兩座高爾夫球場、一棟豪宅、一顆特大號的鑽石，以及在獅子山的鑽石開採權。這是典型的金字塔騙局或龐式騙局，所有錢都流入了他在滙豐銀行的帳戶。

在二〇一三年和二〇一四年間，共有八千萬美元流經滙豐銀行。更糟的是，美國財政部金融犯罪執法網的檔案揭露，**滙豐銀行早已經注意到徐明可能圖謀不軌**，並向金融犯罪執法網完成了可疑活動報告，但收到報告的政府單位卻什麼都沒做。

期間，滙豐銀行持續從徐明對投資人的剝削中獲利。二〇一三年，加州政府勒令滙豐銀行交出關於徐明公司的資料，但銀行的法律部門回報，他們「無法鎖定任何符合傳票資訊的帳戶」。

滙豐銀行花了四個星期，才送出第一次關於徐明和萬通奇蹟的可疑活動報告，這樣的速度對於正在接受放大檢視，並承諾進行改革的銀行來說，實在差強人意。

相關單位懷疑徐明的公司正在從事龐式騙局，並且經手「沒有合法公司來源或經濟目的的大量金錢」。三個月內，萬通奇蹟就接受或轉出了超過七百九十九筆款項，總額達六百萬美元。麻州監管人員在二〇一三年公開宣告，他們預計關閉州內的萬通奇蹟分公司。二〇一四年一月，加州和科羅拉多州也跟進。然而，**香港滙豐銀行卻依然故我**，即便已經出現了墨西哥當時的所有警訊，卻**還是持續接受和轉移公司的款項**。

美國滙豐銀行的員工，對萬通奇蹟發布了又一次可疑活動報告，這次牽涉的金額是一千五百四十萬美元。然而，滙豐銀行的高層還是沒有其他指示，持續正常提供金融服務。

隨著投資人情緒高漲，其他州也接連封鎖萬通奇蹟，徐明和萬通奇蹟的日子才漸漸難過了起來。二〇一四年三月底，美國證券與交易委員會介入，關閉整間公司，凍結所有資產，並指派接管人。然而，**滙豐銀行還不放棄這名客戶**！在證券與交易委員會的處置後，香港滙豐銀行讓萬通奇蹟領出帳戶中，一共超過七百萬美元的金額。

徐明遭到憤怒的投資者訕笑，而他則試著把責任都推給萬通奇蹟公司的其他人，並堅持證券與交易委員會是過度反應。他最後來到中國，又執行了類似的騙局，但這裡的官方無意縱容，很快就逮捕他並判刑三年。

在損失慘重的投資人眼中，徐明並不是唯一的壞人，他們也責怪**滙豐銀行不關閉他的帳戶，讓騙局持續進行**。加州的律師胡立歐·拉摩斯（Julio Ramos），代表投資人發起集體訴訟。他們指稱：「香港滙豐銀行清楚知道，萬通奇蹟正在進行詐欺」。

拉摩斯表示：「這場龐式騙局存在超過一年，因為被告的香港滙豐銀行和美國滙豐銀行都在知情狀況下，傳送、整理、轉換和清洗非法騙局的所得。」法院指派的接管人試圖收回受害者的錢，將傳票送達香港滙豐銀行，但對方卻認為香港滙豐銀行並不屬於美國的管轄，因此無須回應。接管人在二〇一五年二月回報法院：「追蹤海外資金的成本將會非常高昂。」

滙豐銀行拒絕合作，但他們仍決定貫徹回收被騙金錢的承諾。根據金融犯罪執法網的說法，萬通奇蹟是「世界級的龐式騙局」，騙取了數千位投資人超過八千萬美元，如果再加上現金，很可能會更多。

拉摩斯對香港滙豐銀行提起的集體訴訟失敗了，因為聯邦法院同意滙豐銀行的說法，美國缺乏對滙豐銀行香港業務的司法管轄權。

滙豐銀行的「免入獄通行證」是他們可以證實，即便有其他失誤，但他們也的確對徐明提出了警告，而美國政府卻沒有行動。因此，銀行可以宣稱已經仁至義盡，失職的是其他單位。然而，這透露的是：**新的、更乾淨的滙豐銀行只是虛應了事，只盡到最低限度的心力，沒有認真當一回事**。

滙豐銀行沒有關閉徐明的帳戶，**反而在發出警報後持續提供服務**。接著，當局要求協助受騙的投資人時，他們拒絕了——以公關角度來說，這可不是聰明的一步，尤其是他們還宣稱會照顧所有客戶。當然，這也不符合重新開始的精神。

萬通奇蹟事件還有個驚悚的結局。一名投資人對徐明的背叛感到震怒，於是決定尋求私法正義。

居住於加州羅內特帕克市（Rohnert Park）的安潔拉．愛里亞絲（Angela

Arias），經營著一間宗教用品店「Botanica Ile Oshun Elegua」。她受到徐明追隨者雷納德・帕切歐（Reynaldo Pacheco）的鼓吹，在萬通奇蹟投資了兩千美元。二〇一四年三月，她將帕切歐引誘上車，載到偏遠的某處，找來三個人痛毆他，將他的嘴用膠帶貼起，又用鞋帶綁住他的手腕和腳踝。他們把他帶到加州北部的荒涼峽谷中，用石頭砸死。

二〇一六年到二〇一七年間，切克斯基在紐約不斷示警，而滙豐銀行似乎難以偵測並阻擋可疑的活動。當他的合約將盡時，他說他的工作離完成還有一大段路，並提出延長合約的要求，讓他能繼續努力。

然而，二〇一七年的報告，終究成為切克斯基對滙豐銀行的最後一次分析，檢視其是否順利往財務透明的目標邁進。二〇一七年十二月十一日，司法部拒絕了切克斯基的要求，宣告滙豐銀行已經善盡義務，不再需要受到監督。根據司法部的說法，切克斯基的任務大功告成，延緩起訴協議也隨之解除。**很顯然，滙豐銀行改革成功了**。

兩個月後的二〇一八年二月，滙豐銀行對投資人發布年度報告，其中也提到切克斯基，他表示銀行已有所進步，但還是注意到滙豐銀行金融犯罪法遵管控的缺失，以及其他需要再努力的部分。他也強調潛在的金融犯罪風險，以及尚未充足管控相關犯罪風險的領域。

就像內線交易，只不過詐欺的是自己的客戶

在切克斯基堅持不懈五年後，距離延緩起訴協議公布，歐智華為了公司名聲和股價而道歉，並寫信給員工承諾改革已經超過五年。距離滙豐銀行首次注意到錫納羅亞集團的洗錢活動就更久遠了。然而，滙豐銀行卻告訴股東們，他們「還未能充分管理金融犯罪風險」。但這不重要——**延緩起訴協議已經解除，滙豐銀行或其中的高階主管們，都不會再面對刑事訴訟**。

延緩起訴協議尚未真正結束，因為滙豐銀行又面對了兩起爭議。其中之一發生在二〇一八年，以及二〇一〇年到二〇一一年間紐約分行外匯交易櫃臺所進行的「搶先交易」（front-running）有關。

當局發現，有部分交易人透過「專有」帳戶，利用客戶的機密資料來為其及

銀行牟利。他們受到機密指示，以英鎊進行交易。由於交易人可以在知道客戶的計畫下，事先進行交易，因此能從中得利——**就像內線交易，只不過詐欺的對象是自己的客戶**。

銀行坦承：「滙豐銀行的交易人接著促成大量交易的執行，目的是讓英鎊的價值朝有利於己的方向變動，因而對客戶造成損害。」滙豐銀行與司法部達成協議，支付一億零一百五十萬美元的罰款，並同意「強化法遵流程」。

二〇一九年十二月，又產生了另一個問題，這次是在瑞士的滙豐銀行，也就是當年極不願意配合切克斯基的那群員工。根據法庭文件，瑞士滙豐銀行坦承與客戶密謀，在美國犯下稅務詐欺、逃稅和提交虛假納稅申報表。

他們到底在美國稅務機構面前隱藏了多少金額？

「瑞士滙豐銀行大約替美國的客戶持有十二億六千萬美元，都是未申報的資產。」根據法庭文件，滙豐銀行在美方當局詢問時，宣稱因為瑞士銀行的機密性，只願意提供帳戶的代號和號碼，而不是可辨識的名字，或是英屬維京群島、列支敦士登和巴拿馬的代理人公司，以隱藏所有人的真實身分。

瑞士滙豐銀行主管甚至會飛到紐約招攬逃稅的生意：「至少有四名瑞士銀行

員旅行到紐約，和至少二十五名不同的客戶會面。其中一位也出席了重大年度藝術設計活動邁阿密設計展，以尋找新的美國客戶，在瑞士滙豐銀行建立未申報的帳戶。」

司法部的延緩起訴協議，讓滙豐銀行支付一億九千兩百三十五萬美元的罰款，而瑞士滙豐銀行得到三年期限，必須展現出良好行為。看起來，滙豐銀行為墨西哥事件的道歉早已拋到九霄雲外。

得更「往下看」，才能抓到矮子

美國和墨西哥對於逮捕矮子古茲曼的喜悅和寬慰並未持續太久。二〇一四年，古茲曼在墨西哥最高級別的阿提普拉諾聯邦監獄，接受二十四小時監視，但對他來說，生意仍一如往常的進行。

紀錄顯示，他能定期會見律師——在十七個月內，他與律師見面兩百七十二次，再加上十八次的家人拜訪和四十六次的配偶探監。他的一位親信，綽號暴徒的曼紐・亞歷山卓・阿龐特・戈梅茲（Manuel Alejandro Aponte Gómez）在二〇一四年和兩名同伴一起遭到殺害。根據調查，暴徒遭到酷刑折磨，身中數槍。傳言暴徒的責任，是在美麗華飯店保護古茲曼的安全，因此他得為古茲曼被捕付出代價。

二〇一五年七月十一日晚間八點五十二分，古茲曼坐在牢房裡的床緣，換了鞋子，進入小房間角落的淋浴區。過了五分鐘、十分鐘、十五分鐘……古茲曼都沒有出來。由於淋浴區在監視範圍之外，所以看監視器也沒用——古茲曼又再次順利逃脫了。

在事後各單位公然的互相指責中，才發現保全出了嚴重缺失，因為對著古茲曼的監視器只能監控地表上的情況；在牢房的地面下，**有人花了幾個月的時間挖掘出長達一英里的地道**，而且很可能是一整個團隊的人。

獄警在搜索牢房時發現的隧道，可不是像電影《第三集中營》（*The Great Escape*）[4]的場景。相反的，隧道內有完整的電子照明、空調和軌道，讓小型車輛快速載著古茲曼逃離；隧道的一端是古茲曼牢房的地面，另一端出口則是附近的某間房屋。

當局這次進入隧道搜尋，但到達出口時，古茲曼毫不意外的早已沒了蹤影。墨西哥政府除了顏面掃地外，也面對獄警是共犯的質疑聲浪，以及為何古茲曼得以享有特殊待遇。

然而，並非每個人都大受打擊，也有人歡欣鼓舞，當然更少不了一首新的毒梟民謠：〈矮子：再次逃脫〉（*El Chapo: Otra Fuga Mas*）。其中一句歌詞是：「打扮整齊，穿過浴室，他又再次脫身。」

關於他的精妙計畫是這麼唱的：「考量周密的隧道能通往任何地方。」古茲曼的回歸，也迎來了恰如其分的慶祝，到處飄揚著音樂——「在山脈和深谷間，他的人民在等待著他。」

二〇一五年七月後，古茲曼又變回世界第一的通緝要犯。有人在哥斯大黎加的咖啡館「目擊」他、有人在阿根廷的甜點店、有人在安地斯山脈的高山上……各種謠言甚囂塵上。不過事實就比較平淡無奇了，如同毒梟民謠所說，他回到自己最熟悉的土地，藏身於錫納羅亞的山谷和山丘之間。他在此處受到保護，並透

4 編按：二戰期間的真實故事，描述一群美軍及英國空軍戰俘，從波蘭戰俘營逃走。

過殘暴手段，確保自己安全。

然而，長久以來的習慣不是說改就改，雖然古茲曼能封住當地居民之口，但對於通訊器材就太過漫不經心。他似乎以為，墨西哥政府會選擇放他一馬，不願再次承受逮捕後逃亡的羞辱。

曾經緝捕他的墨西哥海軍和科技，幾乎立刻重新就定位，追蹤他的手機和同夥，鎖定他們的黑莓機定位。二〇一五年十月，他們在塔馬卒拉（Tamazula）一處山村逼近他，雙方激烈交鋒。古茲曼又逃向海岸，這次是位於西北部的洛斯莫奇斯。

二〇一六年一月八日，墨西哥海軍發動「黑天鵝行動」，在美方提供的電訊攔截情報後，鎖定了洛斯莫奇斯的一處白色兩層樓建築。軍方直升機在上空盤旋，而攻堅小隊準備破門。槍戰爆發，古茲曼的五名保鑣死亡、六人受傷，一名海軍也受了傷。但就像三流小說的情節，古茲曼早已離開。他們在一間臥室裡發現鏡子後方的密門開關，門內的梯子通往下水道。

古茲曼和他的親信喬洛．伊凡（Cholo Iván），先劫持一輛白色的福斯汽車（Volkswagen）逃亡，故障之後又搶了另一輛福特（Ford）。警察在該區布下天羅地網，最後在切里奧斯（Che Rios）附近攔下福特。

伊凡想要逃跑，但古茲曼經過數個月來的監禁，身形肥胖、體能不足，沒有辦法及時行動，只能縮在車子後座。他的第一反應非常經典，因為他很熟悉整個流程。**他用墨西哥和美國的房子及事業誘惑警方，承諾假如釋放他：「一輩子都可以不用再工作。」**

伊凡不久後也遭到逮捕，兩人一起被飛機送往阿提普拉諾監獄。這次警方就一點也不敢冒險了：為了強化保全系統，他們加裝更多攝影機和動作感應器，足以監控地面上和地面下的動作，也強化了地板的材質。

除此之外，古茲曼會在不同的牢房間轉移，獄方甚至還訓練警犬追蹤古茲曼的氣味。他在二〇一七年一月十九日如期引渡至美國，面對美國聯邦的十七項指控。身為錫納羅亞販毒集團的領導者，他經營的犯罪事業將非法毒品輸入美國，並大量散布，也殺害許多對毒品事業造成威脅的人。

古茲曼在布魯克林出庭的日子，剛好是川普總統就職演說當天，也是美國司法部長洛麗泰．林奇任期（二〇一五年—二〇一七年）的最後一天。她代表的是古茲曼和滙豐銀行的交集。

身為檢察官的她，親自簽署了對古茲曼的第一份起訴書，將錫納羅亞集團描述為「世界上最大的毒品販運組織」，要為輸入美國的大部分毒品負責。而後，她也領導司法部與滙豐銀行談判，強烈譴責滙豐銀行，縱容古茲曼清洗毒品交易的黑錢。

二〇一四年十一月，歐巴馬總統提名她為司法部長，但要取得參議院的同意卻困難重重，一共經歷一百六十六天的馬拉松式表決。共和黨反對的原因，不只是她支持歐巴馬的移民政策改革，還有她在滙豐銀行協議中扮演的角色。

參議員大衛．維特（David Vitter）認為她和滙豐銀行達成的協議太過輕微，說這讓人擔心：「是否有與大眾相關的滙豐銀行資訊被掩蓋？正義是否得到伸張？滙豐銀行又為何享有特殊待遇，能在如此嚴重的罪行後安然無恙脫身？」

為了回答參議院司法委員會主席查克．葛雷斯利（Chuck Grassley）的質疑，洛麗泰的回覆是，她詢問了專家關於「全球性經濟崩盤的可能性」；而她得到的資訊是：「全球金融會毀滅、金融市場會崩潰。」但這些都只是空口說白話而已。

她承認自己並未得到「任何實質性的證據」，但還是逕行與滙豐銀行談判，免除其可能的刑責。儘管沒有任何根據，但她相信這是為了避免經濟崩盤。

在離開政府單位後，洛麗泰選擇加入紐約的保羅．魏斯法律事務所（Paul, Weiss），成為訴訟合夥人。這間事務所代表了許多大型銀行和企業。二〇二〇年十二月，她獲得崇高的女性白領辯護協會（WWCDA）冠軍獎座。她從代表政府對抗銀行和大型企業，轉為維護大型企業。而這項獎座的贊助人正是她的雇主保羅．魏斯。

第15章

巨人起衝突，被壓扁的總是小人物

大眾還是一無所知比較好，

這是政府和大型銀行之間的事。

二〇一九年一月十七日，古茲曼遭布魯克林聯邦法院判處無期徒刑，再加上三十年刑期，並勒令沒收一百二十六億美元。法官布萊恩．科根（Brian Cogan）表示，六十二歲古茲曼所犯下的罪狀，是有目共睹的「惡行重大」。

古茲曼穿著鬆垮的灰色西裝和素色襯衫、領帶歪斜、留長了鬍子。他唸出預先準備的稿子，抱怨自己被單獨囚禁，宣稱他「二十四小時都承受心理和情緒的折磨」。

由於他自二〇一七年引渡美國後，就禁閉於最高戒備的曼哈頓聯邦監獄，他宣稱被迫飲用「不乾淨的水」，並且需要用衛生紙做耳塞，才能隔絕抽風系統的惱人噪音。對此，聯邦檢察官吉娜．帕洛夫奇歐（Gina Parlovecchio）表示：「古茲曼提到人道對待實在分外諷刺，畢竟對他無數受害者不曾展現絲毫尊重，其中不僅包含他殺害或追殺的人，也包含數以千計受到毒品危害的人。古茲曼將毒品散播到街頭，讓他賺進了巨額的血腥錢。」

他的訴訟從二月開始，持續了三個月，最後由陪審團判定他十項罪名皆成立。法庭的列席者都聽到這位錫納羅亞領導人，如何將數不清的毒品一噸又一噸從墨西哥輸入美國，並殺害任何可能阻礙自己的人。

檢方提出充分的證據，呈現他奢華的生活方式和花錢習慣，以及他對犯罪組織的經營管理。證據包含所有的電訊攔截，以及十四位集團內部的證人，從重要的領導階層、毒品供給者到經銷者都有。

古茲曼抱怨他沒有得到公正的對待，要被送進一間「讓他的名字永遠不會再被提起」的監獄。判刑之後，古茲曼被法警帶走時對妻子艾瑪拋了一個飛吻。兩度參與墨西哥緝捕行動的探員雷蒙・多諾文（Raymond P. Donovan）表示：「結局是正義獲得伸張，不只對墨西哥政府，對古茲曼在墨西哥所有的受害者來說更是如此。」

兩天後，古茲曼被移送到科羅拉多州的「美國行政最高設施監獄」（ADX Florence）。這棟建築位於山間六百英畝的開放空地中，因此有著「洛磯山脈惡魔島」的稱號。ＡＤＸ有著高聳圍牆，上頭加裝尖利鐵絲網，還有配備機槍的瞭望塔，以及灰色的方型建築，長寬分別是十二呎和七呎，作為強化牢房。

此座超級監獄的前獄卒羅伯特・胡德（Robert Hood）表示：「監獄絲毫不符合人性。我想如果在那裡關上一天又一天，會比死亡更痛苦。」

古茲曼未來的四百多名獄友內，包含了「大學航空炸彈客」（Unabomber）

泰德・卡辛斯基（Ted Kaczynski）[1]、奧克拉荷馬城市爆炸案[2]主謀泰瑞・尼可拉斯（Terry Nichols），以及一九九三年世貿中心炸彈客[3]拉姆齊・尤賽夫（Ramzi Yousef）。

當然，古茲曼幾乎不會有機會認識他們，因為囚犯一天中有二十三小時都會鎖在自己的牢房裡。十三區（Range 13）又被稱為監獄中的監獄，其中的囚犯幾乎不能擁有任何人際接觸。

根據國際特赦組織的報告，ＡＤＸ的牢房有內層柵門和堅固的外門，創造出孤立感。犯人在自己的牢房中吃每一餐，而大部分牢房都有淋浴區和廁所，因此無須離開房間。

他們的家具包含一張小桌子、板凳和床，都是水泥製；他們被允許擁有一臺收音機和黑白電視，僅能收看有限的頻道；他們的床墊很薄；每間牢房都有一扇四十二吋高、四吋寬的窗戶；運動也在牢籠中進行。即便是古茲曼，大概也不可能從這樣的監獄中逃脫。

與此同時，滙豐銀行的罰款在紐約發揮了良好用途。紐約皇后區的資源缺乏，以致區域檢察官辦公室需要將文件送至法院時，都得放上手推車，推過皇后大道這條車水馬龍的六線道。

當辦公室分得一億一千六百萬美元的款項時，一切都改變了。這筆錢是檢察官分到的滙豐罰金，而紐約市警探協會驕傲的表示：「我們機構預計用這筆錢規畫新的辦公空間。而我們之所以得到獎勵，是前巡警法蘭奇．D首先在銀行帳戶中注意到可疑的金流。」

美國財政部一共將罰金分配給參與滙豐調查的二十一個執法單位，其中包含紐澤西州李堡（Fort Lee）警局的一百九十萬美元，以及紐約和紐澤西港務局的一千三百一十萬美元。

皇后區得到的獎金，是他們單位年度預算的兩倍，他們打算用一部分將刑事法庭旁，共四百六十七個床位的臨時拘留所改建成辦公室。拘留所幾乎已經沒有

1 編按：美國數學家，於一九七八年至一九九五年間，不斷向大學教授、大型企業主管以及航空公司郵寄炸彈。
2 編按：發生於一九九五年的美國本土恐怖主義炸彈襲擊，共導致一百六十八人死亡。
3 編按：為了阻止美國干涉中東國家內政，而發起的恐怖攻擊。

囚犯，目前比較常租借給電影或電視節目劇組作為片場，例如《勁爆女子監獄》（*Orange Is the New Black*）。

對於地區檢察官理查・布朗（Richard Brown）來說，這簡直是美夢成真。他說：「每晚從辦公室回家的路上，我都會經過拘留所，看著七、八層樓黑漆漆的空房。我會對自己說：『要是這裡能成為辦公室就好了！』」

檢察官的辦公室，已經從原本刑事法院的角落擴張，又增加了兩間衛星辦公室，但官員們表示，這三個空間仍過度擁擠，也需要新的器材。辦公室之所以得到獎勵，是因為根據財政部的文件，包含法蘭奇在內的成員，在案件上投注超過五千個小時。

除了新大樓外，四千九百萬美元則指定用於網路犯罪研究室，購買新的電話系統，以及其他的設備升級。法蘭奇表示這「令人滿意」，並補充道：「但以我個人來說，我連五分錢都沒有拿到。」

對警探們而言，滙豐銀行的十九億兩千萬美元罰金固然是一筆巨款，皇后區分到的一億一千六百萬美元也是，**但對滙豐銀行來說卻只是零頭**。企業所支付的民事賠償是間接出自股東的錢，和銀行與其高層遭到審判和定罪完全不同；罰款或許羞辱難看，但並不會真的讓銀行受苦。

對滙豐銀行來說，這和其他的大型企業營運成本一樣，只不過是需要納入的額外支出罷了。這是銀行逃避正義制裁的代價，是一般市民所沒有的選項。

懦夫組成的顧問明星隊

參議員卡爾．列文在二〇二一年一月二十九日過世，八十七歲的他罹患肺癌。《紐約時報》寫道：「他留著偏長的銀白色頭髮，帶著和藹可親的微笑，眼鏡低低的掛在鼻梁上，看起來比較像是溫柔的傳統鞋匠，而不是參議院令人聞風色變的議員。」然而，他面對的強大敵人和企業，就像是「門口的野蠻人」[4]。

拜登總統表示：「列文睿智、謙虛又有原則，做事能力贏得了選民和同僚的信任。他對問題的研究鞭辟入裡。他讓美國的企業為濫權、貪婪和其他種種罪狀

4 編按：用來指稱貪婪無情的企業掠奪者，出自同名書籍《門口的野蠻人》（*Barbarians at the Gate*）。

負起責任。列文總是關照著人民。他體現的是美國人最美好的一面，是個親愛的摯友，也是個很好的人。」

列文的健康狀況太糟，我無緣再次訪問他對滙豐銀行的調查，但根據和他親近的比恩所說，他的立場從未動搖，並且認為金錢方面的協議遠遠不夠：「列文認為，他們應該撤銷滙豐銀行的許可證，並將他們趕出美國。」

在列文的調查委員會中工作的史都柏表示：「當我發現罰金的額度很高時感到很高興——這是很大一筆錢！但再仔細想想，這些錢其實做不了什麼。我們付出了很多努力，投入了很多時間，但滙豐銀行的代價就只有五個星期的獲利而已。這算不上什麼懲罰，不是嗎？」

有不少人也認同上述言論。艾塞克斯大學（Essex University）會計學榮譽教授普拉姆．席卡（Prem Sikka）爵士，稱自己的專業是「資本主義的黑暗面」，他認為滙豐銀行的罰金毫無意義：「銀行幾乎沒有任何遵守榮譽行為準則的經濟誘因。非法行為帶來的利益會讓股價、利息和主管薪資上升。罰金成為營運成本的一部分，並且以各種收費的名目轉嫁在消費者身上。主管幾乎不會付出任何個人的成本。」

哥倫比亞法學院教授，約翰・考菲（John Coffee）的批判力道同樣強烈：「他們應該將滙豐銀行和其主管定罪。」他認為滙豐銀行的例子具有重大意義，他們與錫納羅亞集團密切合作，而司法部門不起訴的決議「不果斷、過度卑屈，甚至可說是懦弱！」

二〇〇二年，詹姆士・柯米（James Comey）被指派為紐約南區[5]聯邦檢察官；這對美國檢察官社群來說是很重大的變化。柯米是超級新星，先前在面對甘比諾犯罪家族時毫不退縮；他也曾經起訴過恐怖分子，被外界認為是企圖心強大的檢察官；如今，大權在握的他即將開始痛擊邪惡的一方。

柯米向來有話直說，不拐彎抹角。南區檢察官們自詡為檢調中的菁英小隊，從不畏懼任何人物或企業集團。柯米加入了幾個月，先了解南區的行事方式，建立基本的概念。接著，根據記者傑西・艾辛格的說法，辦公室成員齊聚一堂，聽聽新上司有什麼話說。

柯米開口：「這裡流傳著一句話，我們為了對的理由，用對的方法做對的事。

5 編按：紐約南區法院是美國最有影響力、案件處理量最大的法院之一。

在場有誰不曾經歷過陷入僵局的陪審團，或是無罪釋放的案子？請舉手。」在場的許多人都不曾輸過訴訟，紛紛舉起手。

「我和朋友們給你們起了個綽號，你們就是所謂的『懦夫俱樂部』。」他們因為這句話而震驚，手很快就放了下來，露出窘迫的表情。

柯米說，他們之所以沒有累積更多敗仗，只因為他們並未真正投入——只選擇自己有一〇〇%勝算的案子才出手。這代表他們柿子挑軟的吃，他們害怕失敗，比起因為敗訴而被批判，他們寧願不接下案子。這樣的恐懼讓他們的決策和正義都出現偏頗，許多嚴重的罪行因此未受到懲罰。

然而，當司法部的探照燈照向滙豐銀行，當高層官員被賦予是否堅持提告的抉擇時，柯米早已離開。他在南區只待了大約兩年，就轉任司法部副部長。二〇〇五年，他再次轉換跑道，成為航空製造商洛克希德·馬丁（Lockheed Martin）的法律總顧問；接著是橋水基金和哥倫比亞法學院的國安法研究員。

二〇一三年一月底，緩起訴協議公布後，滙豐銀行在集團董事會中增加了一名成員，**柯米即將成為獨立董事。這位曾經點名斥責「懦夫」的檢察官，即將成為大企業的管理者**，而這間企業在許多知情者眼中，正是靠著司法部的懦弱才能得利的。

滙豐銀行董事長范智廉說：「我們很開心歡迎柯米成為獨立董事，以及新成立金融穩定委員會的成員。他從公部門和私人企業的最高層，得到許多經驗和專業，將為我們董事會的治理能力增加許多助力。」

范智廉接著說道：「柯米的首輪任期是三年，將在二〇一六年的年度大會上，再交由股東表決。」然而，柯米與滙豐銀行的緣分只有六個月。他在二〇一三年七月離開，成為歐巴馬政府的新任聯邦調查局長。

滙豐銀行新的委員會除了柯米外，還有羅娜．費厚德（Rona Fairhead，二〇一七年成為上議院議員）和西門．羅伯森爵士。除了范智廉和歐智華之外，其他高級主管也會參與委員會的會議，其中包含首席風險官、法遵部門主管，以及首席法務。

委員會顧問包含了前英國稅務局長戴夫．哈奈特（Dave Hartnett）、前稅務海關總署國際緝毒情報主管尼克．費雪維克（Nick Fishwick），以及前任重案調查局局長比爾．休斯（Bill Hughes）。歐智華表示：

「新的委員會將受益於專業顧問的寶貴經驗，為我們提供強力的引導和建議，幫助我們強化並實施對抗金融犯罪的最高標準。顧問的實力、地位和經驗，在在凸顯了我們對此事的重視。

「委員會的任務將是針對各種主題，提供管理、監督和政策的引導，包含反洗錢、稅務透明和法遵，防範與非法毒品交易相關的連結，阻止恐怖分子金援，強化經濟制裁，提供各方面情資，並與司法和執法單位建立有效溝通管道。」

二〇一三年，前軍情五處[6]局長強納森・伊凡斯（Jonathan Evans）爵士，也成為滙豐銀行管理者，並加入這個重量級的委員會，而後更成為主席。伊凡斯在二〇一八辭職，因為輿論批評他在滙豐銀行這份年薪超過二十萬英鎊的工作，會與「公共生活標準委員會」[7]主席的新身分，產生利益衝突。

雖然歐智華發下豪語，又網羅柯米、哈奈特、休斯和伊凡斯等傑出人士，但滙豐銀行在二〇二一年十一月，仍因為反洗錢程序的「嚴重漏洞」，而遭到英國金融行為監管局裁罰。這些漏洞出現在二〇一〇年到二〇一八年間，而委員會理應至少在後五年中掌握整個情勢。在處理交易時，滙豐銀行並未考量許多洗錢的指標，也沒有監控數據的正確性。

「雖然這個議題反覆被提出，但滙豐銀行的交易監控系統一直缺乏效能。」監管單位的執行主任馬克．史都華（Mark Steward）表示，這樣的失誤不能容忍，並且會讓銀行和整個社群暴露於可避免的風險中。

金融行為監管局提供了兩個例子來說明：

．客戶甲是英國某建設公司主任，年收入共四萬英鎊，每個月可預期的淨收入大約一千五百英鎊，支出則是五百英鎊。稅務海關總署調查發現，在二〇〇九年到二〇一一年間，客戶甲在組織犯罪中扮演領導性角色，試圖透過成立假的建設公司，竊取數百萬英鎊。

二〇一四年五月，他承認進行歐洲增值稅（VAT）詐欺[8]，被判處有期徒

---

6 編按：Security Service，英國國家安全局。

7 編按：Committee of Standards in Public Life，旨在就公共生活的道德標準，向英國首相提供建議。

8 編按：歐盟國家之間進口商品可免交增值稅，而在本國出售商品時需要附加增值稅；集團便以假報出口的方式騙取國家退稅。

刑。某天，總值十二萬英鎊的十六筆款項匯入他的戶頭。根據他宣告的收入和支出，這些款項對客戶甲的帳戶來說，很顯然是預料之外的活動。除此之外，這十六筆款項都是整數，八筆一萬英鎊和八筆五千英鎊。然而，滙豐銀行完全沒有採取任何行動。

・客戶乙在滙豐銀行開立存款帳戶，宣告年收入約為八萬一千八百五十一英鎊。某天，共有五筆獨立款項從客戶乙的帳戶匯出，每筆都是九千八百三十・三二英鎊，一天內總計四萬九千一百五十一英鎊。有鑑於他的年收入，這很顯然並不符合此客戶帳戶的預期活動。但這也並未觸發任何警訊。

後來客戶乙被發現走私香菸避稅，也遭到監禁。他的帳戶持續運作了五年，而金融行為監管局注意到，「帳戶長期有許多不尋常的轉入或轉出活動」。

滙豐銀行實際上被判處的罰款是九千一百三十萬英鎊，但因為準時付款而減免三〇%。準時付款對備有大量現金的大型銀行來說，理應並非難事。滙豐銀行表示，他們在二〇一二年「對金融犯罪監控方面，展開了大規模的修正整治」。「如金融行為監管局所見，滙豐銀行近期投資了全新且領先業界的科技，超越了傳統對交易的監控方式。滙豐銀行全力投入對抗金融犯罪，保護全球金融體系的完整性。」至於先前大張旗鼓的金融穩定委員會，存在的期限就只和延緩起訴協議一樣長，接著就悄然解散了。

告輸政府沒面子，告贏民眾沒飯吃

美國司法部原本可以根據《美國銀行保密法》、《國際緊急經濟權力法》和《對敵貿易法》定罪滙豐銀行和其前任及現任職員，卻選擇不那麼做。如柯米所強調的，恐懼深深影響了他們的決策，他們害怕敗訴、害怕沒有確鑿的證據，也害怕無法順利定罪。

然而，還有另一種恐懼在作用，是對於獲勝的恐懼。參與此案的美國初階執法人員，**不斷受到美國滙豐銀行的威脅**。他們一再提到**銀行在美國的總部水牛城，以及數以千計的後臺員工和技術人員**。

選址在此的原因，是受到滙豐銀行收購以水牛城為基地的海豐銀行（Marine

Midland）所影響。水牛城位於紐約州西部的鏽帶地區[9]，受到工廠倒閉潮的沉痛打擊。倫敦的銀行家曾經在反資本主義抗議遊行時，從辦公室窗口探身放火燒掉許多五十英鎊鈔票；而美國調查滙豐銀行的執法人員也遭遇相似情況，他們收到對案件放水的警告，「否則水牛城可能會出事」。換句話說，**不要做出任何威脅我們生意的事，否則我們有方法讓人們陷入失業的黑洞中**。

美國司法部相信，假如對滙豐銀行提告，可能造成全球金融崩潰。考菲教授表示，滙豐銀行「證實了政治影響力的效果」。奧斯本在英國金融服務管理局的幫助下，有了出色表現，改變了美國財政部和司法部領導人的想法；他們相信了奧斯本和金融服務管理局的說法。

然而，考菲認為定罪不會帶來任何問題：「滙豐銀行不是美國本土的銀行，倒閉也不會傷害美國人民，不會危及其他美國銀行，或是引發骨牌效應。

「滙豐銀行是英國銀行，主要的營運地區在亞洲。滙豐銀行和美國的連結，都圍繞著銀行客戶需要將非法所得轉換為美元——唯一普遍接受的國際貨幣。」

考菲看不出控告滙豐銀行，會造成全球金融災難的可能性：「為什麼將其定罪可能會帶來這樣的影響？沒有人認真嘗試提出可信的解釋。」

前紐約市長和總檢察官艾略特・史必哲（Elliot Spitzer）說：「滙豐銀行犯下許多非法行為，卻輕易脫身。到底要多嚴重的罪行，政府才會說：『你玩完了？』滙豐銀行的洗錢猖獗，甚至比猖獗還糟，牽扯的層級直達最高層。所以，難道說是為了讓銀行高層脫身，所以特別提出協議？政府是這麼運作的嗎？」

還有一個沒有人願意承認的元素，也就是人性。參與案件的官員、律師和顧問們都發現，**很難強勢的將與自己如此相似的被告定罪**。

判處金錢裁罰是一回事，提出控告就不同了。這些人和他們來自相似的背景和同溫層，如今卻可能入監服刑，人生和家庭毀於一旦。洛麗泰的前一任司法部長是埃里克・霍爾德，也是她和滙豐銀行談判協議時的上司。當時，徹底斷絕定罪念頭的人也就是他。

最高層之間的連結很緊密。一離開政府單位，霍爾德就像洛麗泰一樣，選擇轉向頂尖的私人事務所。他重新回歸華盛頓第一的企業法律事務所科文頓・柏林（Covington & Burling）的合夥人；地位在洛麗泰之上、霍爾德之下的副部長藍

---

9 編按：rust belt，對美國自一九八〇年代起，工業衰退地區的稱呼；主要位於五大湖區城市。

尼・布爾也加入了。

布爾曾經苦惱於是否定罪滙豐銀行，並向滙豐銀行在蘇利文・克倫威爾事務所的律師柯翰請益，卻被對方玩弄於股掌間。布爾辭去公職後，也加入科文頓・柏林事務所；和霍爾德一樣，布爾以前就在事務所任職，負責的是「白領辯護團隊」——這是在加入司法部，幫助霍爾德決定不對滙豐銀行提告之前的事。後來布爾也成為事務所的副董事長。

在英國，情況同樣有所轉變。奧斯本曾經公開宣稱，他會以英國大臣的身分對抗大型銀行，也在保守黨會議上如此承諾，私底下卻努力為滙豐銀行爭取開脫。他在二〇一六年辭去大臣一職，持續擔任國會議員到二〇一七年大選為止。

在離開政府要職但持續擔任議員的期間，他和滙豐銀行關係緊密。在「二〇一六年到二〇一七年議員財產申報」中，收入顯示奧斯本為滙豐銀行進行了兩場演說：二〇一七年一月十八日，領取五萬一千八百二十九英鎊，再加上旅費和住宿費；二〇一七年四月六日，則領到六萬八千兩百二十五英鎊。

第一筆是位於瑞士達佛斯（Davos）的世界經濟論壇，奧斯本演講的場合是私人晚宴，有大約二十名滙豐銀行客戶出席。第二場則是在滙豐銀行的辦公室。

而後，奧斯本自己也成為銀行家。

二〇二一年，他成為倫敦投資銀行羅比．沃蕭（Robey Warshaw）的全職合夥人。奧斯本是公司共同創辦人及皇家歌劇院董事西門．羅比（Simon Robey）爵士的老朋友。由於總是經手金額驚人的交易，羅比又被稱為「十億元先生」。奧斯本也被任命為某個可敬國家機構的董事——大英博物館。

假如其中涉及暴力，事情就簡單多了：暴力本身就值得譴責，即便來自相同的社會和職業階級，也能清楚將被告定義為罪犯。非暴力的部分就有許多模糊的空間。

紐約聖若望大學（St. John's University）商學院的安東尼．沙賓諾（Anthony Sabino）教授表示，當局面對非暴力犯罪和暴力犯罪的態度不同，這是不對的。他們不認為非暴力者同樣罪孽深重：

「銀行家有拿刀殺人嗎？不。所以有人認為送他們去監獄並不適當。但誰造成的傷害比較慘重？是打破老太太的頭，偷走她兩百元社會福利支票的小混混，還是摧毀了數千人人生的銀行家？

「誰的罪行比較重大？這個問題很難回答，因為我們得先找到平衡。你可以說白領犯罪並不暴力，但也可以說白領犯罪會觸發暴力犯罪，而滙豐銀行的情況就是如此。

「我們必須問，這樣的處罰與罪刑相符嗎？該是銀行五個星期的收益，還是六個月的？由於這是延緩起訴協議，代表的就是協議，得通過雙方的同意，是討價還價的過程。」

沙賓諾表示，延緩起訴協議某種程度來說固然代表了承認問題，加以解決；但他也認為，人們忘了的是：「最終都必須回歸到道德問題。你可以盡情做損益分析，但道德永遠都該是底線。」

滙豐的「管理帶來成長」計畫，正式在二〇〇三年十二月三十一日告終，這也是這份管理計畫原定的期限。任何在一開始投資滙豐銀行一百元股票的客戶，最終得到的回饋都是兩百一十一元，而投資於其他類似銀行者則會得到一百二十六元。

顯然，光是這樣遠遠不夠——管理高層、投資人、倫敦金融中心和華爾街都想要更多。史蒂芬的「管理帶來成長」，接續著先前的「管理帶來價值」。雖然滙豐銀行已經很大了，卻還會再擴張許多。

風險政府承擔，銀行何必守規矩？

二〇〇五年六月，雷曼兄弟的分析師羅伯特．洛爾（Robert Law）對滙豐銀行董事會發表演說：「滙豐銀行就像超級坦克，只是不知道速度有多快而已。」而洛爾所代表的銀行將在三年後絢麗的崩潰，成為美國歷史上最大的銀行破產，也促成了所謂「大到不能倒」的信條。

與會的滙豐銀行管理者接受了他的分析。史蒂芬在二〇〇六年的公司外管理會議中表示，雖然有了「頂尖的成長」，股價來到九百三十點，但還需要極大的推動力才能「滿足投資人，並讓股價上升到十二英鎊」。

滙豐銀行膨脹的速度一點也不慢——短短六年間，總員工人數就已翻倍到三十三萬人。滙豐銀行的子公司增加了四倍，超過兩千兩百間。銀行在墨西哥收購一間默默無聞的銀行，卻取了充滿戰國風雲風格的行動代號「日正當中」。這不是一點一滴的成長，而是暴飲暴食——而且完全無視健康的後果。

如此的策略既不負責任又魯莽；然而，**正是這樣的輕率魯莽和規模暴漲，才讓銀行和高階主管們逃過了刑法的制裁**。

艾塞克斯大學的席卡教授曾表示：「美方關於滙豐銀行的證據，應該足以驅使英國監管者展開調查，但他們卻不為所動。」

事實上，情況甚至剛好相反——奧斯本和英國監管人員強力懇求美方不要進行訴訟。

席卡問道：「誰應該來保護人民呢？假如在追究犯行的過程中，銀行或是銀行重要的臂膀必須被斬斷，那就該這麼做。爭取不起訴，無疑就是在說『系統高於人民』。」

英國並未針對全國最大銀行的行為做任何調查，也未檢視美方發現的證據和銀行管理高層所承認的內容。

當默文·金（Mervyn King）擔任英格蘭銀行行長時曾經警告：「政府在二〇〇八年危機所提供的支持，或許創造了歷史上最大的道德風險。」**假如知道失**

敗的風險將由其他人承擔，銀行又何必要循規蹈矩？默文認為，太多銀行都已經變得「大到不能倒」。他在二〇一三年離開英格蘭銀行，並選擇在倫敦市長官邸的年度晚會道別。

二〇一三年六月十九日，滙豐銀行和主管們擺脫控訴的十八個月後，市長官邸擠滿了政要。奧斯本和他當時的妻子法蘭西斯（Frances）坐在默文身邊，默文說道：「許多政府、監管人員、檢察人員和獨立董事都只能勉強接受對納稅人造成威脅的公司企業。它們無法被控告，因為它們對整個體系來說不可或缺；它們卻又因為規模和複雜性，而難以管理。假如讓銀行大到不能倒、大到不能告，或是單純太大了，對國家來說都沒有好處。」

我對本書中提到的某個關鍵角色提到了這一點。我想詢問他對於銀行行為的想法，問他現在是否還是贊成不提告的決定，並解釋他所扮演的角色。我們一再來回拉鋸，而我必須承認，當問題得不到回應時，我有些被激怒。

最後，我說這是他虧欠人民和大眾的，他必須分享他的想法。他傳給我最後的訊息，其中表示他接受我的論點，他了解人們想要知道。他真的了解，但他無法配合。

很抱歉。他沒辦法幫助我們，大眾還是一無所知比較好，這是政府和大型銀行之間的事。我問他為什麼？他回傳了訊息：「在巨人的衝突中，被壓扁的總是小人物。」

致謝

寫作此書的念頭，源自我為了《今日管理》（*Management Today*）雜誌採訪史蒂芬和紀勤。委派我的主編是馬修．蓋瑟（Mathew Gwyther）。他想要的是一篇深入報導，不只是重新提起銀行的數據和回顧這兩人的生涯而已。謝謝你，馬修。

身為倫敦《旗幟晚報》財經編輯的十年，我同樣擁有很大的自由，能追逐自己感興趣，或是認為讀者們會感興趣的主題。其中有許多都和我對銀行的過度執迷有關，特別是二〇〇八年的危機和後續處置。

正是在這段時期，我注意到人們對「大」的崇敬；許多企業，特別是銀行，在世界都享有主權國家的地位，似乎不受任何人的控制。我的工作讓我有機會接觸許多銀行高層主管、監管者和政治人物，而他們的想法和態度或多或少都對本書有所貢獻。

我在墨西哥、倫敦和紐約採訪了許多人，而大部分都不希望透露身分。世界最大銀行之一的影響力無遠弗屆，他們不希望受到打擾。我尊重這一點，也很感激他們仍願意相信我、與我談話。他們知道自己是誰。

願意透漏姓名的受訪者如下：艾莉絲．比恩、蘿拉．史都柏、艾略特．史必哲、法蘭克．迪格雷戈里奧、普拉姆．席卡和安東尼．沙賓諾。

特別感謝已故的卡爾．列文參議員，還有艾弗略特．史塔恩、比爾．伊倫費爾和理查．艾利亞斯，你們勇敢無畏的對抗滙豐銀行——每個人都替我帶來許多啟發。

感謝幫助我的朋友們：多明尼克．麥爾斯（Dominic Mills），感謝你透過許多家庭成員，讓我了解了滙豐銀行員工的經驗，以及滙豐銀行陌生的歷史文化。感謝賽門．黑斯（Simon Hayes）和菲利浦．貝瑞斯福特（Philip Beresford）同意校閱我的初稿，並提供建議。感謝尼克．波爾（Nick Poole）罕見的出色批判能力，並深入探詢。尼克，你的分析對我來說是重要的轉捩點。

當我告訴經紀人查理．文尼（Charlie Viney）關於這本新書的想法時，他立刻深感興趣，並為倫敦書展撰寫一篇文章。當書展取消時，他也不退縮，對每個其他場合遇見的出版社強力推銷。他的判斷和推薦都正中紅心。

麥克米倫出版公司（Macmillan）是對本書表達興趣的出版社之一。當出書的細節更為具體時，出版社的羅賓・哈維（Robin Harvie）可以說是最理想的編輯。他的信念充滿感染力；他在收到初稿時，提供的想法和點子都棒極了；那之後，他更展現了面面俱到的細心謹慎。羅賓，我真心對你感到尊敬和感恩。

成為新聞記者之前，我曾考慮走法律這條路。我的其中一位大學教授是劍橋大學耶穌學院的貝瑞・萊德（Barry Rider）教授。貝瑞教授教導我將光線照在陰暗的角落，照在當今世界還不了解的白領犯罪領域。

每一年的九月初，貝瑞教授都會在劍橋大學舉辦，為期一個星期的經濟犯罪及詐欺國際研討會；與會者包含警察、調查人員和監管者。貝瑞教授讓我以新聞記者的身分出席，而我永遠感恩。從一九八七年開始，每一年我都會出席，不只帶回了珍貴的人脈，也帶回了許多想法和文字——有一部分就出現在本書中。

我也希望特別提及一位導師：已故的史蒂芬・費伊（Stephen Fay）。他曾是《商業》（*Business*）雜誌的主編，而後也成為我的朋友。他教導我這位年輕的記者不去懼怕任何目標，無論對方多麼位高權重皆然。他也告誡我不要喝下對方的「迷魂藥」，真實的述說真相。

寫作本書的部分動機，來自我子女們的熱忱：哈利、戴西、巴尼、阿齊和葛蕾絲（Harry, Daisy, Barney, Archie and Grace）。他們對於父親可能在超級監獄的單獨監禁中見到矮子古茲曼，都感到興奮不已。我的確嘗試著和他見面，卻不得其門而入。

假如沒有無拘無束、開朗樂觀、積極正向的安娜貝爾（Annabelle）的支持，這一切都不可能成真。我不知道她如何在聽著我傾訴各種困難打擊時，還能保持理智。她真的是我完美的支柱。

我希望父親能活著閱讀此書，他一直要我給他一本，但書還來不及準備好。不幸的是，他以九十歲高齡過世，就在我寫作致謝的部分之前。

假如沒有他，沒有他對政治和金錢和商業的著迷，我就不會成為新聞記者。他感興趣的是合法與非法間、可以接受和無法容忍間，時常被刻意模糊的界線。而他總是認為：「有錢人有一套自己的規矩，和我們其他人不同。」這本書獻給他，也獻給我敬愛的母親蘿絲（Rose）。

資料來源

這本書所引用的資料來源有許多，例如我在英國、美國和墨西哥進行的訪問，有些有留紀錄，有些則沒有；文章和書籍；電視畫面、網站、播客節目和部落格；學術論文；公司年度報告；法庭文件和證詞；美國緝毒局的簡報和新聞稿；美國參議院常設調查委員會的報告、證據、文件和聽證會逐字稿；美國財政部簡報和新聞稿；美國司法部簡報和新聞稿；美國眾議院金融服務委員會報告。

以下是每個章節的資料來源：

第一章

湯瑪斯・蘇瑟蘭的生平和滙豐銀行的早期歷史，來自銀行的網站和官方歷史。鴉片戰爭的歷史已經有充分的紀錄，本書僅概略提及。

滙豐銀行的道德守則和紀律，來自作者訪談中擷取的個人工作經驗。理察・羅伯茨和大衛・齊納斯頓《雄獅覺醒：滙豐銀行近代歷史》，幫助我了解銀行對成長的追求。

史蒂芬・葛霖曾接受作者代表《今日管理》雜誌進行的訪問。他的兩本著作《天國與財利：葛霖論金融市場》和《美好價值：金錢、道德與不確定世界的省思》，對於他個人的信仰和「道德資本主義」信念都有詳細的解釋。

紀勤同樣接受過作者代表《今日管理》雜誌進行的訪問。銀行的文化和「國際管理幹部」，在一九九七年二月的《歐洲貨幣》（*Euromoney*）雜誌都有所介紹。紀勤的管理風格，也記錄於羅伯茨和齊納斯頓的書中，以及紀勤本人來往於世界各地的電子郵件。

第二章

關於路易斯・克羅索遇刺和隨之而來的披索危機，都有許多記載。對於滙豐銀行在危機時做出的反應，我參考了羅伯茨和齊納斯頓的書。「日正當中」計畫

（Bital銀行購案）以及關於其缺乏合規檢查的警告，都記錄於美國參議院常設調查委員會二〇一二年的調查報告中。

滙豐銀行對收購Bital的喜悅，則充分記錄於當時的新聞稿和報告中。墨西哥對於滙豐銀行的看法，以及銀行對銷售的重視，來自作者對當時墨西哥金融監管單位人員的訪問。關於滙豐塔的設計和建築相關資訊，大部分來自建築事務所HOK。

伊恩·馬丁（Iain Martin）的《讓一切成真：費雷德·古德溫、蘇格蘭皇家銀行，以及摧毀英國經濟的人》（*Making it Happen: Fred Goodwin, RBS and the man who blew up the British economy*）這本書，清楚說明了蘇格蘭銀行的危機、古德溫自我膨脹、蘇格蘭銀行總部的開幕和女王的蒞臨。安波利斯（Emporis）地產資料庫真的是高聳銀行建築的寶庫。胡安·歐格曼的壁畫在特刊《信用改變墨西哥》中有著鉅細靡遺的描述。藝術批評在揭幕時饒富興味的反應，則記錄在墨西哥新聞報導中。

第三章

在眾多來源中，約安・葛里洛的《毒梟》一書對於墨西哥非法毒品交易的成長和毒梟的發展，有著最完善的紀錄。安娜貝・赫南德茲（Anabel Hernandez）的《毒梟之地》（*Narcoland*）對於墨西哥的權力結構有著深入的介紹，說明了「毒梟」如何危害整著國家的經濟和政治體系。

矮子古茲曼的手段出自作者的訪問，也在許多資料中提及，但我一再參考的是逮捕古茲曼的美國緝毒局探員安德魯・霍根和道格拉斯・森特理（Douglas Century）所寫的《獵捕矮子》（*Hunting El Chapo*）。還有記者理查・莫洛西（Richard Marosi）於二〇一一年為《洛杉磯時報》所寫的文章。

西恩・潘（Sean Penn）和古茲曼為《滾石雜誌》進行的怪誕但難得的訪問，則讓我們看見毒梟大王的個性和想法。霍根在緝毒局時追緝的「宏都」也提供了關於古茲曼的細節。「毒梟民謠」的歌詞在墨西哥各地受到喜愛傳唱。麥克・布勞恩的說法引述自保羅・洛克斯頓・康恩（Paul Rexton Kan）的《毒梟戰爭——墨西哥的毒品暴力，以及對美國國安的威脅》（*Cartels At War: Mexico's Drug-Fueled Violence and the Threat to US National Security*）。

第四章

吉薩斯・贊巴達的利益分配，在古茲曼審判時成為證據的一部分。錫納羅亞集團的現金儲存方式、前面提到的特製紙鈔匣，都包含在美國參議院常設調查委員會的報告，以及作者的訪問中。普埃布拉兌幣所和西格匯款公司案也是。宣稱墨西哥分行表現出色的內部管理報告，則在羅伯茨和齊納斯頓的書中。新拉雷多的領土之爭則由記者約安・葛里洛詳細記錄。

第五章

開曼島民喜歡談論自己，談論他們的歷史和當今提供的服務。英國作家奧立佛・布洛（Oliver Bullough）的《誰偷走了我們的財富？》（*Moneyland*）這本書詳細介紹了海外金融和避稅港的運作方式。

尼可拉斯・沙克森（Nicholas Shaxson）的《金銀島：避稅天堂和偷走世界的人》也提供了珍貴的見解。滙豐銀行在大開曼島扮演的角色、為不存在的「開曼群島墨西哥滙豐銀行分行」開戶的過程，則來自於作者的採訪，並得到美國參議院常設調查委員會的支持。

墨西哥客戶卡洛斯的經驗，則來自柯特・哈克巴斯（Kurt Hackbarth）為《雅各賓》（*Jacobin*）雜誌所寫的文章：「墨西哥私有化金融的災難」（*The Disaster of Privatized Banking in Mexico*），其中對滙豐銀行投資銀行事業的發展，以及杜紹基的任用，都有詳盡的記載。

第六章

當查緝金額公布後，葉真理豪宅的掃蕩行動在墨西哥和其他地區新聞媒體都引發高度關注。「毒梟建築學」是許多學術研究和著作的主題，例如雅各・柯翰（Jacob Cohen）的《毒梟建築：毒品收益興建的豪宅（阿富汗、喀布爾、墨西哥、波哥大和柬埔寨）》（*Narcotecture: Mansions Financed by Drug Money (Kabul, Afghanistan, Mexico, and Bogota, Columbia)*）。

毒梟文化的權威學者之一是荷西・曼紐・委內瑞拉（Jose Manuel Valenzuela）。「龍行動」和葉真理案在墨西哥媒體有大量報導，細節則來自與作者的訪談。美國加州中部檢察官辦公室，仔細記錄了葉真理在拉斯維加斯威尼斯人酒店的活動。美國參議院常設調查委員會很關注葉真理和滙豐銀行的關係。關於史蒂芬是否適合擔任執行主席的爭論、奈特的訴求和滙豐銀行的辯護，都曾是作者報導的主題。

第七章

從未有人像艾德・福里米那樣勇敢且具權威性的寫作關於美國—墨西哥邊界和毒品戰爭的議題。他的著作《美墨：邊境線的戰爭》（*Amexica: War Along the Borderline*）非讀不可。

許多個別的行動乍看之下都取得成功，美國緝毒局一次又一次發布新聞稿、召開記者會。《洛杉磯時報》（*Los Angeles Times*）的理查・莫洛西（Richard Marosi）和崔西・威金森（Tracy Wilkinson）對於維克多・艾米利歐・卡薩拉斯的報導無人能及。

滙豐銀行忽視的警告，都詳細記錄於參議院常設調查委員會的報告。滙豐銀行內部對於成長的自我道賀，可以在羅伯茨和齊納斯頓的書中看見。墨西哥官方逐漸累積的挫敗感則出自作者的訪談。

第八章

墨西哥當局對滙豐銀行的挫敗感取自作者的訪談，墨西哥監管單位的調查也是；在美國參議院常設調查委員會的報告也有所提及。滙豐銀行的反應和電子郵件，都出現在美國參議院常設調查委員會的報告。關於紀勤和墨西哥銀行監管者間的會談紀錄，都是第一手資料。

蕾斯利．米茲安的弱點和不適任性都詳細記錄於美國參議院常設調查委員會的報告，溫德漢．克拉克的任命和他提到人手不足的電子郵件也是。其他合規專家對滙豐銀行疏失的反應，則來自作者的許多訪談。貨幣總查核辦公室對滙豐銀行採取的行動，以及美國不同執法單位合作的過程，則由參議院常設調查委員會提及。

第九章

艾弗略特．史塔恩的生平和他在滙豐銀行的工作經驗，來自艾弗略特．史塔恩的訪問、部落格、影片、紀錄片，「戰略兔子」公司的宣傳廣告和網站，以及他的政治宣傳。麥特．泰比（Matt Taibbi）在《滾石雜誌》的文章，也描繪出鮮明的個人形象。

路透社的卡里克·莫藍坎普（Carrick Mollenkamp）和布萊特·沃夫（Brett Wolf），對於滙豐銀行在紐卡斯爾的反洗錢中心和史塔恩扮演的角色，都有著深刻的描寫；德勤與班傑明·洛斯基的衝突當時也有報告。對駿懋銀行關於支付保護保險的「緝捕圈套」，則由《泰晤士報》所記錄。

第十章

法蘭克·迪格雷戈里奧警探與作者訪談過。可以理解的是，他能說的部分有限，但他也提供了許多公開紀錄的指引，例如紐約市警局到滙豐銀行總部的查訪。他同時也推薦了路透社卡里克·莫藍坎普和布萊特·沃夫的報導，關於費南多·聖克萊門特的逮捕，連結到胡立歐·卡佩羅，最後再連結到滙豐銀行。

比爾·伊倫費爾德在訪問及其西維吉尼亞政治發跡的相關紀錄中，談論他的背景和法律職涯。巴頓·亞當斯醫生的起訴和定罪，官方都有充分記錄。比爾在發現亞當斯詐欺和洗錢案後，決心追查滙豐銀行，以及對於被上級勸退的憤怒，首先由路透社的卡里克和沃夫所報導。墨西哥官方對滙豐銀行未能嚴肅面對罰金的挫敗，以及將情資傳遞給美國對應單位的過程，都有當事人向作者傳達。

第十一章

追緝古茲曼的過程由霍根和森特理的著作重現。史蒂芬離開，以及不拔擢紀勤的決定，則由作者和羅伯茨與齊納斯頓所記載。英國政府如何與史蒂芬接觸，則記錄於他和英國獨立的智囊機構政府研究所（Institute for Government）的「部長專訪」中。

關於這份工作並非為史蒂芬量身打造的評論，來自倫敦《旗幟晚報》。史蒂芬在墨西哥城的演說當時由英國政府公開發表。艾莉絲．比恩為作者描述了效力於參議員卡爾．列文及常設調查委員會的經驗，帶來很大的幫助。她的著作《揭露金流》（*Financial Exposure*）也很實用。蘿拉．史都柏也提供了她的觀點。

常設委員會三百四十四頁的「美國對洗錢、毒品和恐怖融資的弱點：滙豐銀行案件史」實為嘔心瀝血的傑作。關於委員會質詢滙豐銀行主管的逐字稿，更是非讀不可。

第十二章

美國財政部的報告，詳細記錄了美國政部部門和英國政府對於滙豐銀行調查，以及是否該進行起訴的來回拉鋸，都可以在美國眾議院眾議院金融服務委員會查詢。委員會共和黨成員的紀錄「大到不能關：歐巴馬司法部決議不向華爾街究責的內幕」（Too Big to Jail: Inside the Obama Justice Department's Decision Not to Hold Wall Street Accountable）也是寶貴的資料來源，包含了奧斯本的信件，以及東京國際貨幣組織會議的前因。

藍尼．布爾與羅金．柯翰的接觸，則記錄於傑西．艾辛格的《雞屎俱樂部》（*The Chickenshit Club: why the Justice Department fails to prosecute executives*）以及《紐約時報》中。從未用來對付滙豐銀行的犯罪紀錄，收錄於司法部超過三十頁的「事實陳述」中，和延緩起訴協議並陳。

第十三章

延緩起訴協議的後續、藍爾和霍爾德的辯解，以及伊莉莎白．華倫的介入，都出自報紙的報導和美國參議院的紀錄。理查．艾利亞斯和摩根大通案都出自

《華爾街日報》的報導。「薩帕塔訴滙豐控股集團案」的文件，包含了指控內容和後續的法律辯論，以及不同的聽證會細節。

第十四章

矮子古茲曼的逮捕在許多報章雜誌中都有紀錄，但目前最棒的仍是霍根及森特理的著作。還有霍根回憶走在改革大道上，買了一份報導整個事件的報紙時的感受。然而，霍根並未將此與滙豐銀行高層連結。

歐智華給員工的電子郵件，在羅伯茨和齊納斯頓的書中提及。對麥克．切克斯基的描述來自作者的訪談。Buzzfeed 努力推動切克斯基最終報告的公開。你可以在金融犯罪執法局文件（FinCEN Files Investigation）和國際調查記者同盟（International Consortium of Investigative Journalists）找到相關紀錄，也包含滙豐銀行在金絲雀碼頭善後行動的狂歡派對，以及日後的洗錢違規事件。

監督者對滙豐銀行改革計畫的年度報告，都統整於司法部致聯邦法庭的信件中。滙豐銀行自己的回覆則在銀行的年度報告中提及。關於歐智華薪水的計算，則由銀行所揭露。〈矮子：再次逃脫〉的歌詞由羅珮洛．里維拉（Lupillo

Rivera）所寫。

第十五章

滙豐銀行和主管是否該受起訴和定罪的觀點，大都來自作者的訪談。約翰·考菲教授也在《企業犯罪與處罰：執法不足的危機》（*Corporate Crime and Punishment: The Crisis of Underenforcement*）一書中提出他的立場。

艾辛格的《雞屎與樂部》描寫了柯米的員工會議。滙豐銀行短命的金融穩定委員會的誕生和結束，都由銀行所揭露。羅伯特·洛爾在董事會的經歷由羅伯茨和齊納斯頓所記錄，史蒂芬的公司外演說也是。默文·金的告別演說，則可以在英格蘭銀行網站上找到。

Biz 420

滙豐全球大案

跨國銀行的環球金融，遇上毒梟在地智慧，「大到不能關」，這是我們該選擇的最佳銀行！

作　　者／克里斯．布萊克赫斯特（Chris Blackhurst）
譯　　者／謝　慈
責任編輯／張祐唐
校對編輯／楊　皓
美術編輯／林彥君
副總編輯／顏惠君
總 編 輯／吳依瑋
發 行 人／徐仲秋
會計助理／李秀娟
會　　計／許鳳雪
版權經理／郝麗珍
行銷企劃／徐千晴
行銷業務／李秀蕙
業務專員／馬絮盈、留婉茹
業務經理／林裕安
總 經 理／陳絜吾

國家圖書館出版品預行編目（CIP）資料

滙豐全球大案：跨國銀行的環球金融，遇上毒梟在地智慧，「大到不能關」，這是我們該選擇的最佳銀行！／克里斯．布萊克赫斯特（Chris Blackhurst）著；謝慈譯．-- 初版．-- 臺北市：大是文化有限公司，2023.04
496 面；14.8×21 公分
譯　自：Too big to jail: Inside HSBC, the Mexican drug cartels and the greatest banking scandal of the century
ISBN 978-626-7251-13-3（平裝）

1.CST：銀行　2.CST：組織犯罪　3.CST：洗錢
4.CST：墨西哥

548.548　　111020950

出 版 者／大是文化有限公司
臺北市 100 衡陽路 7 號 8 樓
編輯部電話：（02）23757911
購書相關諮詢請洽：（02）23757911 分機 122
24 小時讀者服務傳真：（02）23756999
讀者服務 E-mail：dscsms28@gmail.com
郵政劃撥帳號：19983366　　戶名：大是文化有限公司
法律顧問／永然聯合法律事務所
香港發行／豐達出版發行有限公司 Rich Publishing & Distribution Ltd
香港柴灣永泰道 70 號柴灣工業城第 2 期 1805 室
Unit 1805, Ph.2, Chai Wan Ind City, 70 Wing Tai Rd, Chai Wan, Hong Kong
Tel：2172-6513　Fax：2172-4355　E-mail：cary@subseasy.com.hk

封面設計／林雯瑛
內頁排版／陳相蓉
印　　刷／緯峰印刷股份有限公司
出版日期／ 2023 年 4 月初版
定　　價／ 599 元（缺頁或裝訂錯誤的書，請寄回更換）
I S B N ／978-626-7251-13-3
電子書 I S B N ／ 9786267251171（PDF）
9786267251188（EPUB）
Printed in Taiwan